社会体育管理

（第二版）

肖林鹏　编著

北京体育大学出版社

策划编辑　木　凡
责任编辑　吴光远
审稿编辑　梁　林
责任校对　李志诚
版式设计　小　小

图书在版编目（CIP）数据

社会体育管理/肖林鹏编著．—2版．—北京：北京体育大学出版社，2015.11
ISBN 978－7－5644－2128－1
Ⅰ．①社…　Ⅱ．①肖…　Ⅲ．①群众体育－管理学
Ⅳ．①G812.4

中国版本图书馆CIP数据核字（2015）第287755号

社会体育管理（第二版）　　　　**肖林鹏　编著**

出　　版：北京体育大学出版社
地　　址：北京市海淀区信息路48号
邮　　编：100084
邮 购 部：北京体育大学出版社读者服务部010－62989432
发 行 部：010－62989320
网　　址：http：//cbs.bsu.edu.cn
印　　刷：北京京华虎彩印刷有限公司
开　　本：710×1000毫米　1/16
成品尺寸：170×240毫米
印　　张：16
字　　数：265千字

2017年3月第2版第1次印刷
定价：39.00元

编者的话

当前，我国体育管理实践不断迎来新的机遇与挑战。新的环境、新的实践、新的使命，客观上要求每一位体育管理者必须具备可持续发展的工作理念与工作能力。为此，不断总结我国体育管理实践的基本经验，不断丰富发展具有中国特色的体育管理学已成为广大体育界同仁的普遍共识。

改革开放以来，我国体育管理学界的始创者们对中国体育管理学的学科建设与发展发挥了巨大地推动作用。迄今，我国体育管理学已初步形成了较为完善的学科体系，出版了多本体育管理学教材、专著，并为我国培养了大批体育管理方面的专门人才。随着社会职业专业化分工的不断细化，客观上要求各地培养机构不断培养出更多适应体育管理活动不同需要的专门人才。为此，编写符合体育管理实际需要的体育管理学分支教材就成为一项重要工作。基于此，2005 年，编者不揣冒昧，在理解把握我国社会体育管理实践的基础上，参照社会体育管理教学培养目标及学生实际需求等状况，编著完成《社会体育管理》教材。历经多年的发展，社会体育管理的外部环境方发生了较大变化，原有的教材内容已不能再适应与反映新的形势，根据实践发展需要再次修订新的教材，于是诞生了《社会体育管理》（第二版）教材。

本教材的指导思想是，理论结合实际，博采众长为我用，充分吸收国内外社会体育管理实践的成功经验和最新的研究成果，在理论和框架上力图有所突破，有所创新，以形成一部以探讨社会体育管理的共性问题为主的管理学教材。

本书再版参考借鉴了国内外学者的有关著述，尽管本人一再慎重，在标注时难免挂一漏万，如有疏漏，绝非故意，企望谅解！

教材使用期间，得到诸多专家、学者、同仁及学生的建议及意见。我的研究生张溪娟、孙瑞敏在文献资料查阅、插图制作等方面提供了一定帮助，在此一并表示感谢！

鉴于社会体育管理是一门迅速发展中的学科，加之作者水平有限，书中有不妥或错讹之处，敬请读者不吝指教。

2014 年 12 月

内容提要

本书是在2005年版《社会体育管理》教材基础上修订而成。全书共计九章，内容涉及导论、社会体育管理体制、社会体育人力资源管理、社会体育财力资源管理、社会体育物力管理、社区体育管理、职工体育管理、农村体育管理和商业型健身俱乐部管理等内容。

全书充分参考借鉴了近年来国内社会体育管理学方面的著述及文献资料，并博采众家之长，力求为读者提供系统、实用的社会体育管理知识体系。

本书主要用于全国普通高等体育院校、高师体育院（系）本专科学生专修、选修使用，亦可作为体育专业成教人员及体育干部培训教材，同时也可作为体育教师的教学以及体育行政管理人员的工作参考用书。

目录
CONTENTS

第一章 导 论

社会体育是极为普遍的社会存在。加强社会体育的管理，促进社会体育的健康、快速、协调发展已成为一项必须要研究的重要议题。本章围绕社会体育与社会体育管理相关问题进行了概述性介绍，重点分析了社会体育的概念、性质，以及社会体育管理的概念、内容、方法手段等问题。

第一节 社会体育概述

社会体育是社会成员以身体运动为手段，以增进身心健康为主要目的的体育。从产品属性，看我国社会体育不再是单纯的公共产品，而是兼顾公共产品与私人产品的混合产品。社会体育可以作为一项国家、社会、市场三方投资、管理、运营及发展的事业。我国社会体育的目的是增强社会成员的身心健康，丰富人民文化生活，促进社会主义物质文明和精神文明建设，最终促进人的全面发展。

一、社会体育的概念

（一）社会体育的含义

社会体育与群众体育、大众体育是人们极易混淆和混用的概念，尽管它们的内涵大致相同，但在使用上还是有所区分。人们通常所说的群众体育是体育的主要组成部分，它与竞技体育属同一层次，在不同的地域、不同的历史时期、不同的语言环境中有不同的表述，是除竞技体育之外的包括学校体育在内的所有的体育活动。在日常体育工作和体育活动中，人们常将社会体育与群众体育混用。例如，国家体育总局设“群众体育司”，而《中华人民共和国体育法》设“社会体育”一章。可见，社会体育与群众体育有很大的相通性，这种在历史过程中形成的现象是可以理解的。

我国学界通常将群众体育从广义和狭义方面来理解。广义的群众体育是指与竞技体育并存的现代体育的重要组成部分。在国内也称其为大众体育，在英文中大致对应的称谓有 Sport for all 或 Mass sport。狭义的群众体育则是指除在学校和武装力量（军、警部队）中开展的体育之外，在社会一切其他行业或活动领域人们的余暇时间中开展的体育。因此，一般认为，社会体育不包括学校、军、警部队的体育活动，而只是普通居民的体育活动。世界上许多国家在分类上都将学校和武装力量的体育当作与狭义的群众体育甚至竞技体育相对独立的类别，而且在一般情况下人们在管理和科学研究中所说的群众体育都仅指狭义的群众体育，狭义的群众体育又常被称为社会体育。可见，狭义的群众体育等同于社会体育（图 1－1）。我国 1995 年颁布的《中华人民共和国体育法》中使用了“社会体育”的概念，以此区别于“竞技体育”与“学校体育”，从而使社会体育具有了较为准确的法律界定意义。

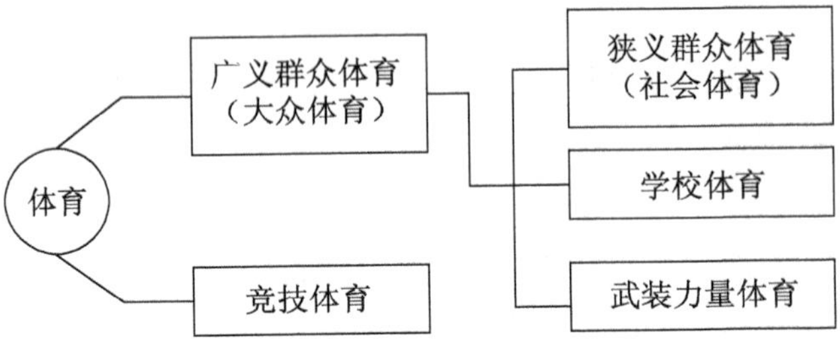

图 1－1　社会体育在体育分类中的关系示意图

社会体育是体育的下位概念。所谓社会体育是指社会成员以身体运动为手段，以增进身心健康为目的的体育。社会体育既促进人的全面发展，又体现人的全面发展。社会体育的主体是全体社会成员。社会体育的目的多种多样，不同社会成员可以根据自身需要达到健身、娱乐、休闲、健美、消遣、保健、医疗、康复、社交等多种目的。社会体育的活动形式丰富多彩，不拘一格。2006 年，国家体育总局公布的我国正式开展的体育运动项目达 78 个。事实上，在我国社会的不同阶层、不同地域、不同领域尚有大量未正式公布的、但普及开展依然活跃的体育运动项目，不管是正式公布还是未正式公布，这些体育运动项目都可以是社会体育项目。可以毫不夸张地说，社会体育是当今世界极为普遍的社会现象，凡是有人群的地方就可能会存在社会体育。

（二）社会体育的分类

社会体育是一种面向全体社会成员，遍及全社会的体育实践。按不同的分类方式，社会体育可分为不同的类型。

1. 按体育活动开展的时间划分

社会体育可分为民族传统体育和时尚体育。民族传统体育项目包括龙舟、舞龙舞狮、风筝、信鸽、拔河、健身秧歌、健身腰鼓、钓鱼、毽球、跳绳等；时尚体育项目包括：健美、轮滑、飞镖、体育舞蹈、门球、全民健身路径等。

2. 按体育活动的目的及功能划分

社会体育可分为健身体育、健美体育、康复体育、医疗体育、娱乐体育、休闲体育、冒险体育、旅游体育、防卫体育等。

3. 按体育活动的实施场所划分

社会体育可分为可分为城市体育、农村体育、社区体育、村镇体育、家庭体育、单位体育、公园体育、广场体育等。

4. 按体育活动的人群划分

社会体育可分为青少年体育、中老年人体育、妇女体育、职工体育、农民体育等。

5. 按体育活动参与者的性别划分

社会体育可分为男性体育与妇女体育。

6. 按体育活动参与者的年龄划分

社会体育可分为婴幼儿体育、少年儿童体育、青壮年体育、老年人体育。

7. 按体育活动参与者的身体健康状况划分

社会体育可分为可分为正常人体育与残障人体育。

8. 按体育活动参与者的职业状况划分

社会体育可分为可分为农民体育、工人体育、知识分子体育以及不同工种人群的体育等。

9. 按体育活动参与者的文化水平划分

社会体育可分为可分为不同文化水平人群的体育。

10. 按体育活动参与者的行业划分

社会体育可分为机关体育、企业体育、部队体育等。

11. 按体育管理组织的性质划分

上述分类只是一些常见的分类，人们还可以从新的角度和层次对社会体育进行分类研究。例如，可以按人们的社会地位、经济状况、从事活动（锻炼）的时间、地点等对社会体育进行分类。

二、社会体育的特点

（一）社会性

社会体育已成为一个客观的、广泛的社会存在。社会体育的社会性主要体现在3方面：（1）从参与角度讲，社会体育参与的人群是由来自不同社会阶层、不同组织实体、不同兴趣爱好的社会成员组成。每个人有着各自对于体育的不同需要，社会体育则可以满足人们这种不同层次的体育需要。不同年龄、性别、职业、爱好、体质与健康状况的社会成员都能在社会体育中找到满足个人需求的方式；（2）从组织管理角度讲，社会体育的开展需要体育、文化、卫生、旅游、宣传、教育、民政、财政、交通等部门进行密切的合作。因此，它需要社会各部门的广泛参与；（3）从社会体育的影响来看，社会体育已成为当今社会具有深远影响的社会实践。社会体育的影响力已渗透到社会多重层面，它广泛与政治、经济、文化等事业产生渗透与互动，大到影响国家的政治、经济、文化等多项事业，小到影响个体的身心健康发展。

（二）多样性

社会体育的多样性主要体现在3个方面：（1）社会体育活动形式多样性。我国各族人民创造了悠久灿烂的体育文化。在体育活动形式和内容上，既有民族传统的、也有时尚的。既有简单实用的、又有复杂正规的；（2）体育组织形式多样性。在体育工作方式中，既有政府组织的，也有社会团体、单位组织的；既有严格规范的，也有一般随意的；在体育组织中，既有政府体育行政机构，也有一般的体育社会团体；既有组织严密的社会体育指导中心、指导站（点），也有自发分散的体育锻炼

（兴趣）小组；（3）社会体育的价值取向多样性。社会体育通过体育运动的形式促进人们身心健康、满足人们的健身、健美、休闲、娱乐的核心价值取向已得到社会普遍认同。除此外，社会体育还具有保健、医疗、康复、社交等多样化的价值取向。

（三）业余自愿性

社会体育与职业化的体育迥然不同，社会体育是社会成员在业余时间里自由自愿、自主参与的体育活动形式。社会体育既不是一种工作也不是一种劳动，它是在工作学习、生产劳动、饮食睡眠、家务劳作之余可以自由支配的时间里自愿从事的一种活动，这种活动不带有强制性。因此，社会成员的参与与否自愿，活动内容自主，活动形式自由。人们可以根据自身的兴趣爱好和活动条件选择适当的活动时间、地点、内容和形式。正因如此，我国《体育法》指出“国家提倡公民参加社会体育活动”，而不是强制要求公民参加社会体育活动。

（四）灵活性

社会体育不受项目、规则、场地、器材、设备的限制，参与者也不受性别、年龄、职业、地位、兴趣和爱好等方面的限制，无论是在城镇还是在乡村，无论是在社区还是在机关单位，群众不仅可以选择在公园、工厂、路边、巷尾等大众性的场所进行锻炼，还可以选择相对高档的消费场所如高尔夫场、网球场、保龄球场等进行锻炼。正因为社会体育具有灵活性特点，这就要求相关管理者要在体育活动形式和内容、工作方式和组织形式上因人、因事、因时、因地制宜，这样才能推动社会体育的有序开展。

（五）民族性

我国幅员辽阔，民族众多，每个民族都有自己独特的优秀体育文化，其中包含着不同民族独特的体育形式和内容。我国目前已经整理出的少数民族传统体育项目就已近千个，汉族也有众多的民间体育项目。这些风格各异的民族传统体育项目中凝结着各民族的性格和精神。正是这些形式和内容各异的民族传统体育项目存在，才构成了辉煌灿烂的中华民族体育。因此，社会体育的民族性也是社会体育的一个重要特征。

三、社会体育的性质

社会体育的性质影响着对社会体育的投资、运营、管理及工作方法，明确社会体育的性质是厘清社会体育管理的主体、客体，以及管理方式等的必要前提。

20 世纪 80 年代以来，随着全球化进程的加速，在现实社会运行中发生了大量政府失灵而同时市场失灵的现象，这使得体育事业的发展面临结构性失衡的状态。现代社会的政府往往受到各种因素的影响，而政府庞大的科层机构又往往对新的社会需求和发展机会反应不够灵敏，以致造成提供公共服务成本过高等问题与不足。为此，许多国家不得不进行了公共服务供给向民间转移的改革，诸多过去由政府直接提供的公共服务，开始由政府资助的非政府组织提供，其结果是，非政府组织在市场基础上的活动及其相互间的竞争，提高了公共服务的供给效率和质量，取得了很好的效果。

长期以来，我国社会体育的性质单一，社会体育的规划、投资、开展等基本上是由国家负责。从产品属性上来说，这一时期我国社会体育属于公共产品范畴。随着我国经济体制改革的深入推进，社会经济文化等各项事业的长足发展，以及人们对社会体育产品属性认识的不断加深，人们的需求日益呈现出多元化特征，以往单纯由国家发展社会体育的局面有所改变，一味靠政府提供公共体育服务的供给方式已经很难满足人民群众日益增长的、形式多样的体育需求。这样，一些政府难以满足的公共体育需求开始通过市场的渠道得以配置。公共体育服务供给开始从单一的政府型向政府和市场共同供给的方式转变，市场在资源的配置中开始发挥重要作用。社会主义市场经济的建立，使社会经费由原来国家承包转向国家拨款与社会筹集相结合的方向转变，从而使社会体育由单纯的“依赖型”转变为适当的“经营型”。随着社会主义市场经济的不断发展，人们对体育需求的加剧，社会体育资源将会得到更合理分配。按市场化运作的方式，筹集社会体育经费已经成为社会体育发展的重要内容。

根据公共财政理论，市场提供私人物品，满足私人需要，如社会上出现的健康城、康乐宫、高尔夫球场、保龄球馆、各种健身健美俱乐部以及近年来出现的自费参赛的各种群众性体育竞赛表演等，它们以商品的形式向消费者提供不同档次的体育健身娱乐服务，这些属于社会体育私人消费品；政府提供公共物品，满足公共需要，如建设在社区、公园、街道周围的全民健身路径，以及健身绿道、步道等就是政府投资兴建，为满足社会成员共同需要的社会体育公共消费品。还有一部分介于私人消费与公共消费之间的产品，这类产品可以由政府和市场共同来提供。可见，社会体育产品由谁来提供，并非是由个人或政府说了算，而是依据其产品属性而决定的，如果违背这一规律就会造成社会体育产品的“政府失灵”或“市场失灵”。根据国家经济发展水平、经济体制状况等因素，社会体育既可以采取公共产品的提供方式，也可以采取混合产品以及私人产品提供的多种形式。

当前，随着广大群众体育健身需求和消费的增长，我国各地涌现了一批专门从事社会体育服务业的体育用品、健身俱乐部、健身指导与咨询、运动项目培训等体育经营实体，而这些体育经营实体的投资主体就是纯粹的社会民间资本。在经费来源方面，我国社会体育已初步形成了政府拨款为主，多渠道集资的格局，金融贷款、横向联合、引进外资等收入来源呈不断增长趋势。因此，从产品属性看我国社会体育不再是单纯的公共产品，而是兼顾公共产品与私人产品的混合产品。社会体育可以作为一项国家、社会、市场三方投资、管理、运营及发展的事业。

四、社会体育的目的

体育目的是体育活动的出发点和依据，也是体育活动的归宿。它决定体育的方向，规定体育发展的进程，以期获得最佳效果。在当代社会，体育作为满足广大人民群众发展需要的一个重要手段，确定其目的对我国体育事业的发展具有极大的指导和激励作用，对广大群众参与体育活动也具有较强的动员作用。

我国体育的目的是“增强体质，增进健康，改善人们生活方式，提高生活质量，促进社会经济健康、文明发展”。一个国家的国民体质是其综合国力的重要组成部分，从社会发展的总体趋势看，国民体质的改善和增强是国家经济发展的结果，同时也是社会发展的动力。1952 年毛泽东提出“发展体育运动，增强人民体质”，高度概括了体育与体质的关系，使人们对“体质”这一名词有了初步和形象的认识。我国现行《宪法》第二十一条规定：“国家发展体育事业，开展群众性的体育活动，增强人民体质。”1995 年第八届全国人民代表大会常务委员会第十五次会议通过的《体育法》规定："国家发展体育事业，开展群众性的体育活动，提高全民族身体素质。"可见，增强体质是我国体育发展的基本目的。

社会体育属于我国体育的重要组成部分，理所应当可以承载体育的基本目的。无论是在公益性的体育事业领域，还是在经营性的体育产业领域，社会体育都占据重要地位。社会体育通过"强身、健心、乐群"的特有功能，可以满足增强人们体质健康、丰富物质与精神文化生活、发展经济等多种需要。因此，我国社会体育的目的是增强社会成员的身心健康，丰富人民文化生活，促进社会主义物质文明和精神文明建设，最终促进人的全面发展。

五、我国社会体育发展概况

社会体育是我国体育事业的重要组成部分，在我国有着十分广泛的群众基础和社会基础。建国之初，党和政府就十分关心人民的体质和健康，重视开展全民性体育。1949 年 9 月，中国人民政治协商会议通过的《共同纲领》第 48 条就规定："提倡国民体育。"1952 年，毛泽东同志亲笔题词："发展体育运动，增强人民体质。"1954 年，党中央在批转原国家体委关于加强人民体育运动的报告中明确提出："改善人民健康状况，增强人民体质是一项重要政治任务。"这为我国社会体育的发展指明了方向。国家在各级政府建立了体育领导机构，制定和实施了一系列发展社会体育的政策和法规，并从资金、场地设施等各方面予以保证，伴随着国民经济的不断发展，群众性的体育活动在全国城乡普遍地开展起来。这一时期的我国社会体育呈现出明显的国防体育特征，并以大型活动的开展为其组织形式，如大会操、大比武等。

1958—1965 年间，我国进入了全面的大规模社会主义建设时期。1958 年，周恩来总理在《发展国民经济第二个五年计划的建议报告》中明确将"增强人民体质"和"提高我国体育运动水平"作为党的体育工作的两大基本任务。1959 年 4 月 18 日，周恩来总理在《政府工作报告》中明确而完整地提出了我国社会主义建设时期"普及与提高相结合"的体育方针，由此而形成了社会主义中国以"发展体育运动，增强人民体质"为根本任务，以"普及与提高相结合"为基本方针的体育发展思路。

在“文化大革命”的十年中，我国社会体育遭受空前浩劫，大量体育设施荒废或被捣毁，群众体育活动组织管理体系消失，自发、自娱的社会体育活动被迫终止。

党的十一届三中全会以后，我国体育事业进入了一个新的发展阶段。国家高度重视社会体育的发展，通过制订实施一系列规划、制度及政策法规建设，有力推动了社会体育的快速发展。1984 年，党中央发出的《关于进一步发展体育运动的通知》特别强调：“全党全社会都要重视加强体育工作，进一步发展全民族的体育运动。”改革开放形成的良好的经济与社会环境和人民生活水平的不断提高，使社会体育呈现迅猛发展的大好势头。体育逐渐深入社会各个角落，走进千家万户，融于广大群众的生活之中。人们参与体育的意识不断增强，越来越多的群众积极参加各种体育活动。现代体育与民族传统体育紧密结合，多种形式的体育健身、比赛和娱乐活动广泛活跃于城乡各地。各种类型的社会体育组织日益扩展，群众锻炼的物质条件得到进一步改善，在过去的基础上，职工体育、社区体育、农村体育、老年人体育、少数民族体育、残疾人体育等又有了新的发展。

为进一步提高国民体质和健康水平，1995 年 6 月 20 日，国务院颁布了《全民健身计划纲要》，对 1995—2010 年群众体育事业做出了全面规划和部署。《全民健身计划纲要》是一项在国家宏观指导下，依据社会全民参与的为实现社会主义现代化目标配套的社会系统工程，是提高国民整体素质的跨世纪的国民体质建设发展战略规划。为了保证全民健身计划的全面贯彻及群众体育活动的持续、稳定发展，政府将其纳入了我国现代化建设系统工程，成立了由国务院领导组成的“全民健身指导委员会”“全民健身研究中心”“全民健身”科技工程领导小组等组织，并从原国家体委到各省市分设“全民健身”的组织管理机构，构成了一个自上而下落实推广《全民健身计划纲要》组织网络和立体的管理系统。并组织实施了《社会体育指导员等级制度》和《中国成年人体质测定标准》。2009 年 8 月 30 日温家宝总理签署第 560 号令正式颁布《全民健身条例》，于 10 月 1 日起施行。《全民健身条例》是我国第一部全面、系统规范全民健身事业发展的专门性行政法规，对全民健身管理机制、全民健身计划、全民健身活动、全民健身保障以及法律责任等作了明确规定。《全民健身计划纲要》和《全民健身条例》的颁布实施，标志着我国的社会体育进入了一个全面发展的新阶段。

北京成功申报 2008 年奥运会，使我国社会体育走入了与竞技体育共同发展的时期。2006年10月，国家体育总局决定在全国开展“全民健身与奥运同行”系列活动。2008年北京奥运会成功举办后，为了巩固“全民健身与奥运同行”的丰硕成果，2009年2月全国体育局长会议提出了推动全民健身长效化、机制化，重点做好履行政府体育公共服务职能，加强公共体育设施建设和管理；完善全民健身政策法规和规划；加强青少年体育工作，提高青少年学生身体素质；做好农民、老年人、职工、妇女体育工作等项工作。为了满足人民群众日益增长的体育健身需求，为了纪念北京奥运会的成功举办，2009年年初，国务院批准从2009年起，每年的8月8日为全民健身日。“全民健身日”的设立将极大促进群众健身意识的普遍提高、健身活动的广泛参与。

当前，广大人民群众对体育的需求更加强烈，体育已经成为广大人民群众日常生活的重要组成部分。我国城乡居民群众性体育活动广泛开展，人们的体育健身意识进一步增强，经常参加体育锻炼的人数逐年增多，国民健康素质日益提高。群众性体育组织日益健全，社会体育指导员队伍不断扩大；体育法制建设不断加强，群众体育管理进入了法制化轨道；全民健身体育设施大幅度增加，群众体育健身的环境与物质条件逐步改善。群众体育健身服务业正在兴起，群众体育消费水平不断提高；群众体育表彰活动广泛进行，群众体育工作激励机制逐步健全；全民健身宣传工作不断加强，群众体育科技成果显著，群众体育事业充满发展的生机和活力。

2014年10月20日，国务院颁发《关于加快发展体育产业 促进体育消费的若干意见》（国发〔2014〕46号），明确到2025年，人均体育场地面积达到2平方米，群众体育健身和消费意识显著增强，人均体育消费支出明显提高，经常参加体育锻炼的人数达到5亿人，体育公共服务基本覆盖全民。《意见》提出，营造重视体育、支持体育、参与体育的社会氛围，将全民健身上升为国家战略，这标志着我国社会体育又进入到一个新的发展阶段。

当前，增强人民体质健康、提高全民族身体素质和生活质量已成为我国体育发展的核心目标，人民群众更加健康，促进人们健身和健康生活方式的改变已成为今后我国社会体育工作的奋斗目标与努力方向。社会体育将迎来前所未有的发展机遇。但同时也应该看到，我国社会体育繁荣发展的同时，也面临一些突出矛盾和问题，这主要体现在：我国社会体育的整体发展水平还不高，与人民群众的需求和建设体育强国的要求仍有很大差距。如体育场地设施特别是群众身边的体育健身设施数量不多、功能不全，成为制约全民健身活动开展的突出问题；体育行政部门提供公共体育服务的职能未能充分发挥；基层群众体育组织覆盖面不广，群众体育的科学化水平有待提高；经常参加体育锻炼的人口比例不高，结构不合理，特别是青少年儿童体育锻炼普遍不足，体质亟待增强；社会力量兴办全民健身的积极性有待进一步发挥，全民健身法制建设需进一步加强等。

六、我国社会体育发展趋势

（一）生活化

社会体育将成为更多人的一种生活方式，成为一种更为普遍的社会现象。随着人民生活水平的不断提高和余暇时间的不断增多，社会体育将走进更多的家庭，成为人们生活中的一部分，广大群众体育活动参与的形式将更为多样，内容也将更为丰富。政府、体育行政部门、单位、企业、个人举办的体育活动将越来越多地填充进广大群众的文化生活。人们将逐步增加体育健身支出，提高体育消费水平。人们已经不再将体育消费视为单纯的和被动的消费，而是对未来健康有回报的一种体育投资。随着人们体育需求意识的逐渐提高，体育消费与投资需求将会成为我国人民群众的一种稳定生活方式中的重要内容。

（二）社会化

社会体育将成为更加广泛的一种社会实践活动。随着政府体育行政部门管理职能的转变，体育社会团体、事业单位和其他中介组织将会在兴办社会体育事业中发挥更大的作用。我国已经建立起的社会化的体育组织网络，将在政府领导下有序、有效地开展社会体育工作。各种组织化较强的体育活动形式如参加社区活动、单位锻炼、辅导站、俱乐部、活动点锻炼等也成为群众越来越多的选择。各种传统的、民间的、现代的体育活动内容日益丰富，人们可以通过亲身体验或间接参与来“按需所趋”。我国的社会体育将逐渐形成一种国家与社会共同兴办的格局。随着我国社会经济和人民生活水平的不断改善，城市化水平的不断提高，我国民众体育需求意识不足和体育需求能力不足的人口将向体育人口转变；准体育人口、潜在体育人口将向现实体育人口转变；间接体育人口将向直接体育人口转变。“经常参加体育锻炼的人口”将成为衡量经济社会发展水平的基本指标。

（三）科学化

随着科教兴国战略的进一步实施，科学技术将渗透到社会体育的诸多环节。推行全民健身计划是一项复杂的社会系统工程。社会体育管理与决策的科学化、民主化的程度越来越高，科学技术和人才在体育发展中的地位越来越突出。科技含量高、适应性强的体育健身方法、体育健身器材等将不断涌现。社会体育的信息化水平将有较大幅度提高。运动要讲科学将成为更多人的锻炼共识。社会将出现更多的开具运动处方的保健机构，在体质测定、运动处方制定、健身方法创新、健身技术指导等方面的科学化程度要求将越来越高，以为人们提供更加科学的健身服务。近年来，伴随“物联网”“云计算”和“大数据”等词汇进入公众视野，一个大数据时代正向我们走来，如何顺应时代转变，积极吸纳先进的技术手段发展社会体育已成为一项重要工作。因此，我国社会体育工作要不断加强其科学化进程，切实实现由经验型向科学型的转变。

（四）产业化

随着我国社会经济文化等各项事业的继续稳定快速发展，必将为我国社会体育创造更好的环境、营造良好的氛围。这种环境和氛围无疑会有效地激发人民群众的体育需求意识，进而产生更加强烈的体育需求动机。而且，随着我国城乡居民收入的逐步提高，体育消费意识、体质与健康投资意识等将日趋成熟。我国的体育产业将获得较大发展，逐步成为新的经济增长点。随着以公有制为主体，多种所有制经济成分共同发展的基本经济制度的不断完善和人民生活水平的提高，社会为了满足人民的多种体育需求而开办的体育产业将获得较大发展。随着人们体育活动参与热情的不断提高，将引领各种体育消费活动也随之增加。人们将不再满足于简单的实物型消费，在实物型体育消费持续增长的同时，参与型体育消费将成为体育消费的主流，观赏型体育消费的群体会日趋壮大。家庭体育消费将大幅度地增长，社会体育消费蕴藏着的巨大潜力将获得逐步释放。体育健身、体育娱乐、体育康复、体育表演等巨大的体育消费市场，将大大推动体育产业的发展，并且带动相关产业的发展。

（五）融合化

当前，体育正与文化、教育、旅游、娱乐、卫生、国防、外交等社会活动发生着广泛而深刻的互动。由于体育与有些社会活动紧密关联，人们已经很难将体育与这些活动截然区分开来。同时，由于人们物质文化需求的多样性和满足人们物质文化需求产品的多功能性的客观现实，使得人们将不再仅仅满足于单一的体育产品和服务，而是将体育需求融入更多的其他需求之中，构成一种复合需求，并要求社会提供能够满足这种复合需求的多重功能的产品和服务。例如，社会上开始出现的将体育、休闲、娱乐以及旅游等几类活动组合在一起的新的活动项目就是适应这种趋势的产物。也正因如此，2003 年国家统计局对国民经济行业分类进行了重新的调整，修订后的 3 次产业划分首次把体育产业与文化和娱乐业一起组成文化、体育和娱乐业。可以预见，这种复合型的文体活动将会越来越多的出现，并将成为一种稳定的发展趋势，社会体育与其他领域活动融合性的趋势愈加明显。

（六）制度化

我国的社会体育工作将在更大范围内实现制度化管理。随着具有中国特色、适应社会主义市场经济体制的法律法规及政策体系的建立和完善，已初步建立的社会体育法规体系也将逐步完善，社会体育行政执法监督工作不断加强，社会体育行政管理方式将由主要依靠行政手段转向主要依靠法律手段。关系到社会体育发展的诸如公共体育场地的设施建设、资金投入等突出问题，将通过立法得到解决，从而切实保障人民群众的体育权益。同时，公民和组织的体育法制意识将不断增强，将会普遍掌握运用法律武器保护自身的体育权益。国家管理社会体育，国民实现社会体育诉求将得到愈来愈强的制度化保障。

第二节　社会体育管理概述

社会体育管理是指通过一定方式整合资源，以促使社会体育目的实现的过程。社会体育管理的目标最终是为实现社会体育组织的存续目的服务，它是社会体育组织存续目的得以实现的保证。社会体育管理内容既包括对社会体育中人、财、物、信息和时间等资源的管理，又包括对职工体育、城市社区体育、农村体育等具体领域的管理。社会体育管理的方法和职能构成社会体育管理的基本方式。

一、社会体育管理的概念与特点

（一）社会体育管理的概念

随着经济社会的全面快速发展，我国城乡居民的生活方式正在发生着深刻而急剧的变革，生活方式的转变为社会体育的发展创造了良好的社会环境，同时产生了新的社会健康问题，对社会体育提出了新的要求。在这种环境下，加强对社会体育的管理，促进社会体育的健康、快速、协调发展就成为一项必须予以高度重视的议题。

所谓社会体育管理是指通过一定方式整合资源，以促使社会体育目的实现的过程。把握这一概念需注意以下几点。

1. 社会体育管理的主体多元

社会体育组织中的管理者是在社会体育管理活动中起支配作用的个体或集体，它们构成管理的主体。社会体育的管理者是多元的，其中政府部门是一支重要力量。《全民健身条例》规定：国务院体育主管部门负责全国的全民健身工作，国务院其他有关部门在各自职责范围内负责有关的全民健身工作。县级以上地方人民政府主管体育工作的部门（以下简称体育主管部门）负责本行政区域内的全民健身工作，县级以上地方人民政府其他有关部门在各自职责范围内负责有关的全民健身工作。除此外，还有大量的社会体育组织在推动社会体育工作的发展。可见，在我国，对社会体育进行管理不仅是政府的责任，也是各级各类机关、企业、事业单位的责任。开展社会体育工作不仅是各级工会、共青团、妇联等人民团体的责任，也是各级各类体育社会团体的责任。

2. 社会体育管理的载体是各类组织

管理活动总是存在于一定的组织之中。组织是完成管理活动的有力工具，是管理活动的载体。我国社会体育管理的组织不仅包括各种政府行政部门的专门、非专门组织，还包括各种非政府部门的社会体育管理组织。

3. 社会体育管理需通过一定方式来实现

任何社会活动目标均须通过一定方式来实现。社会体育管理方式是对为实现社会体育管理的目标而采用的方法、手段、工具、步骤及途径，以及知识、技能的统称。社会体育管理的基本方式包括计划、组织、控制等属于管理职能的内容，以及各种行政的、经济的、法律的及宣传的方法手段。

4. 社会体育管理的对象是资源

社会体育资源是社会体育管理的客体，也是管理的对象，它们是社会体育管理实践得以运行的基础。社会体育发展所需要的资源包括人、财、物、时间、信息等类型。

5. 社会体育管理需要对资源进行整合

整合是对社会体育资源的培育、开发、配置、利用等方面进行的调节、控制、组合等活动，通过对资源的有效整合，资源的价值才能得以发挥，并最终促使社会体育组织目标的实现。

6. 社会体育管理的目标是促使社会体育组织目标的实现

目标是管理活动的出发点和最终归宿。任何一个组织的存在都是基于一定的目标（存续目的）。社会体育管理的目标最终是为实现社会体育组织的存续目的服务，它是社会体育组织存续目的得以实现的保证。由于社会体育组织的目标是一个由一系列子目标构成的体系，就决定了社会体育管理的目标也是一个体系。

（二）社会体育管理的特点

1. 管理目标的多样性

由于社会体育工作的复杂性、层次性、多样性等特征，在客观上决定了对社会体育管理的目标也是多样的。一般而言，社会体育工作包括提高国民体质及健康水平，发展体育人口和经常参加体育活动的人数，筹措社会体育经费，创建社会体育活动的场地设施，培训社会体育干部、社会体育指导员以及骨干力量，组建社会体育组织，开展各种类型的社会体育活动等方面。因此，各级各类社会体育组织的管理目标也应遵从上述工作内容进行确定。需要注意的是，管理目标与组织目标是一致的，因此，社会体育管理的终极目标是为实现社会体育组织自身的存续目的而设定的。

2. 管理主体的多元性

社会体育的管理主体是不同的社会体育组织及个人。随着我国体育改革的深化与发展，社会体育投资的多元化、社会办体育的自主化和体育行政职能的规范化，正在打破我国长期以来政府集投资者、主办者与管理者于一身的原有格局。由于社会体育的对象广泛、内容多样，其管理资源大多来源社会，受到多种社会因素的影响。因此，社会体育管理必须以多元化管理为原则导向。各级体育行政部门应发挥宏观调控职能，积极引导各级社会体育组织管理社会体育的积极性，不断提高社会体育工作的整体绩效。

3. 管理对象的普遍性

社会体育管理的对象是以人力资源为核心的各类资源，这些资源普遍存在于人类经济社会生活的方方面面。社会体育组织目的的实现也是以资源的投入为前提的。凡是社会体育发展所需的各种要素及投入均可视之为社会体育资源。根据人们认识资源的角度不同，社会体育资源的种类及表现形式极为多样：它不仅包括我们所熟知的人力、物力、财力等有形资源（如体育管理人员、社会体育指导员、体育志愿者、体育场地设施、体育器材、体育经费等），还包括各种体育信息、科研、管理制度、政策法规乃至社会舆论等无形资源；它不仅包括已经被人们所认识到的各种显性体育资源，还包括各种即将被人们所认识到的潜在体育资源；它不仅包括各种物质性的体育资源，还包括观念性的体育资源；它不仅包括各种可以直接运用来发展社会体育的直接体育资源，还包括那些虽不能直接运用但可通过一定条件转化为社会体育提供支持的间接体育资源等。社会体育资源是一个复杂的系统组成，不同类型、不同层次的资源之间相互影响、相互作用，并对社会体育的整体及局部运行发挥着重要作用。

4. 管理边界的模糊性

社会体育管理的边界可理解为管理的实施领域或影响范围。首先，从社会组织划分角度讲，社会体育的参与主体从属于不同的社会组织。因此，社会体育工作的开展需要不同组织中的社会成员广泛发生互动；其次，从社会体育活动的组织管理角度而言，社会体育部门需要与其他社会组织进行广泛的联系与沟通。因此，社会体育在实践中经常与社会的文化、教育、娱乐、旅游等组织形成互渗互动。社会体育管理与社会其他组织这种广泛的结合点，使它表现出巨大的包容性和适应性，往往与社会其他系统的有关管理交叉在一起，难以划清它的组织边界。这种管理特点为更紧密地依托社会发展社会体育创造了非常有利的条件，但由于社会体育管理系统的独立性不明显，也易于在具体的组织管理工作中，与其他系统产生矛盾和冲突，进而加大了管理的难度，尤其是对协调职能的要求。

5. 管理系统的复杂性

由于社会体育是一项涉及全民、全社会的事业，对其管理就客观上形成了一个复杂的管理系统。在社会体育管理系统中，既有专门、正式的政府体育部门，也有形形色色、非正式的社会体育组织；既有各行业单位的体育机构，也有分散在社会各界的社会体育指导员。同时，参与者的分布地域、职业性质、社会地位、活动目的等差异较大，进一步增大了社会体育管理的复杂性。这就要求社会体育在管理机制上，既要与外部环境保持高度的耦合，又要保持自身相对的独立性和稳定性。此外，社会体育资源系统也极其错综复杂。社会体育管理的复杂性，必然对管理者的管理水平和管理艺术提出了较高要求。

二、社会体育管理的目标与任务

（一）社会体育管理的目标

目标是一个组织通过决策和行动争取达到的意想目的，以及验证其决策行动同其意想目的相符程度的衡量指标。作为任何一项具体的体育管理活动或工作一定有一个欲达成的具体目标，而管理活动的具体达成目标又一定是组织总体目标规定下的产物。组织既定目标是其存续目的性的一个阶段性的表现，而任何体育组织的管理目标就是要实现组织既定的目标（图 1－2），组织既定目标可以被分解成各类管理活动的具体目标，这些具体管理目标的逐步实现将最终帮助实现组织的既定目标。

我国社会体育的目的在于通过体育运动增强人的健康水平，减少疾病发生率，提高工作效率，同时也通过刺激人们的体育消费、安置就业人口、增加经济效益等方式来促进经济社会的全面发展。这些目标的是实现最终要分担到形形色色的社会体育组织中，并要通过管理活动予以保障。因此，各种社会体育组织的管理目标应该是为保证社会体育组织更好地实现其既定目标。

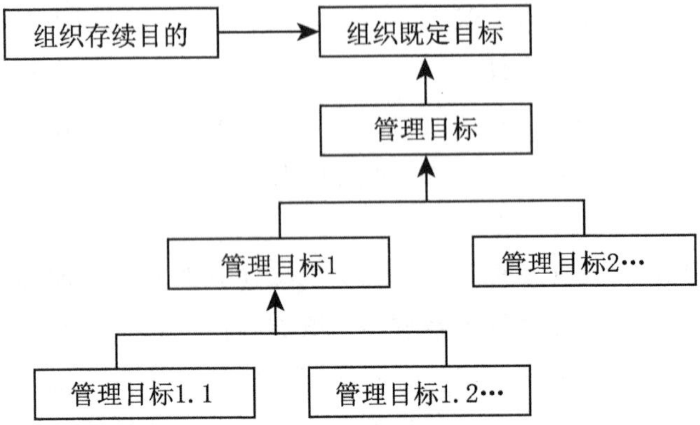

图1-2　组织目标与管理目标关系示意图

社会体育管理的目标是由一系列子目标组成的。为了实现总目标，需要设定不同内容、不同层级以及不同时段的子目标。例如，在目标的内容上可以设置诸如发展体育人口、国民体质监测、社会体育宣传、社会体育干部培训、社会体育经费筹措、发展社会体育组织、建设场地设施等方面的子目标；在目标的层级上可以设置诸如中央、省市、区县等方面的子目标；在目标的时段上可以设置诸如1年、3年、5年、10年等方面子目标。各级各类社会体育管理组织，应从上述几个方面确定自己的管理目标，实施对社会体育的计划、组织、控制、协调和指导。因组织性质、职权范围、具体条件等的不同，各社会体育管理部门在确定上述主要目标的侧重点和具体标准上，可能会有所不同。

（二）社会体育管理的任务

社会体育管理的任务是社会体育管理目标的具体化，也是实现社会体育组织存续的基本保证。一般而言，社会体育管理的基本任务如下。

1. 努力提高群众体育意识，增加参加锻炼的人群数量

群众体育参与是社会体育得以存续的基本理由与前提。目前我国群众性体育活动已在各省市和地区蓬勃开展，参加体育活动的人数在不断增加，人们的身体素质也得到了很大的改善。然而社会体育工作还未跟上社会主义现代化建设的步伐，经常参与体育锻炼的人数相对不足，原因之一是群众体育意识相对不足。当前我国体育工作正在向由体育大国向体育强国的目标迈进，大力发展社会体育，改善与提高人们的体质健康水平是我国社会体育的根本目标，而将这一目标落实到社会体育管理工作中则需要广泛开展形式多样、健康文明的社会体育活动，同时动员更多的人参与社会体育活动。为此，要特别重视加强民众体育参与的宣传教育工作，要通过各种宣传活动，引导激励人们崇尚体育健身、参与体育健身、科学精神的理念，使全民健身成为社会的普遍共识。

2. 广泛开展社会体育活动

“开展群众性的体育活动”是《宪法》对体育工作的基本规定。《体育法》也规定“体育工作要坚持以开展全民健身活动为基础”。因此，广泛开展各种各样、科学文明健康的体育活动是社会体育工作的重要内容，也是社会体育工作的抓手。社会体育活动主要包括健身性活动、竞赛性活动、表演性活动及示范性活动等。各种类型的社会体育活动是我国开展社会体育工作的体现和载体，是实现群众体质健康的基本保障。完成这项任务不仅是政府的责任，也是各级各类机关、企业、事业单位和社区的责任；不仅是各级工会、共青团、妇联等社会团体的责任，也是各级各类体育社会团体的责任。各责任主体要大力宣传各种体育知识，组织各种体育活动。使全民接触体育，了解体育，热爱体育，最终投入到体育运动当中来。

3. 不断加强社会体育场地设施的供给

体育场地设施是人民群众从事体育活动的基本条件，其发展规模与水平是反映一个国家或地区社会体育发展规模和水平的窗口。社会体育场地设施主要包括公共体育场馆、学校、机关和企事业单位所属的体育场地设施、社会健身休闲场地、商业性健身设施等。根据国家体育总局 2013 年 20 ~ 69 岁人群体育健身活动和体质状况调查，中国居民健身需求日益旺盛、健身意识不断增强，但现有的公共体育场地却难以满足民众健身需求，居民健身现状与期望之间存在明显差距。要抓好社会体育工作，必须建设好群众身边的健身场地，方便群众就近就地参加体育活动。各地要将体育设施用地纳入城乡规划、土地利用总体规划和年度用地计划，合理安排用地需求。要完善规划与土地政策，加强社区群众健身设施配建和改造，落实体育设施用地政策。

4. 大力发展群众性体育社会组织

群众体育组织是开展群众性体育活动的基本依托，是推动全民健身工作的重要保障，是构建公共体育服务体系的关键环节，在开展全民健身活动、创新社会管理、发展体育文化方面发挥着不可替代的作用。要重点培育发展城乡基层全民健身急需、群众参与性高的体育社会组织，实现有序、科学发展；要推动形成以体育健身俱乐部和晨（晚）练健身点为点、体育社团为线的点线结合、覆盖城乡和各类人群的群众体育组织网络；要推动群众体育组织深化改革，规范管理，引导它们步入自我管理、自我约束、自我发展的良性轨道。良好的群众体育组织发展环境是群众享有公共体育服务的保障，要为各级各类群众体育组织发展提供有力的政府支持、经费投入和配套政策。

5. 引导与激发群众进行体育健康投资与消费

引导人们为健康投资，促进人们的体育消费不仅是发展体育产业的有效途径，还是公民提升个人生活质量、塑造完美人生的必要之举。要引导与教育群众认识到向体质与健康投资，进行体能与健康储备，与进行知识和能力储备同样重要，为增进健康而消费应与教育消费一样，理应成为人们家庭消费的一部分。为此，社会体育工作应该承担起引导人们为增强体质与健康而投资，促进人们体育消费的任务。各级政府要将全民健身经费纳入财政预算，并保持与国民经济增长相适应。要加大投入，安排投资支持体育设施建设。要安排一定比例体育彩票公益金等财政资金，通过政府购买服务等多种方式，积极支持群众健身消费，鼓励公共体育设施免费或低收费开放，引导经营主体提供公益性群众体育健身服务。要鼓励引导企事业单位、学校、个人购买运动伤害类保险，以及探索制定鼓励群众健身消费的优惠政策等举措。

6. 不断建立健全社会体育法规制度

当前，人们的体育行为比过去更为复杂，参与人也更多，已从单纯的体育竞技扩展到了社会体育、体育教育、体育经营、体育纠纷的救济等等许多领域，体育参与者的行为更需规范。只有完善了体育法规制度，才能促使体育参与者更好地依法从事体育活动，保持良好的体育秩序。社会体育的法规制度，是国家通过立法所建立起来的持续、规范的工作或活动体系。它是群众体育持续、快速、健康发展的重要保障。许多发达国家对大众体育的基本原则、基本制度与行政制度，都用法律条款来控制、监督与调节，并在大众体育组织形式、场地规划管理、活动内容和经费筹集等方面均出台配套法规予以支撑完善。当前我国体育法制建设的起步比较晚，社会体育法规制度建设的任务更加繁重。为此，要重视开展社会体育领域的立法，健全体育执法与监督制度，加强体育法制队伍的建设等工作。

7. 不断推进社会体育管理体制改革

为了实现国家经济社会改革与发展的总体目标，社会体育事业的管理体制必须进行改革。要改革计划经济体制下形成的由政府体育行政部门一家管、主要靠行政手段管、主要靠政府投资办、政府管得过多、管得过死和办得过多、办得过滥的模式，形成政府宏观管，社会具体办、国家与社会共同兴办的模式，政府为广大人民群众提供基本公共体育产品和服务，社会为满足人们多样化体育需求提供条件的发展模式。同时，要充分发挥中央与地方两个方面的积极性，发展各地独具优势和特色的社会体育事业。

三、社会体育管理的基本原则

（一）社会性原则

社会体育管理系统是一个非常庞大的系统，涉及面广、关系复杂，因此，社会性原则是社会体育管理的一个重要原则。在运用社会性原则的过程中，社会体育管理部门应当从管理效益最大化的角度出发，协调好本系统与其他系统的关系，以取得政府的认可和相关部门的支持，使更多的群众参与到社会体育活动中来，促进社会体育的开展。同时，在社会主义市场经济条件下，社会体育管理部门应当改变过去“等、靠、要”的消极思想，变被动为主动，变办体育为管体育，发挥社会各界的积极性，多方筹集社会资金，群策群力办好社会体育。另外，社会体育管理部门的工作人员应当深入基层做调查研究，及时了解群众意愿，以全心全意为人民服务为根本宗旨，经常举办一些群众喜闻乐见的体育活动，尽力满足群众对社会体育的需求，充分体现社会体育的社会性。

（二）协作性原则

社会体育是一项全民性的事业，各级管理部门需要密切配合、加强协作。这就要求有关社会体育管理部门做到纵向管理和横向管理的有机协作。社会体育的纵向管理是指按“条条”分系统的管理。横向管理是指体育行政部门对各部门、各行业、各社会体育组织的管理。纵向与横向相结合的管理，是“条块”结合的管理，以“条条”促“块块”，用“块块”促“条条”。社会体育管理要突破纵向，打开横向，即突破其过分集中于国家体育部门办的弊端，作为社会办体育之路。推动各部门办体育，使各部门把体育协会成立起来，把部门体育落到实处。

（三）指导性原则

进行工作指导是体育行政管理部门对各行业、各部门、各群众组织的社会体育活动实施领导、协调和监督的一种方式。由于社会体育涉及面很大，不同地区、行业和单位，其地理环境、经济物质条件、科学文化水平等都不一样。社会体育参加者对体育的需求程度、价值取向等，因年龄、职业、受教育程度和性别的不同亦有很大差别，加之人们余暇时间的长短、多少不一，余暇生活的方式迥异，因此，社会体育的计划、社会体育活动的内容、方式等都不宜强求一致，不宜用简单的行政命令下达计划指标及要求，而应以指导性原则为主。

（四）激发性原则

社会体育活动是群众自觉自愿参加的，不能带有任何的强制色彩。因此，在社会体育的管理过程中，加强宣传和组织的力度，运用多种形式、手段和方法启发、诱导、激励群众，充分调动群众的积极性、主动性就显得尤为重要。运用激发性原则，首先要激发人们参加体育活动的热情。应当经常举办一些群众所喜闻乐见的体育赛事，利用体育表演、体育展览等活动吸引群众，并采取赠送纪念品、颁发奖品和荣誉证书等手段等，给参加者以激励，调动其参加体育活动的积极性。其次，激发人们参加体育活动的动机。应该针对不同人的动机，采取切实可行的措施，充分发挥社会体育的特有功能。第三，要为不同层次体育需求创造必要的条件条件。各级政府及社会各界一方面要通过法规、政策、制度等来规范和引导它的发展，另一方面要为社会成员参加体育锻炼，从事健身活动提供物质、资金、场地等多方面的支持，确保人民真正享有参加体育活动的权利。

四、社会体育管理的基本内容

社会体育的管理工作涉及对人、财、物、信息等资源的协调和处理。社会体育的管理工作就是运用计划、组织、控制等职能对这些资源进行整合，以达到保障群众健身权利、提高群众的素质和推动社会体育事业健康发展的目的。不同的组织依据其目的任务不同，管理的内容有所区分。现代体育管理系统是由体育管理主体、体育管理客体、体育管理中介、体育管理目标和体育管理环境五大要素构成（肖林鹏，2014）。社会体育管理系统也具有类似的结构（图 1 –3）。根据社会体育管理的系统，社会体育管理的基本内容可从如下方面进行划分。

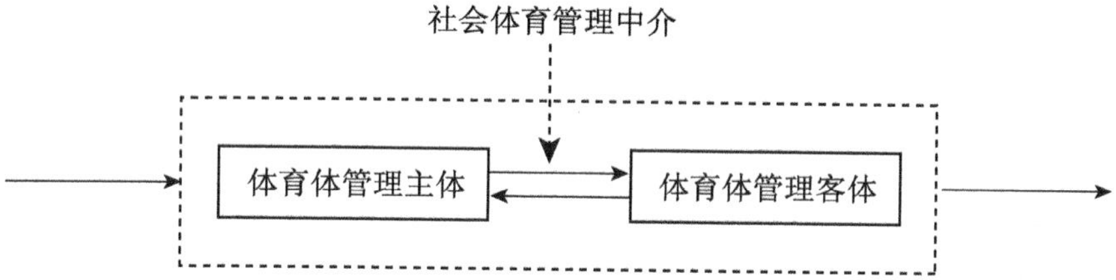

图 1 –3 社会体育管理系统示意图

（一）社会体育资源的管理

从社会体育管理资源的角度看，社会体育管理内容包括对社会体育中人、财、物、信息和时间等资源的管理。社会体育管理工作的目的就是通过一定方式整合这些资源要素，以实现社会体育组织的激既定目标。

1. 人员的管理

社会体育人员队伍是开展社会体育的重要力量，主要包括社会体育干部、骨干、志愿者等。在社会体育工作中，人员的管理不只是人员的组织和使用，还包括人员的培训、考核和激励。人员管理的核心是如何调动和发挥人的积极性和创造性，为人员的工作和发展提供一个良好的工作环境，以达到人尽其才，为实现社会体育管理的目标服务。

2. 经费的管理

社会体育经费是开展社会体育的财力资源，社会体育经费的管理主要包括对经费的筹措、分配与使用等方面。开展社会体育需要一定的资金，社会体育管理组织要广开财源，争取政府部门和社会各界对社会体育的经费投入和财力支持，还要利用有限的资金多办事、办实事。要扩大资金来源，多渠道、多形式吸引资金，提高资金的使用效率，讲求经济核算和成本核算，以发挥经费资源的最大效益。

3. 场地设施的管理

场地设施是社会体育管理的物质基础。社会体育场地设施管理的内容主要包括社会体育场地设施的管理、维护、使用，以及经营开发等方面。搞好场地设施的管理对保证社会体育活动的顺利开展起着至关重要的作用。社会体育有关的场地设施主要包括体育俱乐部场地设施、企业内部健身场地设施、公共体育场地设施和学校体育场地设施。社会体育活动的场地设施数量是衡量一个国家社会体育发展水平的重要指标之一。社会体育管理既要努力提高场地设施的数量和质量，又要想方设法提高现有场地设施的利用率。

4. 信息的管理

社会体育的信息是指对发展社会体育有价值的新内容、新知识和新消息。社会体育信息管理的内容主要包括社会体育信息的收集、整理和处理等方面。基层社会体育信息管理的主要工作是整理、加工、利用好现有的报刊、资料、文件、书籍等，并努力扩大信息来源，充分发挥这些信息的作用。除要重视社会体育工作本身的信息外，还要关注上级领导机关的工作方针、政策、举措等；学习、借鉴兄弟单位、地区、部门的先进经验；注意了解有关行业系统和国外的动态。对所获得的信息，及时加工整理并向有关人员报告，做好保管工作。

5. 时间的管理

时间作为一种有价值的资源应该进行管理。时间管理的目的是充分利用时间、合理安排时间、避免时间浪费和使用不当。在基层社会体育工作中，人们常对使用资金进行预算，而很少对时间作出预算。实际上时间同样需要精打细算，作出预先安排，分出轻重缓急，做到有别有序、忙而不乱。一项活动的准备时间要充分，还要留有余地，活动进行的时间要精确计算。只有按计划进行，才能保证活动有序、热烈、紧凑。建立对重要的工作或活动制定时间进度表的制度，避免在次要问题上过多消耗时间，要使工作规范化、条理化，减少不必要的环节，节约时间，提高工作效率。

（二）社会体育领域的管理

按照社会体育的不同领域，社会体育的管理内容包括对职工体育、城市社区体育、农村体育的管理等，它们具有一些共同的规律，同时又具有各自不同的特点。

1. 职工体育的管理

职工体育是社会体育的重要组成部分。从参加对象上看，主要是企、事业和机关等单位的职工；在时间特征上，表现为职工利用工余间歇时间和双休日、节假日开展体育锻炼；在空间特征上，一般都是利用单位自有的场地设施条件或就地、就近、就便，因地制宜地进行体育活动；在项目特征上，表现为趣味性、娱乐性较强，健身作用和社会普及面较大，为职工喜闻乐见的体育项目；在作用特征上，比较突出地表现在能增进职工身体健康，降低因病缺勤率，提高工作积极性，增强本单位职工凝聚力，同时也能够在一定程度上提高单位的知名度；在管理机构上，一般都有常设的管理机构（工会、体协）负责组织管理。社会主义市场经济条件下，企、事业单位的组织体制、运行机制等都发生了深刻的变化，使企、事业单位职工体育工作面临着新的挑战和机遇。职工体育管理主要包括职工体育的计划、组织与实施、总结，以及职工体育资源整合等方面。

2. 城市社区体育管理

城市社区体育主要指在城市中以社区为单位，以社区居民为主要对象，以社区自然环境和体育设施为物质基础，就地、就近开展的区域性群众体育活动。社区体育的突出特点是区域性，它不是以参加对象的单位隶属或职业身份界定参与者的身份，而是以“社区”这样的地域性概念进行划分。同处一个社区，无论是工人、干部、学生、老人、青年、小孩等，都是社区体育的对象。社区体育活动的开展是利用社区资源进行的，社区内的绿化地带、楼间庭院、广场公园及其他公共设施都是体育活动可以利用的资源；社区体育在活动设施上具有公共性和公益性的特点。社区体育组织还具有较强的民间性，它一般都是独立的社会团体，虽然有些组织挂靠在街道办事处或其他机构，但其自筹经费、自我组织、自愿参加的特点仍反映出较强的民间性；社区体育指导与被指导的关系具有平等性，社区体育指导员自身是锻炼者、活动者，还兼任指导员、辅导员，其工作性质具有很大的义务性，如提供场地设施服务、提供体育指导和咨询服务、提供资金资助和组织服务等。城市社区体育管理主要包括城市社区体育计划、组织、活动与竞赛管理、资源整合等方面。

3. 农村体育管理

“农村体育”是一个以地域特点划分的概念，一般是指县及县以下广大农村所开展的体育活动。农村体育所涉及的内容包含有社会体育、学校体育，还有少部分竞技体育的成分。随着农村经济的发展，农民物质生活水平的不断提高，农民的精神需求也在不断增加，体育在农民生活中占据越来越重要的地位，对农村两个文明的建设起到推动作用。农村体育的场所是农村，背景是农业，主体是农民，由此决定了农村体育参加对象的分散性、活动时间的不稳定性、体育观念的保守性、经济条件的滞后性、活动项目的民俗性等诸多特点。农村体育管理主要包括农村体育工作计划、组织、活动与竞赛管理、资源整合等方面。

（三）社会体育参与人群的管理

青少年、老年人、年妇女等不同的参与人群构成社会体育管理的对象，也属于社会体育管理要研究的基本内容。

1. 青少年体育管理

青少年体育是国家体育发展的希望和未来，历来受到党和政府的高度关注。2007 年 5 月中共中央国务院下发《关于加强青少年体育 增强青少年体质的意见》(中发【2007】7 号)，这是建国以来专门针对青少年体育下发的一个高层次、高规格的重要文件，首次把青少年体育工作在现代化建设全局中的重要战略位置提升到一个新的高度。青少年体育管理的内容非常丰富，不仅包括校园体育、课外活动、业余锻炼与竞赛、体质健康等方面的管理，也包括青少年体育的发展规划、组织实施、绩效评估等，还可包括青少年体育的人力、物力、财力等资源管理。

2. 老年人体育管理

我国老年人体育作为一种广泛的群众性活动，近年来开展迅速。社会安定，生活改善，文化水平提高，为开展老年人体育创造了条件。许多老干部、老科学家、老教育工作者、老工人积极锻炼身体，争取为祖国建设多做贡献，他们之中打拳、舞剑、练功、慢跑、竞走、登山、游泳、打球的人越来越多。有些人还自选健身操进行锻炼。老年人体育是社会体育的一个方面，老年人体育管理的基本任务是发动、组织老年人参加适当的体育活动，增进健康，延缓衰老，防治老年性疾病。老年人体育管理的基本内容可以包括老年人体育的发展规划、老年人体育组织管理、老年人体育资源管理等等。

3. 妇女体育管理

妇女体育是社会体育的组成部分，它是对女性进行的以健身、健心、健美、娱乐、医疗等为目的的身体锻炼活动。妇女体育的发展得益于经济与社会的发展所提供的更多的机会，妇女解放运动对妇女社会形象的改变，妇女体育的法律保障，妇女自身健身意识的增强，以及大众传播媒介对妇女体育的关注等因素。妇女体育管理的基本内容包括妇女体育的发展规划、妇女体育活动管理、妇女体育组织与竞赛、妇女体育资源管理等等。

（四）社会体育工作过程的管理

作为社会体育管理的基本中介，社会体育计划、组织和控制也是社会体育管理予以研究的基本内容。

1. 社会体育计划的管理

社会体育管理活动实施的前提是要有管理活动的计划。社会体育计划管理的基本内容包括社会体育计划目标的管理、计划的制订、计划的实施、计划的评估等方面。

2. 社会体育组织的管理

社会体育工作的开展必须依赖于各级各类社会体育组织，因而，社会体育管理的重要工作之一是扶助建立各种社会性体育组织。其次，社会体育组织建立后还要组织开展各种活动。所以，社会体育组织管理具有双重含义：一是建立好组织，二是组织好活动。社会体育组织管理的基本内容包括社会体育组织的目标管理、组织机构设置、组织协调、组织职能划分、组织运行、组织绩效管理等方面。

3. 社会体育控制的管理

为确保社会体育管理活动的顺利进行，需要对管理活动实施的过程进行一定的控制。社会体育控制管理的基本内容包括社会体育控制的目标管理、控制方法手段、控制标准、控制实施过程与步骤、控制评价等方面。

五、社会体育管理的基本方式

（一）社会体育管理的基本方法

方法是实现目标的手段。管理的目标和各项管理任务都要通过相应的管理方法来实现，如果没有一套科学的管理方法，就没有科学的管理，也就不可能实现既定的管理目标。社会体育管理的方法是指在社会体育管理活动中，为实现社会体育管理目标，所采取的具体手段和措施的总称。行政方法、经济方法、法律方法、宣传教育方法是社会体育管理中常用的基本方法。

1. 行政方法

社会体育管理的行政方法是指对社会体育有管理权的行政组织，依靠其权威，运用行政手段，通过自上而下的行政层级结构进行管理的方法。在实行行政方法时，下达指令的方式包括命令、决议、指示、指令、条例、规定、通知、意见和指令性计划等。行政方法具有权威性、强制性、针对性、纵向性等特点，可以为集中力量、统一行动以及快速有效地处理各类特殊问题和突发事件提供方便。

在当前社会体育管理中，行政方法突出反映在全民健身计划的制定和实施上。《全民健身条例》规定，国务院制定、修订全民健身计划，县级以上地方人民政府根据本地区的实际情况制定、修订本行政区域的全民健身实施计划。以《国务院关于印发全民健身计划（2011—2015 年）的通知》（国发〔2011〕5 号）为例，各省政府需以此为依据，结合本省实际情况制订《×××省全民健身计划（2011—2015年)》，省下辖的市（地）、县（市、区）政府（行署）要按照《全民健身计划2011—2015 年)》及省政府制定的实施计划，结合当地实际，制定本区域的全民建身实施计划，并由体育行政部门会同有关部门共同组织实施。

在社会体育管理的实际工作中可采用的更为具体的行政方法如下。

（1）依靠各级体育行政部门的领导，将社会体育工作纳入其工作计划和规划。

（2）争取单位行政领导的支持，纳入单位的工作计划、工作目标，积极向单位领导进行宣传，争取得到领导的指示。

（3）正式向行政领导或有关部门提出请示或报告，争取得到领导或有关部门的批示。有了文字的依据，便于推动工作。

（4）纳入领导议事日程，形成工作决议。争取把社会体育工作问题纳入领导的议事日程，并形成决议。一旦形成决议，就要贯彻执行。

（5）制定行之有效的制度。在一个基层单位或一个小环境中也可以制定一些制度，比如制定锻炼制度、竞赛制度、检查身体的制度等。

（6）搞基层社会体育的计划和规划。这样的计划和规划一经领导批准，就可根据它来执行。比如，竞赛活动的计划、场地设施建设的规划等。

（7）制定有利于促进基层体育活动开展的规定和标准，如有关场地设施使用的规定、单位场地设施的标准、人均活动费用标准等。

2. 经济方法

社会体育管理中的经济方法是指按照市场经济客观规律的要求，运用价格、税收、行政拨款、奖金、信贷、融资、罚款等经济手段，调节和处理社会体育领域中不同经济利益主体的关系，以取得良好的经济效益和社会效益，促进社会体育发展目标实现的方法。伴随着市场经济的发展和居民生活水平的提高，人们的健身动机和健身需求呈现多样化的发展态势，群众的健身市场有了长足的发展，参与其中的经济利益主体也大为增加。之前在计划经济条件下应用的计划管理方法早已无法满足社会体育市场发展的需要，正在逐步退出历史舞台，而适应市场经济发展的经济管理方法开始扮演重要的角色。

在社会体育管理的经济方法中，土地杠杆这一工具的利用较为典型。在2003年国务院出台的《公共文化体育设施条例》中就有关于公共体育设施用地定额指标、公共体育设施的建设预留地、公共体育设施拆除后要择地重建的规定。在公共体育设施土地征用方面，采用行政土地划拨的方式，给予社会体育的发展以极大的便利。但与此相比，税收、投融资政策、信贷杠杆等方法的使用则明显不足，而这些方法是引导体育消费和培育、发展社会体育市场的重要手段，社会体育的政策法规和工作重心应向这几个方面倾斜。

采用经济的方法进行管理时，常用的形式有拨款、投资、赞助、奖金、罚款等经济手段和经济责任制、承包制、招标制等经济制度。采用经济的方法手段进行管理，要特别注意不能脱离主要的管理目标，还应注意不要忽略社会效益，实际上，也只有当满足了人们的体育需求时，社会体育活动才有经济效益可言。

在社会体育管理的实际工作中可采用的更为具体的经济方法如下。

（1）争取资金投入。开展基层社会体育工作，提高广大群众的体质与健康水平是关心群众生活的具体表现，也是企业文化、社区文化、村镇文化、校园文化等建设的一个内容。应当有必要的资金投入。我们的社会体育工作者要善于争取到这部分资金。

（2）广泛争取赞助。在社会上开展群众性体育活动的资金。可从这个单位争取一点，那个单位支持一点，有钱的出些钱，有物的出些物。

（3）集资搞活动。搞社会体育可以用集资、自己负担自己的办法，比如参加某项活动，部门、单位、个人交报名费。条件好的多交点，或大家凑一点，把钱集中起来搞活动。

（4）奖励与处罚的办法。规定一定条件下奖励与处罚的标准。对个人对集体都可用这种办法。可以是物质的奖励与处罚。也可以是精神的奖励与处罚。比如规定一次活动出席人数达到什么比例奖励多少、达不到如何处罚等。在奖励和处罚中要注意调动集体的荣誉感，用集体利益调动或制约个人行为。

3. 法律方法

法律的方法是指利用各种法规、法令有效地规范和调整社会体育活动中各种关系的方法。由于社会体育是由不同地区、不同行业、不同系统的人们组成的复杂系统，社会体育活动中存在的许多矛盾，形成了非常复杂的社会关系，因此，有必要建立在整个国家范围内强制人们遵守的社会行为规范，这就是国家的法律和法规。

从国家《宪法》，全国人大常委会通过的《中华人民共和国体育法》，到国务院颁行的《全民健身条例》《公共文化体育设施条例》《中共中央国务院关于进一步加强和改进新时期体育工作的意见》《国家体委关于深化改革加快发展县级体育事业的意见》等行政法规，再到由国家体育总局颁行的《全国性体育社会团体管理暂行办法》《社会体育指导员国家职业标准》《社会体育指导员管理办法》等部门规章、规范性文件，连同一系列地方性法规和政府规章，我国对于社会体育的管理已经初步形成了一套门类齐全、纵横交错、内在一致的法律法规体系。

社会体育法律法规的性质和内容决定了它本身对社会体育行为和活动具有组织、管理、调节、教育、评价等作用，是国家管理社会体育活动的基本手段。它确认了社会体育中个人和各类组织的法律地位，并明确他们在社会体育事业发展中的权利、义务和责任；规定了各种管理原则、管理关系、管理方法，将庞大的参与群体在社会体育活动中的各种社会关系法律化、固定化、制度化，把他们的行为纳入法制轨道，并对他们的行为进行适当的评价；提高了社会体育管理者的法治意识，促使他们不断学习法律知识，提高法律修养和依法治体的管理水平。虽然社会体育是公民自愿参与的社会活动，但是社会体育法律法规这类具有强制性的社会规范的存在，利于维护社会体育管理的秩序、协调各种管理要素的复杂关系、提高社会体育管理效率、保证社会体育的科学化发展等方面仍具有重要意义。

用法律的方法进行管理时，常常采用合同的方式。合同是通过协商约定各自权利义务等具有法律约束力的文件。在体育健身活动管理中，各体育组织之间，体育管理者和体育活动的参与者之间都可以合同的方式规定各自的权力和义务，以做到有章可循，各司其职。法律、法规等是由国家通过立法建立的，它带有强制性、规范性和普遍性，各级社会体育工作者要学会运用国家的法律、法规、制度、条例来开展工作。

4. 宣传方法

宣传教育法是通过宣传和教育等方式，使人们围绕着既定的管理目标展开体育活动，以实现管理目标的方法。宣传教育方法是进行社会体育管理的一个重要方法。由于社会体育大多以人们自愿参加为主，因而通过有效的宣传，可以使人们加强对体育的理解，从而自觉自愿地投身到体育活动中来。社会体育活动开展得如何，在很大程度上取决于对社会体育的宣传力度和群众对社会体育的了解程度。所以在社会体育管理的过程中应当把参与者的利益放在首位，在满足他们正当需求的同时也要对其不良的思想和行为给予适当的教育引导。宣传教育可以采用各种不同的形式。除了大量的口头宣传教育，还有广播、壁报、通讯等。在有条件时，应该争取向报刊、电台投稿；在举行大型活动时，还可以争取电视台转播。越是运用广泛宣传工具，就越能受到较大的宣传效果。

5. 其他方式

在基层开展社会体育工作，还可以采用一些更为具体的实用方式。

（1）表彰与评比。树立典型，鼓励先进，激励后进，找出差距，不断提高。这种手段是利用人的向上心理和竞争机制，能够有效地促进工作。通过典型经验，推动全局工作。

（2）检查与评价。督促、检查完成计划的情况，对于保证任务的落实有重要作用。不能什么工作只有布置没有检查，否则任务就容易落空。评价也是这样，但评价有时要制定一些标准，使下面有所遵循，也便于贯彻落实。

（3）协调好关系。树立社会体育工作机构和成员的良好形象。协调好方方面面的关系，疏通好各种工作渠道，求得各方面的支持，是各基层社会体育管理工作的重要手段。

（4）分类指导。区别不同单位、不同人的情况，因人、因地、因时制宜，提出不同的要求，并在工作中给予具体指导。

（5）开展竞赛活动。基层开展社会体育活动，竞赛是一种好形式，被称为推动社会体育工作开展的“杠杆”。可以起到调动、激励、宣传和号召的作用。竞赛形式可灵活多样。

（6）使一些为群众喜闻乐见的体育活动形成传统，如每年利用一些传统节日开展形式多样的运动会。

（二）社会体育管理的基本过程

任何一个完整的社会体育管理工作均由若干具体的工作项目组成。依据现代项目管理理论，一个项目的全过程或项目阶段都需要有一个相对应的项目管理过程。这种项目管理过程一般由几个不同的管理具体工作过程构成。从社会体育管理特点出发，我们可以把社会体育管理的过程划分为计划、实施、控制和结束四个基本过程。社会体育管理过程总是按照这种程序，围绕着管理系统的目标周而复始地进行，一个周期接一个周期，螺旋上升，循环进行（图 1－4）。

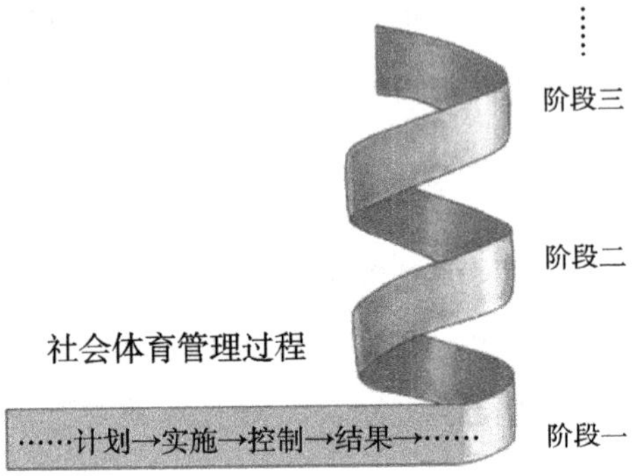

图 1－4　社会体育管理管理过程示意图

1. 计划过程

计划是为实现体育工作目标而制订的理论规划及活动方案。社会体育计划为社会体育管理工作提供了基础，是管理者行动的依据，同时还是管理者进行组织以及实施控制的标准。

社会体育管理的计划过程包括拟定、编制和修订一个项目或项目阶段的工作目标、工作计划方案、资源供应计划、成本预算、计划应急措施等方面的工作。

一般来说，社会体育计划的内容框架包括目标任务，完成工作的步骤、重点、程序，具体措施、对策，经费预算，物质保障，进度安排等等。在编制计划时，社会体育计划工作可以围绕六个方面来考虑，即：做什么（What to do it）？为什么做（Why to do it）？何时做（When to do it）何地做（Where to do it）？谁去做（Who to do it）？和怎么做（How to do it）？简称为“5W1H”。

制定社会体育计划的基本依据主要包括如下几点。

（1）遵循客观规律及趋势。如社会发展形势、社会心理发展态势、市场经济规律、体育发展基本规律和体育科学技术发展规律等。

（2）依据党和国家的大政方针。包括党和国家及地方党政领导机关提出的路线、方针和政策。

（3）依据体育的目的、任务和上级的体育工作计划。计划项目和指标须与上级体育计划配套衔接，基层体育工作计划以保证地方体育工作计划的完成为前提，而地方体育计划则应以国家体育工作计划的完成为前提。

（4）依据本地区、本单位的实际。从实际出发编制体育计划包括两方面的含义，一是要从本地区、本单位外部环境的实际出发，即要充分考虑本地区的政治、经济、文化发展水平以及自然条件等；二是要从本地区、本单位内部条件的实际出发，包括前期计划完成情况、内部管理基础、成员素质水平、管理资源条件以及现有体育基础与条件等。

（5）参照外地区、外单位的实际。任何一个组织在发展过程中都要与其他组织发生联系。参照其他组织的发展态势，有利于组织行动更富于挑战性、针对性。

（6）参考借鉴体育事业发展及本地区、本单位体育工作的历史资料，以及前期体育计划的执行情况的统计分析资料等。

社会体育计划的制定的工作步骤包括以下内容：估量机会；制定目标；确定计划工作的前提条件；拟订可供选择的方案；评各种备选方案；选择方案；编制计划。

2. 实施过程

社会体育管理的实施是指通过建立工作目标、任务分工与授权、构建组织结构，建立规范等一系列过程，以实现管理计划的过程。通过实施过程保证了决策目标的实现和计划的有效执行。一般而言，社会体育管理的实施过程大致包括以下方面。

（1）确定组织的目标。组织目标是组织使命在未来某一时间所要达到活动结果的具体化。它是组织中一切活动的出发点，也是组织中一切活动的终点。社会体育组织的目标分为总体目标、阶段目标和部门目标等。社会体育组织目标越能够兼顾社会、组织和成员利益时，就越能够发挥组织的各项职能，越有益于组织目标的实现。

（2）目标分解。目标分解就是将总体目标在纵向、横向或时序上分解到各层次、各部门以至具体人，形成目标体系的过程。目标分解是明确目标责任的前提，是使总体目标得以实现的基础。分目标要保持与总体目标方向一致，内容上下贯通，保证总体目标的实现。目标分解中，要注意到各分目标所需要的条件及其限制因素，如人力、物力、财力和协作条件、技术保障等。各分目标之间在内容与时间上要协调、平衡，并同步的发展，不影响总体目标的实现。

（3）分工与授权。明确为了实现目标所必需的各项业务工作或活动，并加以分类。根据可利用的人力、物力以及利用它们的最佳途径来划分各类业工作或活动；授予执行有关各项业务工作或活动的各类人员以职权。人员被授予组织中的某个职位，就有履行某个职位职责的义乡同时也就有了一定的权力、相应的就要承担工作成败的责任，做到职、权、责相一致。

（4）建立组织机构。组织机构是组织内部各种职能部门及其职位，以及管理层之间正式确定的、比较稳定的相互关系模式，它是组织目标实施的重要保证。体育组织的结构包括直线式、职能式、直线职能式、矩阵式、事业部式等。组织机构和工作人员要相对稳定，这样有利于工作协调配合，有利提高工作效率，实现组织目标。

（5）建立规范。体育组织工作的有效性必须有组织规范作保证，它是整个组织活动过程中必须遵守的“组织纪律”。组织的规范不仅包括组织的章程及相应的规章制度，也包括一些不成文的或约定俗成的非正式的行为准则，这种准则对成员具有较强的约束力，能调节成员的行为。一般来说，组织规范对成员的有效约束力越强，组织凝聚力越强，合力越强；反之，组织规范对成员的约束力越弱或缺乏规范，组织凝聚力越弱，合力越弱。

（6）人员配备与使用。人员配备就是要根据“因事设职”“因职择人”、量才使用的原则，根据职务的需要，在每一个工作岗位和部门配备最适当的人选，同时也为每一个人找到最适合的岗位，以便人尽其才。在人员的配备、任用方面需要注意：要给每一个部门配备一个有能力的领导人；要注意各类人员性格与能力的互补；

克服因人设事；不要启用对组织缺乏忠诚和奉献精神的人。

（7）协调与沟通。没有沟通管理就不会有有效的协调；没有协调的有效需求，沟通则失去方向。在进行协调前必须明确协调对象、协调主体、问题的性质，然后选择适用的手段，以提高组织协调的效率。组织协调的手段很多，包括：协商、对话、发文、督促、谈判、交流信息、修改计划、召开会议、发布指示、进行咨询、提出建议等；组织沟通的目的就是协调好组织内部和外部的各种关系，为组织的发展创造良好的沟通环境。组织沟通是通过各种信号、媒介和途径有目的地交流信息、意见和情感的信息传递行为，它是组织内部和外部沟通的有机整合。

（8）激励。激励是组织通过设计适当的外部奖酬形式和工作环境，以一定的行为规范和惩罚性措施，借助信息沟通来激发、引导、保持和归化组织成员的行为，以有效地实现组织及其成员个人目标的系统性活动。通过运用精神和物质的各种激励手段，可以增强组织各成员的上进心和责任感。

3. 控制过程

控制是指保证组织的管理过程与计划、目标一致而采取的管理活动。社会体育管理活动是一个动态过程，在管理过程中往往会出现各种非预计情况，为了不使管理系统在运行的过程中偏离目标，就必须对一些可变的因素加以控制，采取必要的措施确保管理目标的实现。

社会体育管理的控制的内容包括对人、财务、组织实施过程、信息、组织绩效等的控制；社会体育管理的控制过程包括制定标准、监督和测量项目工作的实际情况、分析差异和问题、采取纠偏措施等管理工作和活动。这些都是保障社会体育管理目标得以实现，防止偏差积累而造成项目失败的管理工作与活动。

社会体育管理的实际工作中常用的控制方法包括如下几点。

（1）计划控制。这是最基本也是最重要的控制方法之一，一般分三步进行：第一步，确定总目标及反映总目标的各项指标或标准；第二步，预测在实现总目标过程中会产生的影响因素；第三步，根据现有条件及未来可能受到的影响制定出保证目标实现的措施及办法。

（2）目标控制。目标控制即采用目标管理方法进行控制，制定目标体系，规定各体育管理层次的目标并按照目标达成的程度进行控制。为使各管理层次达到规定的目标，必须采取有效措施，促使执行者按照预定目标进行活动，运用正确的方法和手段接近目标和最终实现目标。尤其是在体育管理系统中实行目标管理的部门，若实行目标控制，可使控制职能更加有效地发挥，对提高体育管理效果起到重要作用。

（3）预算控制。体育管理系统的各项活动，都是伴随着资金运动而进行的，因此预算控制就成为体育管理控制的一种重要方法，体育组织的预算实际上是财务计划的另一种表现。体育管理系统的活动离不开资金的运动，用货币的形式制定出本系统的预算，把体育管理系统的活动纳入预算的范围，并在预算规定的范围内运转，预算就自然地对体育组织的各项活动起到控制作用。

（4）定额控制。在体育管理系统的运营活动中，对人、财、物的使用上应实行严格的定额管理。通过制定人员的定编、劳动定额或工作量、物资耗费定额及经费定额等管理措施，有效地控制人、财、物的占用与消耗，使各项资源更加合理组合，更加有效利用，这对节约开支、提高效益具有非常重要的作用。

（5）进度控制。进度控制是对工作进度实行控制，目的是为了使工作正常运行。在时间上衔接，步调上协调，保证按期完成任务，这种控制常常运用线路图、网络图等方法进行。

（6）规章制度控制。体育管理中通过规章制度进行控制活动是一种最普通的控制方法，如制定岗位责任制、财物管理制度等等，借以控制各项工作的正常运行。

4. 结束过程

结束是终结一个工作项目或工作阶段的管理工作过程，项目结束是项目目标的实现。当一项工作按照计划目标完成时，就要及时对这项工作进行收尾。正所谓有始有终，如果没有结束过程对项目结果的验收和接受，就盲目结束项目或开始下一阶段工作，就会导致诸多隐患。

社会体育管理结束的任务是制定一个项目或项目阶段的移交与接受条件，项目或项目阶段成果的移交，从而使项目顺利结束。一般而言，社会体育管理工作的结束过程主要包括以下方面。

（1）验收。管理主体要对已经完成的工作成果进行审查，核查体育项目计划规定范围内的各项工作或活动是否已经完成，可交付成果是否令人满意。如果社会体育工作没有全部完成而提前结束，则应查明有哪些工作已经完成，完成到了什么程度，哪些工作没有完成并将核查结果记录在案，形成文件。

（2）总结。总结是社会体育管理工作的最后环节，它对于积累经验，提高管理水平和工作效率，有着积极的意义。总结是对已经做过的工作进行理性的思考。它主要回顾的是过去做了些什么，如何做的，做得怎么样。总结与计划是相辅相成的，要以计划为依据，订计划总是在总结经验的基础上进行的。其间有一条规律，即：计划——实践——总结——再计划——再实践——再总结。

（3）评价。评价包括对项目已经发生事实的总结，以及对项目未来的预测。评价工作一般包括目标评价、实施过程评价、效益评价、影响评价和持续性评价等。社会体育项目实施结束以后，还要对表现突出的小组成员及时进行奖励、表彰，肯定团队的成绩，以便为人员晋升、嘉奖提供依据。

以效益评价为例，社会体育的管理工作可以从社会体育的投入与产出角度进行效益评价。从社会体育投入角度进行评价，一般要包括社会体育的组织管理的“投入”保证，具体包括社会体育的组织管理机构的设置、组织规章制度的设置、人员分工的状况、社会体育的发展规划、领导者的重视程度等基本内容。同时还要包括开展社会体育工作的基本资源的投入保证，具体包括体育经费、场地设施、社会体育指导员、体育宣传、体育科研、体育政策法规等。社会体育的产出评价一般包括体育人口的数量、经常参加体育锻炼的人数、国民体质发展水平、体育意识及消费状况等。

思考题：

1. 我国社会体育的目标和任务是什么？
2. 如何理解我国社会体育的性质？
3. 我国社会体育的发展趋势如何？
4. 我国社会体育管理的目标和内容是什么？
5. 社会体育管理的基内容有哪些？
6. 社会体育管理的基本方式有哪些？

第二章 社会体育管理体制

社会体育管理体制是社会体育管理的机构设置、权限划分、运行机制等方面的体系和制度的总称，是实现社会体育总目标的组织保证。一个国家或地区的社会体育管理体制往往受该国或地区的政治、经济、文化以及国家制度、历史传统等多方面因素的影响。社会体育管理体制可以是自然发育形成的，也可以是人为选择设计形成的，或者还可以是以上两种方式的结合而成。本章对我国社会体育管理的机构设置、管理制度、运行机制等内容进行探讨。

第一节 社会体育管理体制概述

合理设计社会体育的组织结构，协调好各管理部门之间、部门与最高指挥者之间以及部门与下属单位之间的关系，是社会体育能否良性运转和健康发展的重要因素。因此，探讨社会体育管理体制的性质、组织体系、管理制度等问题，对于推动社会体育管理工作的发展具有重要意义。

一、社会体育管理体制的概念

（一）社会体育管理体制的含义

社会体育管理体制，是社会体育管理的机构设置、权限划分、运行机制等方面的体系和制度的总称。它是实现社会体育管理总目标的组织保证，是在国家政治、经济体制的大环境规范下而产生和发展的。它直接受国家政治、经济体制的约束，同时又根据它自身的特殊性而有所侧重和改变。

由于利益主体的不同及社会体育本身的商业和服务功能，决定了社会体育管理体制的双重属性。即一方面，以为了保证经营性群众体育组织的合法权益为目的；另一方面是以为了保证社会公益性群众体育组织的合法权益为目的。由于社会体育组织的目的不尽相同，其管理体制也有所不同。

（二）社会体育管理体制的类型

管理体制的重要因素之一就是责、权、利的分配和归属。权利和利益的归属决定了社会体育及其簪理体制的性质和形态。根据管理过程中权、利的归属，世界各国社会体育管理体制可分为以下 3 种类型。

1. 政府管理型

政府管理型体制即由政府或大部分由政府设立专门机构管理社会体育的体制类型。政府管理型体制的特点是政府的权力高度集中，并采用行政的方式进行从宏观到微观等各个层次进行全面管理。政府管理型体制主要存在于一些社会主义国家，如前苏联、东欧各国及古巴、朝鲜等，我国在体育管理体制改革之前也采用政府管理型体制。政府主导型管理体制的优点是有利于强化领导、集中调配、统筹兼顾社会体育的工作。这种方式在新中国成立初期的历史条件下，集中运用较为有限的体育资源，为开创新中国的体育事业立下不可磨灭的功绩。但政府在高度集权的同时也带来了很多弊端，在决策时不可避免的带有主观意识，从而影响到决策的正确性和及时性，一定程度上造成社会力量资源的浪费，降低或抑制社会组织对体育的参与和支持，因而最终会限制社会体育的发展。随着国家经济、政治改革和文化、社会的发展，特别是实行市场经济体制以来，政府管理型体育管理模式不仅不符合国际社会的潮流，而且有悖于我国的国情，已大大不适应我国体育改革与发展的要求，更与建立现代体育管理制度相左。

2. 社会管理型

社会管理型体制即社会体育的工作主要由各种社会体育组织进行管理的体制类型。政府一般不设立专门的社会体育管理机构，政府对社会体育事务很少介入和干预。即使在介入和干预时，也常常是采用经济、法律等手段间接地进行。在多数采用社会管理型体制的国家中，管理权力分散于各种社会体育组织之中，因而又可称为分权型体制。例如美国的社会体育管理体制就是比较典型的分权型体制（图 2－1）。

在美国联邦政府中，不设专门的体育管理部门，政府不制订体育政策，而且极少直接资助体育。美国“总统健康与运动委员会”实际上只是一个促进大众体育的咨询机构。在社会体育的组织或筹资上不起实质性作用。但是，在美国联邦政府中有70多个机构或多或少地管理着与大众体育有关的休闲资源，其中最主要的是内政部国家公园服务处与森林服务处。国家公园服务处（内政部）主要通过美国国家公园向人们提供野营、徒步旅行、划船、游泳、旅游与观光、滑翔、自行车等活动的条件。1990年有2.60亿人次游览了国家公园，在国家公园野营者达17 600万人次。内政部国家森林服务处主要提供野餐与野营、划船、航行、冲浪、游泳、钓鱼、打猎、滑雪与雪撬、驾车游玩、自行车、徒步旅行等体育活动的条件。20世纪80年代，每年到国家森林的游玩的人超过4亿人次，进入90年代中期为每年2亿多人次。

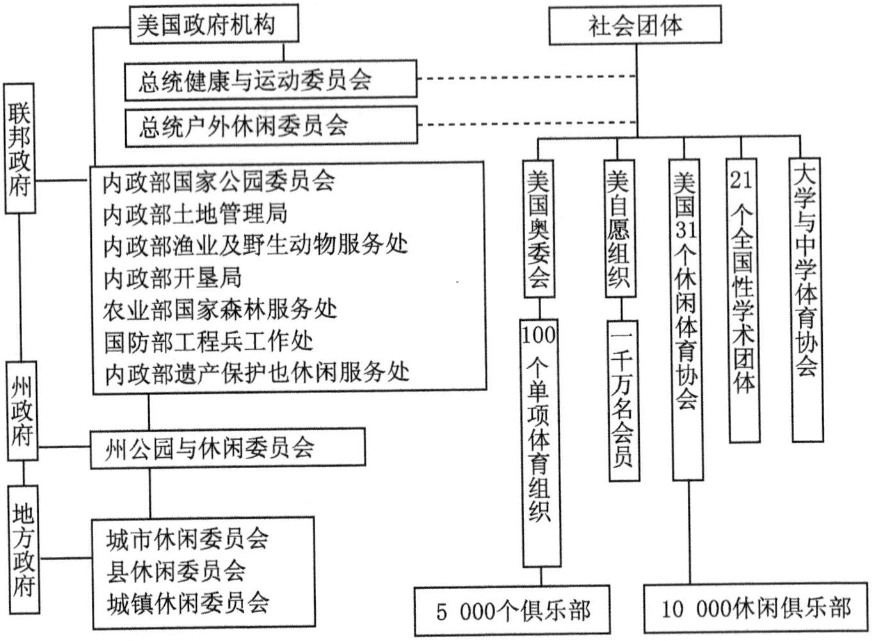

图2－1　美国体育管理组织系统（引自《中国群众体育现状调查研究》，1998年）

事实上，真正资助和推动美国大众体育的是名目繁多的社会体育组织，这些组织在机构上是多样化的。其中，美国奥委会被指定为美国业余体育的协调机构，但是，除了选拔组织奥运会代表团外，它对其它体育组织不具有支配控制的权力。各单项运动协会负责各自的运动项目，与国家奥委会只有名义上的统属关系。此外，美国有许多自愿组织（Voluntary Organization）在组织青少年体育活动方面做出了贡献。这些组织雇用许多休闲专业人员开展许多青少年体育活动，同时也对地方的体育指导员进行培训。美国的宗教组织也经常组织野营活动和其他体育活动，在组织大众体育尤其是青少年课外体育活动方面也起到了突出的作用。中学体育由全国中学体育联合会管理，而大学体育则分由3个大学体联，即大学体育联合会、初级大学（大专）体育联合会和大学校际体育联合会管理。美国大众体育的基层活动均通过各种体育俱乐部得到开展。这种体制有利于发挥社会各方面的积极性，也有利于在各体育组织内部进行不受外界干扰的有效管理，但各个社会体育组织之间的协调需要以体育产业和体育市场的充分发展为前提。

在一部分采用社会管理型体制的国家中，政府指定一两个社会体育组织行使社会体育管理权力。在这种情况下，社会体育管理权限相对集中，行使权力的组织虽然带有半官方的性质，但本质上仍是具有法人资格的独立社会团体，如日本的财团法人日本体育协会（图2－2）。日本的行政管理为3级管理体制，即中央政府、都道府县政府和市区町村政府，与此相适应，日本体育管理体制中，政府管理系统和社会团体管理系统均分为3级管理。日本的社会体育就是通过这样一个金字塔型的管理体制得以振兴和发展的。

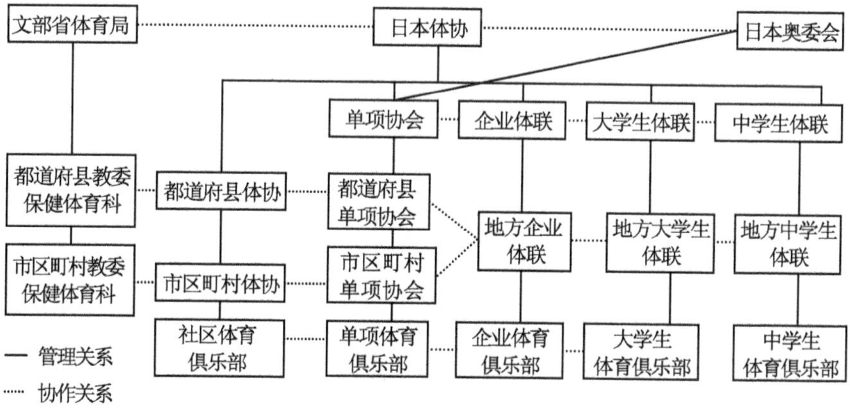

图2－2　日本体育管理体制结构图

此外，新加坡的体育理事会，西班牙的最高体育理事会等也属于这种情况。

3. 结合型

结合型体制即由政府和社会体育组织共同管理社会体育的体制类型。政府设有专门的社会体育管理机构，或指派几个有关的部门负责管理社会体育。政府对社会体育实行宏观管理，即制订方针政策，发挥协调、监督的职能。社会体育组织在政府的宏观管理下，负责社会体育的业务管理，如制订项目发展规划、各种规章制度，组织活动和比赛等。世界大多数国家采用这种管理体制，如德国（图2－3）。

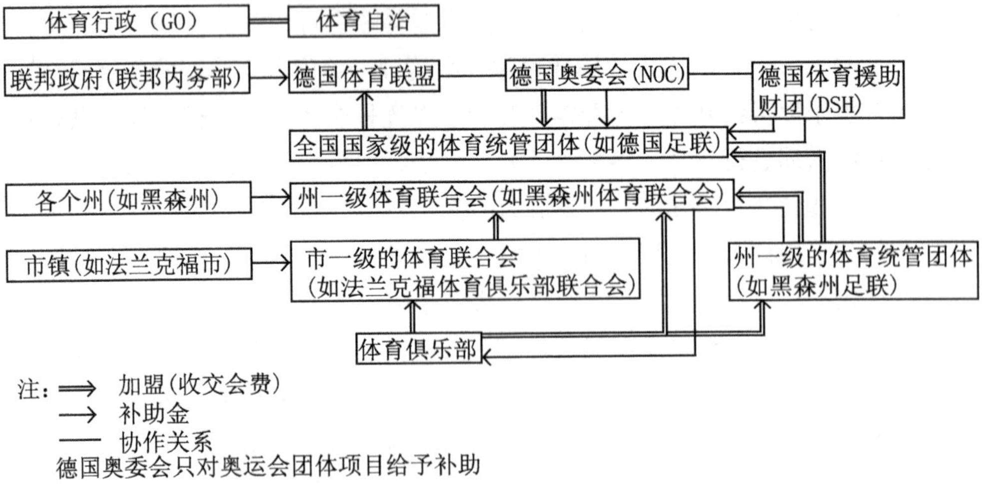

图2－3　德国体育行政机构图（引自《中国群众体育现状调查研究》，1998年）

在这些国家政府中，一般都设有专门的社会体育管理部门，负责协调各体育社会团体之间的关系，对社会体育进行宏观管理。但整个社会体育的发动、领导和组织均由各级体育联合会和遍布全国城乡各地的体育俱乐部具体实施。体育社会团体和体育俱乐部与政府之间只存在财政补助与监督方面的关系，其内部实行民主管理，不受政府制约。

世界大多数国家采用这种管理体制，如英国、德国、韩国、加拿大等国家。结合型体制有利于发挥政府的主导作用和鼓励社会对于体育的支持和参与，但在权限划分和利益分配方面可能会存在着一定的争端和困难。事实上，由于结合型体制是一个大体处于中间状态的类型，结合型之中有的偏重于政府管理型，有的偏重于社会管理型，相互间存在着极大的差异。

二、社会体育管理体制改革目标

作为社会体育改革发展的组织、推动和实施者，我国体育行政部门自身的行政管理体制及其运行机制的合理性和有效性如何，它对社会体育发展所作的制度安排的合理性和有效性如何，将会直接影响和决定我国社会体育健康持续发展的实现程度。在今后相当长的一定时期内，我国仍将处在体制转轨、结构转换、观念转变的社会巨变之中。我国社会体育事业不仅要面对人口多、底子薄，经济和科技教育文化落后的国情，还要面临一场传统与现代、落后与进步、保守与开放的艰苦较量。我国国情注定了中国特色“渐进式”改革道路的重要性及必要性。因此，我国社会体育管理体制的改革必将也只能在实践中发展、完善并最终巩固。

我国社会体育管理体制的最终目标是建立一套与我国经济社会与体育事业发展相适应、具有中国特色的管理体制与运行机制，这是一种国家调控、依托社会，自我发展，充满生机与活力的发展模式，其本质上属于政府与社会共建的结合型管理体制。近期我国社会体育管理体制的发展目标是，尊重社会体育管理体制的差异性，根据不同地域、不同经济发展水平、不同体育发展状况以及不同所有制形式等状况，探索并选择适宜的社会体育管理模式，建立多样化的与客观环境相适应的社会体育管理体制。

三、社会体育管理体制改革内容

当前，我国社会体育管理体制仍呈现出较为典型的政府型管理体制，社会力量明显不足，新的模式尚在探索之中。1998 年政府机构改革以来，为适应日益增长的全民健身需求，各级社会体育政府管理体制进行了有益的改革与调整。但一些县（区）级体育行政部门与文化、教育等部门合并后，由于没有及时做好行政职能调整，体育管理权力过于集中于县体委，没有或缺乏与社会组织的横向联系，仅简单依靠行政手段推行体育工作。这使得体委事务缠身，加之经费短缺，对县级体育管理的效能不高，难以满足群众对体育的客观需求。例如，2001 年中国群众体育现状调查结果表明，体育协会在社会体育的组织管理中正在逐步发挥作用，但所占比重依然很小。由于人们受传统观念的影响，仍然对体育行政部门有很大的依赖性，体育社团“半官办民”的性质无多大改观，体育社团尚未形成自身的良性运行机制。体育协会在社会体育方面的工作还有待提高，体育协会自身的宣传和管理职能还有待加强。另外，除了各行业系统协会的数量有所增加外，其余体育社团数量保持稳定或有下降的趋势，这与社会体育社会化的目标有一定距离。

1986 年 4 月，原国家体委发出了有关体育体制改革的第一份正式文件，即《原国家体委关于体育体制改革的决定（草案）》。1993 年在原国家体委《关于深化体育改革的意见》中，提出了中国体育改革的总目标，即："改革原来在计划经济体制下，过分依赖国家和主要依靠行政手段办体育的高度集中的体育体制，建立与社会主义市场经济体制相适应，符合现代体育运动规律，国家调控，依托社会，自我发展，充满生机和活力的体育体制和良性循环的运行机制，形成国家办与社会办相结合的格局。"结合国务院出台的《全民健身条例》（中华人民共和国国务院令 第 560 号）、《国务院关于加快发展体育产业　促进体育消费的若干意见》（国发〔2014〕46 号）等政策文件，我国社会体育管理体制改革的主要内容体现在以下 3 个方面。

（一）逐步实现社会体育组织的实体化

当前我国大部分社会体育组织仍依赖于政府，"半官办民"的性质无多大改观，社会体育组织尚未形成自身的良性运行机制。在"精简、统一、效能"的原则下，政府体育管理部门的工作重点需要转移到调查研究、制定和执行宏观调控职能上来。体育行政部门从"办体育"向"管体育"转变，发挥领导、协调、监督和服务的作用。要加强中华体育总会、中国奥委会的建设，提高中华中华体育总会的规格，按国际奥委会章程重新组建中国奥委会，使其在中国体育事业发展中发挥重要作用。实行单项运动协会实体化，将以前有名无实的各单项协会逐步改组为具有法人资格的社会团体并负责各自项目的发展和主要业务管理。实体化的单项运动协会既是中华全国体育总会的团体会员，又是国家体育总局的事业单位。它们在各自项目的业务管理上兼有部分行政职能，在人事和财务方面，由国家体育总局管理。

推行政社分开、政企分开、管办分离，加快推进体育行业协会与行政机关脱钩，将适合由体育社会组织提供的公共服务和解决的事项，交由体育社会组织承担。充分发挥各级工会、共青团、妇联、各行业和社会各界办体育的积极性，按照"小政府，大社会"的模式处理体育行政部门和体育社团的关系，有效改变体育社团对体育行政部门的隶属和依赖关系，逐步将有条件的社会体育社团与行政部门剥离，实现其组织实体化。

（二）加速社会体育的社会化管理

社会化是一个相对性概念，社会化的核心，就是在政府领导下，动员和引导各有关部门、各行业系统、各群众组织，都要对本部门、本行业、本系统、本组织的人群的体质与健康负起责任来，共同发展社会体育事业。不仅体育行政部门要管，教育、卫生、文化等部门要管，园林、市政、规划等部门也要管。社会体育的社会化旨在解决政府把发展社会体育事业的事情全部包下来，统统管起来的问题，而不是把发展社会体育事业的事情统统推给社会。社会化不是无组织的社会化，而是在政府领导下推进的社会化。

社会体育的社会化管理是我国体育改革中最早提出的目标之一，我国为了实现这一目标采取了一系列措施。例如，制定《全民健身计划纲要》《全民健身条例》《国务院关于加快发展体育产业 促进体育消费的若干意见》等国家政策，进一步调动社会各方面支持体育参与体育的积极性。倡导健身娱乐体育，鼓励社会体育消费，在政策上对体育娱乐给与扶植并逐步将福利型社会体育改造成消费型体育。与各行业主管部门合作，建立各行业、系统体育协会等。

（三）推进社会体育的产业化

产业化是一个相对性概念，体育产业化是改变体育完全依靠国家拨款的政府管理体制的有益尝试。政府通过计划、财政等手段，只满足亿万人民群众对于体质与健康方面的基本需求，而不是全部需求。因为满足亿万人民群众的全部体育需求是不可能的。因此，对于人们多样化的体育需求，只能靠市场去满足。对于公益性的社会体育组织，也可以借助产业经营的管理观念、管理方式，提高公益事业的社会效益，提高他们的自我生存、自我发展的能力，更好地满足亿万人民群众的公共体育需求。

发展体育产业的前提条件是引导消费，培育社会体育市场。当前，要完善健身消费政策，通过政府购买服务等多种方式，积极支持群众健身消费，鼓励公共体育设施免费或低收费开放，引导经营主体提供公益性群众体育健身服务。鼓励引导企事业单位、学校、个人购买运动伤害类保险。进一步研究鼓励群众健身消费的优惠政策。各级政府要结合城镇化发展统筹规划体育设施建设，合理布点布局，重点建设一批便民利民的中小型体育场馆、公众健身活动中心、户外多功能球场、健身步道等场地设施。要积极兴建适合并方便群众活动的小型多样的体育场地与发挥现有体育场馆作用，采用经营型管理以吸引群众的体育消费。充分利用郊野公园、城市公园、公共绿地及城市空置场所等建设群众体育设施。鼓励基层社区文化体育设施共建共享等。

四、社会体育管理体制改革趋势

（一）改革前我国社会体育管理体制特点

改革前中国社会体育管理体制是“在党中央国务院直接领导下的政府领导机构和社会体育组织相结合的”的管理体制，是属于结合型的管理体制。然而在它的沿革过程中，一度发展成为相当典型的政府管理型体制。政府承担着举办、管理、发展社会体育事业的职能，所以社会体育发展的管理权利属于政府，这使得社会体育带有极强的行政和政治色彩，成了一种强制性的活动。这极大地抑制了社会体育多样性的发展和社会参与群众体育的积极性，造成群众体育社团极度的萎缩，阻塞了社会支持体育的渠道，极大地削弱了社会对体育的管理功能，影响了社会体育的自我完善和发展。这种管理体制的特点主要表现在以下方面。

1. 政府行使几乎全部管理职能

1949 年，中华全国体育总会成立，当时它的任务是“协助政府组织领导并推进国民体育运动，为增进人民身体健康及为国防与生产服务”。在法律地位上，它是一个社会体育组织，但是体育总会可以行使部分政府行政权力，它所需的全部经费及事业费统由国家预算内开支，因而它实际上是一个半官方的体育组织。1952 年成立的原国家体委是国务院的下属部级政府机构。1956 年，中华人民共和国体育运动委员会章程公布，它的总任务是“负责统一领导和监督全国的体育事业，发展体育运动，以增强人民体质，培养人民勇敢、坚毅和集体主义精神，并向劳动人民进行共产主义教育和劳动卫国教育”。同年，中华全国体育总会对章程进行了修改，其中关于总任务的条款改为“领导中华人民共和国的业余体育运动”，具体工作任务从 8 条减为 3 条，其中关于制订全国体育运动计划、制定体育制度与对策、负责国际体育事务等职能已不再存在，而只剩下宣传推广新的体育工作和组织竞赛。事实上，中华全国体育总会及后来成立的中国奥委会也并非继续行使它们的有限职权。中华全国体育总会和中国奥委会以及它们下属的各种运动协会实际上仅在名义上存在，体委所设的各主管业务的司、处取代了这些协会，并用它们的名义行使着体育业务管理职能。

2. 国家承担绝大部分经济义务

在这一时期，国家支付的社会体育事业绝大部分的费用。国家不仅直接拨发经费，而且通过各种全民所有制企事业单位间接地支持着所有职工的体育活动。国家用这笔费用作为投资，通过社会体育增强人民体质。

3. 行政手段是主要管理手段

由于政府对社会体育事业发展承担着绝大部分义务，也掌握着几乎全部权利，因而在这一时期所有的社会体育行为大都是政府行为和政府行为的延伸。用行政命令管理社会体育即使不是唯一的，也是最重要的手段。

在这种社会体育发展模式下，运动会、广播操、达标活动等多依托政府或企事业行政系统的力量进行组织。

依靠行政手段开展群众体育，是计划经济条件下形成的带有普遍性的习惯做法。由于它带有一定的强制性，迅捷而效率高，对于维持较高的体育参与率，起到了一定的作用。但它重视共性，忽略个性；重视群体，忽略个体；重视统一，忽略差异。因此，不能满足广大群众多层次、多目标的体育需求，难以从深层次中激发群众参与体育的主观能动性，从而也就无法完成启发群众内在动机的重要任务。因此，当这种外部的强制性一旦消失，体育人口就大量流失，如一些单位的工间操取消后，就出现这种情况。另外，这种模式由于脱离了市场经济的机制，缺乏自我更新与发展的机制，在开展群众体育的人、财、物、时间等资源方面，越来越陷入无法克服的困境。由于其自身的缺陷已无法适应向市场经济转轨的社会背景，正面临全面挑战。（表 2－1）

表 2－1　我国旧有群众体育的发展模式

项目	主要内容	优势	劣势
活动形式	以生产、工作、学习部门为单位组织的体育比赛	气氛浓烈、声势大、宣传效果好	开支大、组织工作复杂，难以经常化
活动内容	竞技项目和体操	易于形成常规、便于操作	对场地设施有较高要求，非竞技活动易被忽视，无法满足参加者个体的体育需求。
活动时间	节假日及部分工作时间	人员集中、参与率高	难以生活化
组织体系	以政府、企事业行政系统为依托的组织，如体协	有固定的组织机构，一般有专人负责	根基薄弱，无力组织经常性的小型分散活动。
运行机制	依靠行政手段	迅速简捷、有效率	不利于启发参加者内在的动机
经费来源	多为政府、企事业拨款	有固定的来源	资金紧缺，难以应付日益增长的体育需要

（引自《中国群众体育调查研究》．北京体育大学出版社，1998 年）

（二）国外社会体育管理体制改革趋势

由于对社会体育管理体制的分类并没有精确的划分标准，因此，实际上并不存在绝对的政府管理型体制和绝对的社会管理型体制，在实行政府管理型体制的国家中，民间自发体育组织和活动也是存在的，在实行社会管理型的国家中，政府也或多或少地以不同方式参与并介入大众体育的管理。在政府享有主要的权力和利益时，总是倾向于强调社会体育的政治和福利性质，社会体育管理体制即具有集权化的趋势；而当社会享有主要的权力和利益时，则倾向于强调社会体育的商业和消费性质，社会体育管理体制即具有分权化的趋势。结合型是一个大体处于中间状态的类型，它们之中有的偏重于政府管理型，有的偏重于社会管理型，因此它们之间也存在着很大的差异。

目前世界各个国家在社会体育管理体制形态上存在着一种由两极向中间集中的趋势，一些过去采用政府管理型体制的国家，如前东欧集团、中国等，开始鼓励社会组织与政府共同管理体育。而一些过去采用社会管理型体制的国家，如加拿大、韩国等，政府逐渐深入介入体育事务，并设立了体育管理机构，从而使其管理体制成为结合型体制。综上所述，国外体育管理体制改革呈现殊途同归的结果，即政府侧重宏观管理和政策制定，体育社团承担事务性工作，政府与体育社团协会相互合作、相互协调与支持。

（三）我国社会体育管理体制改革趋势

目前我国社会体育管理体制正在向政府与社会结合型体制过渡，我国社会体育组织的力量虽然得到一定的加强，但政府社会体育行政部门在社会体育管理中仍发挥着重要的作用。这种状况在现阶段我国体育社会团体发育尚不完善，自身运行机制尚未形成的情况下，具有一定的合理性。但从长远来看，随着我国社会体育新型运行机制的建立和政府机构的改革和职能转化，政府将越来越多地负起宏观调控、协调、监督、引导的责任，而将社会体育的实际操作交给社会各有关主体，特别是各级各类体育社会组织去承担。随着体育改革的深化，我国社会体育将出现政府宏观协调，各级体育总会管理，各体育协会和群众社团具体操作的网络型组织结构。目前活跃的晨晚练点、辅导站，将同各种体育俱乐部一起纳入体协的组织系统，成为体协的基层组织单元。群众体育社团，将不再徒有虚名，将真正成为我国群众体育组织体系的主体。

第二节　社会体育管理的组织系统

所谓组织机构，是指由专职人员组成的、专门从事某一工作的专业部门的构成。我国现行社会体育的组织机构系统包括宏观、中观和微观 3 个层次，其中宏观和中观管理系统由社会体育政府管理系统和社会管理系统共同组成，它的微观管理系统由体育活动点、辅导站和俱乐部构成（图 2 – 4）。

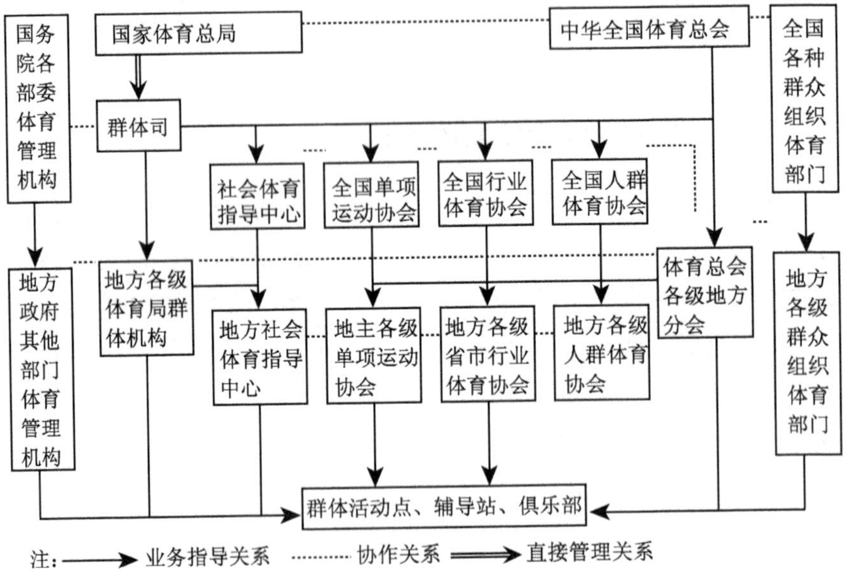

图2－4　我国社会体育管理组织系统

（引自《中国群众体育现状调查研究》. 北京体育大学出版社，1998年）

一、政府管理系统

（一）政府专门管理系统

政府专门管理系统是由政府体育行政管理系统中各级社会体育管理机构组成，它是社会体育管理的主系统。我国《体育法》第一章总则第四条规定："国务院体育行政部门主管全国体育工作。国务院其他有关部门在各自的职权范围内管理体育工作。"因此，县级以上各级政府都设立相应的体育组织领导机构管理体育工作，这样就形成了一个专门的政府管理社会体育的组织系统。

1. 国家体育行政部门

国家体育总局是国务院直属机构，是我国最高的体育行政部门，主管全国的体育工作，统领国家体育事业的发展。社会体育事业的发展由国家体育总局进行总体规划和部署。国务院赋予国家体育行政部门关于社会体育的职责主要包括：研究制定社会体育工作的政策法规和发展规划，并监督实施；负责全国的全民健身工作，推行全民健身计划，举办全国性群众体育比赛活动，指导群众性体育活动；实施国家体育锻炼标准，定期进行全民健身活动状况调查，开展国民体质监测工作；加强社会体育指导人员队伍的建设，完善分级管理的制度体系；促进公共体育设施的建设，加强对公共体育设施的管理和保护，充分发挥公共体育设施的功能，使其更好地为社会体育事业的发展服务。

国家体育总局群众体育司专职群众体育工作，其主要职能有：研究和拟定群众体育工作的有关政策、法规和发展规划，并监督实施；研究和拟定推行《全民健身计划纲要》的有关规划、计划并组织实施；组织并监督实施国家体育锻炼标准，开展全民体质监测工作；指导和推动学校体育、农村体育、城市体育及其他社会体育的发展；组织实施社会体育指导员技术等级制度；加强对业余训练和各类体育学校的宏观指导，推动其发展；组织实施总局对全国群众体育和全民健身工作的表彰奖励。负责对中国体育彩票公益金用于实施全民健身计划部分的规划、分配和监督；负责对中华全国体育基金会全民健身专项基金的管理；承办总局交办的其他事项。

国家体育总局青少年体育司专职青少年体育工作，其主要职能有：指导和推进青少年体育工作，拟订青少年体育工作的有关政策、规章、制度和发展规划草案；指导和监督学生体育健康标准的实施和学生体质监测；指导和推动青少年体育服务体系建设；组织开展青少年体育工作检查监督和评估表彰；指导竞技体育高水平后备人才培养工作；拟订青少年业余训练管理制度，完善青少年业余训练体系，指导全国各级各类体育运动学校、体育传统项目学校、青少年体育俱乐部、各运动项目后备人才基地建设和有关学生文化教育工作；承办总局交办的其他事项。

此外，在国家体育总局下还设有社会体育指导中心（属于事业编制），承担部分社会体育项目和社会体育指导员的管理工作。

2. 地方体育行政部门

在我国，社会体育是由地方政府具体管理的。各省、市、自治区都设有体育局（有的地方是文体局、文教局），其下一般都设有群体处、青少处，专门负责当地的群众体育及青少年体育工作，有的地方还设有社会体育指导中心（或社会体育管理中心）。

地方各级体育行政部门受上级体育行政部门在业务上的指导，同时受该级人民政府在人事、财务等方面的行政领导。政府专门社会体育管理系统的基层机构是县及县级市体育局，近年来，在政府机构改革中，一些县（市）体育局已与教育或卫生部门合并，但仍设专人负责体育工作。各级体育行政机构中都设置了主管社会体育的专门机构，并配备了一定的专、兼职社会体育干部。

县级以上地方各级人民政府体育行政部门或本级人民政府授权的机构。县级以上地方各级人民政府体育行政部门是指省、自治区、直辖市；地级市、地区、自治州、盟；县、市辖区、县级市、自治县、旗等人民政府设置的体育局或体育与其他部门合署办公的机构，如文化体育局、教育体育局等。这类体育行政部门主管本行政区域内的体育工作，包括社会体育工作。这类体育行政部门中一般设有群众体育处或群众体育科或群众体育股等职能部门，或在业务部门中设专人负责社会体育工作。本级人民政府授权的机构依法具有主管本行政区域内体育工作的权力。本级人民政府授权的机构是指在我国一些地方，主要是县级政府机构改革后，有些县级人民政府不再设立体育行政部门，而将原有的体育行政部门转变为事业单位或体育社会团体。但本级人民政府仍然授权这些单位行使主管本行政区域内体育工作的行政职权。

根据相关法律法规的授权或规定，县级以上地方各级人民政府体育行政部门的主要职责包括：负责实施同级地方人民政府制定的本行政区域的全民健身实施计划，定期对全民健身计划实施情况进行评估；在全民健身日组织开展健身指导服务，积极宣传科学健身知识；根据社会体育指导员分级管理的规定，负责本行政区域内社会体育指导员的管理工作，加强社会体育指导员队伍建设；对本行政区域内的公共体育设施实施监督管理，保证社会体育活动能顺利开展；对高危险性体育项目经营活动，应当依法履行监督检查职责，以确保群众的安全。

本级人民政府授权的机构依法具有主管本行政区域内体育工作的权力。本级人民政府授权的机构是指在我国一些地方，主要是县级政府机构改革后，有些县级人民政府不再设立体育行政部门，而将原有的体育行政部门转变为事业单位或体育社会团体，但本级人民政府仍然授权这些单位行使主管本行政区域内体育工作的行政职权。这是我国行政体制改革中出现的新的行政机构形式。

街道办事处被区（市辖区，不设区的即为市）人民政府授权主管辖区社会体育工作和组织实施辖区社会体育活动。街道办事处可成立以街道办事处行政领导挂帅、辖区内各有关单位参加的社会体育组织，设立相应的部门管理体育工作，配备专职社会体育指导员。作为基层政府，由市辖区及不设区的市人民政府设立的派出机关

——街道办事处，是城市管理的基础层次，可以代表该级政府管理其辖区内的各项事务。街道办事处负有开展群众性体育活动、增强当地人民体质的政府职责。在实施全民健身计划过程中，我国很多街道成立了以街道办事处领导带头的全民健身领导小组等机构——具有行政性的体育组织。街道办事处可充分利用辖区内的场地、设施、人才等各类资源，组建锻炼小组、健身指导站、体育俱乐部、体育协会等体育组织，并指导其开展建设和管理工作，组织内容丰富、形式多样的体育健身活动，举办辖区内群众体育竞赛活动等。

由于我国法定体育行政部门设在县级以上政府，乡级政府不设立体育行政部门，为了发展当地的体育事业，各地根据实际情况建立了不同类型的体育组织。这些基层体育组织或代表乡镇政府行使体育管理职权，或作为乡镇政府的助手，组织协调当地体育工作，开展群众性体育活动，成为我国农村体育的重要组织力量。

（二）政府非专门管理系统

我国《全民健身条例》（中华人民共和国国务院令 第560号）第一章总则第五条规定："国务院体育主管部门负责全国的全民健身工作，国务院其他有关部门在各自职责范围内负责有关的全民健身工作。"县级以上地方人民政府主管体育工作的部门（以下简称体育主管部门）负责本行政区域内的全民健身工作，县级以上地方人民政府其他有关部门在各自职责范围内负责有关的全民健身工作。

国务院其他有关部门在各自的职权范围内管理体育工作，其中包括社会体育工作。这类管理有两种类型：一种是国务院有关部门按照国务院体育行政部门的统一部署，直接管理本部门的体育工作。比如教育部主管学校体育工作，它可以组织教育系统内部的全国性群众体育比赛活动，设置多个比赛项目进行比赛，并对成绩优异的个人或集体予以表彰，这对强化本系统工作人员的健身意识、调动他们的精神积极性，以及间接推动全民健身运动具有重要影响。国家民族事务委员会负责少数民族体育工作；农业部、铁道部、公安部等负责本行业的体育工作等；另一种是国务院有关部门在自己职权范围内开展与体育有关的业务管理工作。比如民政部依法对全国性体育社会团体进行登记和管理；公安部依法对群众性体育活动中的治安问题进行管理；国家工商行政管理局、国家税务总局对体育经营问题和税收问题依法进行管理等。

县级以上地方各级人民政府的其他有关部门。县级以上地方各级人民政府的其他有关部门的情况，与上述国务院其他有关部门的情况相类似，比如教育、民族、农业、公安等部门各自负责管辖行政区域内本行业的体育工作。而民政、公安、工商、税务等部门负责开展与体育有关的业务管理工作。

乡、民族乡、镇政府的其他有关部门。乡、民族乡、镇人民政府作为我国最基层的人民政府，对领导和管理本行政区域内的体育工作负有责任。《体育法》规定“乡、民族乡、镇政府随着经济发展，逐步建设和完善体育设施”。当前我国很多乡、民族乡、镇政府，包括城市街道办事处，都将社会体育工作列入政府工作内容，指定某一职能部门或人员负责社会体育工作。

二、社会管理系统

（一）社会专门管理系统

我国现有社会体育组织主要有各级体育总会、单项运动协会、行业体育协会和各种人群体育协会等，以及各类基层社会体育组织等。

1. 各级体育总会

各级体育总会包括中华全国体育总会和县级以上地方体育总会，是体育工作者的群众性体育组织，是在民政部门登记的体育社会团体。中华全国体育总会是全国群众性体育组织，成立于1949年。各省、自治区、直辖市体育总会，全国性单项体育协会，全国性行业系统体育协会，中国人民解放军的群众性体育组织可以申请加入中华全国体育总会，成为其团体会员。省、自治区、直辖市，地级市、地区、自治州、盟，县、县级市、区、自治旗、旗，可以成立地方体育总会。目前，县级以上地方基本成立了体育总会。各级体育总会中一般都设立群众体育部门，负责社会体育工作。在各级体育总会的宗旨中明确提出：联系、团结广大体育工作者，努力发展体育事业，普及群众体育运动，提高全民族身体素质；促进社会主义物质文明和精神文明建设；为建设有中国特色的社会主义服务。在各级体育总会的任务中明确提出：要宣传和推动群众性体育活动的开展，大力促进体育改革；通过体育活动对广大人民群众特别是青少年进行教育，培养优良品德。各级体育总会作为党和政府联系体育工作者的纽带和发展体育事业的助手，在党和政府的领导下，经过多年建设，已经形成了包括中央、省、地、县体育总会的组织结构，在配合各级体育部门推动社会体育事业发展，实施全民健身计划过程中，发挥了积极作用。

2. 单项运动协会

单项体育协会是指按运动项目组成的群众性是在民政部门登记的体育社会团体。在我国，作为中华全国体育总会的团体会员，单项运动协会具有宣传和推动本项目群众性体育运动开展，促进体育社会化，举办各种比赛和体育活动的职责。省级、地级、县级的很多地方也都设立了单项运动协会，并设立了专门的办事机构和人员。各个运动项目协会的章程都规定了要组织广大群众和青少年参加本项目活动，普及该项运动。单项运动协会所包括的项目是奥运会项目或大型竞赛活动的非奥运会项目。全国性单项运动协会包括田径运动（以下省略“运动”一词）、游泳、体操、技巧、赛艇、皮划艇、射击、射箭、自行车、无线电、航海模型、帆船帆板、摩托艇、滑水、水下、航空、足球、篮球、排球、乒乓球、羽毛球、网球、软式网球、手球、曲棍球、棒球、垒球、高尔夫球、保龄球、台球、地掷球、围棋、象棋、国际象棋、桥牌、举重、摔跤、柔道、拳击、击剑、马术、现代五项、滑冰、滑雪、冰球、雪车、雪橇等运动项目协会。田径、篮球、足球、乒乓球、门球、棋类等运动项目协会，在基层比较普遍。

3. 行业体育协会

各行业体育协会是各行业体育工作的主管部门，也是中华全国体育总会的团体会员，我国的行业体育协会大多属于各行业直属事业单位。各行业体育工作由其主管部门负责，是社会体育改革和体育社会化的一项重要政策性措施。行业体协不仅具有较完善的组织系统和经验丰富的体育干部队伍，而且还具有雄厚的经济实力，较好的体育场地设施条件，通过行业体协组织领导本行业的体育工作，易于管理、协调，便于开展活动。因此是推动社会体育工作不可忽略的力量。

目前全国性的行业体育协会有火车头、金融、石油、煤矿、前卫、中建、林业、地质、机械、邮电、石化、航天、航空、中汽、化工、中科院、兵器、建设、交通、电子、冶金、水利、电力船舶、民航（筹备）、轻工（筹备）、内贸（筹备）等体育协会。全国性的系统体育协会有农民、残疾人、老年人、少数民族、大学生、中学生、中国技工学校等体育协会。

4. 人群体育协会

各人群体育协会是为了满足不同人口群体开展社会体育活动的需要而成立的体

育社会组织，如老年人体育协会、农民体育协会等，它们在组织不同人群体育活动中也发挥着特有的作用。

传统体育项目协会是指按我国传统体育项目组成的群众性业余体育组织，是在民政部门登记的体育社会团体。这些协会的职责主要是在群众中推广、普及该项运动。成立的全国性传统体育项目协会包括轮滑运动（以下省略“运动”一词）、龙舟、毽球、风筝、钓鱼、信鸽、冬泳、太极拳、舞龙舞狮等项目。传统体育项目协会在各地比较普遍，并且发挥了很好的作用。

5. 传统体育项目协会

传统体育项目协会是指按我国传统体育项目组成的群众性业余体育组织，是在民政部门登记的体育社会团体。这些协会的职责主要是在群众中推广、普及该项运动。成立全国性传统体育项目协会的包括轮滑运动（以下省略“运动”一词）、龙舟、毽球、风筝、钓鱼、信鸽、冬泳、太极拳、舞龙舞狮等项目。传统体育项目协会在各地比较普遍，并且发挥了很好的作用。

6. 街道社区体育协会

街道办事处作为市或市辖区政府派出机构，是城市管理的基础层次。街道办事处负有开展群众性体育活动、增强当地人民体质的政府职责。街道办事处不设立体育行政部门，因此，以街道办事处为依托的社区体育协会（或称街道体育协会等）应运而生。目前，我国大多数街道都成立了社区体育协会，这是最普遍的基层体育组织。此外，还有依托某一区域管理机构或驻地实力和条件优越的企事业单位的地区体育协会，依托住宅区管理机构的居住小区体育协会等。这些群众性的基层体育组织，作为街道办事处、区体育行政部门或某些机构行政的助手，负责组织、协调和管理当地社会体育工作。在实施全民健身计划过程中，我国很多街道成立了以街道办事处领导带头的全民健身领导小组等机构，是具有行政性的体育组织。

7. 乡镇体育协会

乡、民族乡、镇政府是我国农村基层政府。由于我国法定体育行政部门设在县级以上政府，乡级政府不设立体育行政部门，为了发展当地的体育事业，各地根据实际情况建立了依托乡镇政府的乡镇体育协会或乡镇体育总会等。这些基层社会体育组织组织协调当地体育工作，开展群众性体育活动，成为我国农村体育的重要组织力量。

8. 基层单位体育协会

基层单位体育协会是指我国基层企业、事业、机关单位的体育协会，是群众性业余体育组织。基层单位体协由单位工会具体组织领导。它的任务是在单位内部开展体育宣传活动，吸引和组织职工经常参加体育锻炼，活跃职工业余生活，提高职工健康和运动技术水平。1981 年，全国总工会和国家体委联合发布了《基层厂矿、企业、事业、机关体育协会章程（试行)》。这种遍布我国基层单位的体育组织，对发展我国职工体育曾经发挥了巨大的推动作用。在新形势下，通过对职工体育的改革和探索，我国基层单位体育协会将继续发挥其重要作用。

9. 体育指导站

体育指导站是指在当地体育行政部门或街道、乡镇政府领导或指导下，开展群众性体育活动的体育组织。体育指导站一般有三种职能：一是组织的职能，即吸引和组织体育爱好者前来参加体育活动；二是指导的职能，即对前来参加体育活动的体育爱好者进行体育指导；三是阵地的职能，即为活动者提供场地，并保持体育活动的科学、健康、文明。体育指导站包括一般性体育指导站和单项性体育指导站。比如在一些城市中成立的航天模型运动指导站就属于单项性体育指导站。较为普遍的是有固定的体育设施或依托公园、广场等建立的体育指导站。有固定的体育设施，有的地方也称为体育指导中心、体育活动中心。这类体育组织设施条件、人员规模、指导能力、管理水平有较大的差异。条件好的体育指导站，有自己的体育场地设施，有专门的管理和指导人员，有固定的活动项目，类似文化站。文化站是文化行政部门所属的事业单位。有些地方则与文化站合在一起，建立了文化体育站或文化体育中心，与文化部门一起开展文化体育活动。相对于体育指导站来讲，比其更基层、规模更小、条件简陋、更松散的体育组织形式是晨（晚）练点，或者称体育指导点，它的性质与职能与体育指导站类似，这是我国城乡最基层的指导群众体育活动的体育组织。

10. 青少年体育俱乐部

为了落实《全民健身计划》二期工程“群众体育以青少年为重点”的指导思想，使广大青少年学生参加科学、文明、健康的课外活动具备良好的条件，同时为培育社会组织的力量，充分利用和挖掘现有的社会体育资源，国家体育总局结合发达国家经验和我国实际情况，自 2000 年起使用体育彩票公益金，依托现有的学校、体校、体育场馆、社区、基层单项运动协会创建了“青少年体育俱乐部”这种组织形式。根据国家体育总局的创建要求，青少年体育俱乐部是使用体育彩票公益金扶持创办的，“是试点单位利用自己所拥有的体育场馆、人才等社会体育资源，建立起来的一种新型的社会化青少年体育组织。它具有社会主义公益性特征，是今后国家倡导并引导发展的旨在广泛开展青少年体育活动的社会组织。

（二）社会非专门管理系统

1. 人群协会

某些社会组织虽然不是专门的社会体育组织，但它们下设体育部门如工会、共青团、妇联、残疾人联合会等都设有社会体育的机构，或专兼职人员负责社会体育事务的管理。

工会、共青团、妇联、残疾人等社会团体作为某一部分人群的群众性组织，与这些人群有着密切的联系并能够对他们产生较大的影响。同时，这些社会团体具有完善的组织系统，从中央到地方，以至于很多机关、企业事业单位都有自己健全的组织机构，这就为在其中开展体育活动提供了组织保障。再者，这些社会团体对本团体成员的体质与健康负有一定的责任，应当组织其成员开展体育活动。《工会法》规定：“工会会同行政方面……组织职工开展文娱、体育活动。”从全国总工会到地方各级工会，从行业工会到基层单位工会，普遍设立职能部门或人员负责职工体育工作，积极开展职工体育活动。共青团也同工会一样设立职能部门或人员负责青年体育工作。全国残疾人联合会和部分地方残疾人联合会也通过残疾人体育协会，开展残疾人体育活动。

2. 村（居）委会

在我国农村，村民委员会是村民自我管理、自我教育、自我服务的群众性自治组织，其任务与居民委员会类似。并且《体育法》也明确规定：“农村应当发挥村民委员会、基层文化体育组织的作用，开展适合农村特色的体育活动。”我国数以十万计的村民委员会，必将对农村体育发展产生巨大地推动作用。

在我国城镇，居民委员会作为我国城市社区中最基层的群众性居民自治组织，对社区的管理发挥着直接的不可忽视的作用。按照居民委员会组织法规定，居民委员会具有“自我管理、自我教育、自我服务”3 种职能，其任务包括办理本居住区的公共事务和公益事业，开展包括体育活动在内的社会主义精神文明建设活动。我国《体育法》明确规定："城市应当发挥居民委员会等社区基层组织的作用，组织居民开展体育活动。"这就使居民委员会开展居民体育活动的职责更加明确。我国数以万计的居民委员会，对居民体育发展发挥着越来越大的作用。

第三节　社会体育的管理制度

社会体育管理制度是为规制社会体育工作开展而制定的法律、行政法规、章程、规定、规范等的总称。社会体育管理制度属于正式制度，制定主体包括人大、国家机关、社会团体、企事业单位等具有法人资格的组织。在社会体育管理制度中，宪法是最高层面的制度。

一、社会体育管理制度的概念

（一）社会体育管理制度的含义

新制度经济学的主要代表人物诺斯认为："制度是一系列被制定出来的规则、守法程序和行为的道德伦理规范。"我国学者林毅夫认为："制度可以定义为社会中个人所遵循的行为规则。"体育管理体制中的组织机构及其职能，都是通过各项制度加以形成和履行的。据《辞海》解释，制度是指要求成员共同遵守，按一定程序办事的过程。根据制度的性质，可以将制度分为正式制度和非正式制度。严格来讲，被官方或法律授权的制度都属于正式制度，其余的都属于非正式制度。

管理学领域的制度（管理制度）是国家机关、社会团体、企事业单位等管理主体，为了维护正常的工作秩序，保证国家各项政策的顺利执行和工作的正常开展，依照法律、法令、政策而制订的具有法规性或指导性与约束力的文案，它是各种行政法规、章程、规定、规范等的总称。可见，管理制度属于正式的制度范畴。

社会体育管理制度是为规制社会体育工作开展而制定的法律、行政法规、章程、规定、规范等的总称。社会体育管理制度的制定主体包括人大、国家机关、社会团体、企事业单位等具有法人资格的组织。在社会体育管理制度中，宪法是最高层面的制度。随着我国社会体育日益成为一项独立的社会事业，国家不断加大对体育事务进行干预和管理，从而在国家的法制体系中出现了专门化的社会体育法规制度。

（二）社会体育管理制度的分类

1. 根据社会体育管理制度制定主体划分

根据社会体育管理制度制定主体的不同，社会体育管理制度大致可以划分为以下类型。

（1）全国人大制定的制度，如《中华人民共和国宪法》《体育法》。

（2）国务院（中央人民政府）制定的制度，如《全民健身条例》《公共文化体育设施条例》《全民健身计划纲要》《中共中央国务院关于加强青少年体育增强青少年体质的意见》等。

（3）国务院有关部门制定的制度，如健身气功发展规划（2013—2018年）、“十二五”公共体育设施建设规划、《学生体质健康标准（试行方案）》《国民体质监测工作规定》《国民体质测定标准施行办法》《体育类民办非企业单位登记审查与管理暂行办法》《社会体育指导员管理办法》等。

（4）地方人大制定的制度，如《天津市全民健身条例》《成都市体育经营活动管理条例》《广东省体育设施建设和管理条例》等。

（5）地方政府制定的制度，如《西安市室外公共场所健身练功活动管理暂行办法》《深圳市退役运动员就业安置办法》《长沙市体育市场管理暂行办法》等。

2. 根据社会体育管理制度的效力等级划分

根据社会体育管理制度的效力等级，社会体育管理制度大致可以划分为以下类型。

（1）宪法。

（2）法律（狭义的）。

（3）国务院行政法规和其他规范性文件。

（4）国务院部门规章和其他规范性文件。

（5）地方性法规和其他规范性文件。

（6）地方性规章和其他规范性文件。

二、社会体育管理制度的基本内容

（一）《中华人民共和国宪法》

《中华人民共和国宪法》（以下简称《宪法》）是全国人大通过的中华人民共和国根本大法，其层次高于法律、法规、法规性文件、规章。

《宪法》以明确的法律条文保障公民参加体育活动的权利，充分体现了国家对体育工作和人民身体健康的重视和关心。《宪法》第二十一条规定：“国家发展体育事业，开展群众性的体育活动，增强人民体质。”这明确说明了我国体育事业的性质，强调了体育的本质功能，确立了社会体育在整个体育事业中的重要地位。《宪法》第四十六条还规定：“国家培养青年、少年、儿童，在品德、智力、体质等方面全面发展。”《宪法》中关于公民体育体育活动的法律规定，既是我国各级政府特别是各级体育行政部门开展全民健身活动法律依据，又是法律赋予全体公民依法参与体育健身活动的权利。各级政府必须依法维护公民健身活动的合法权益。

（二）《中华人民共和国体育法》

目前，在体育法规中，称之为法律（狭义的）的只有《中华人民共和国体育法》（以下简称《体育法》）。《体育法》是中华人民共和国第一部由国家权力机关制定的体育法律，它明确了公民参与健身活动的基本规范，是我国发展体育事业的基本纲领和总章程，是我国开展体育工作的基本法律依据。法律仅次于《中华人民共和国宪法》，属于高层次立法。《体育法》中关于社会体育的规定如下。

1. 对社会体育目的任务的规定

《体育法》对社会体育的目的和任务的规定“增强人民体质，提高运动技术水平，促进社会主义物质文明和精神文明。”《体育法》对发展体育事业的目的和任务的规定，也包括了对发展社会体育事业的目的和任务的规定。发展社会体育事业不仅仅是增强人民体质，还包括提高社会体育的运动技术水平，促进社会主义物质文明和精神文明。同样，发展竞技体育事业也不仅仅是提高运动技术水平，还包括增强人民体质，促进社会主义物质文明和精神文明建设。

2. 对社会体育的工作方针的规定

《体育法》规定了“国家发展体育事业，开展群众性的体育活动，提高全民族身体素质”的基本方针，确立了发展体育事业是国家和各级人民政府的责任，国家和各级人民政府是发展体育事业的主体。同时，规定了“体育工作坚持以开展全民健身活动为基础，实行普及与提高相结合，促进各类体育协调发展”的工作方针，确定了社会体育工作在体育事业中的基础地位，明确了社会体育、学校体育和竞技体育应协调发展。再者，《体育法》规定：“国家坚持体育为经济建设，国防建设和社会发展服务。体育事业应当纳入国民经济和社会发展计划，国家推进体育管理体制改革。国家鼓励企业事业组织、社会团体和公民兴办和支持体育事业。”这既规定了发展体育事业坚持“三个服务”的方针，又规定了国家发展体育事业所要遵循的基本要求，即纳入国民经济和社会发展计划，推进管理体制改革，国家与社会共同兴办。《体育法》对体育方针的规定也是对社会体育方针的规定，是社会体育必须遵循的。

3. 对社会体育基本制度的规定

《体育法》在《社会体育》专章中规定：“国家推行全民健身计划，实施体育锻炼标准，进行国家体质监测。国家实行社会体育指导员技术等级制度，社会体育指导员对社会体育活动进行指导。”这些规定了我国社会体育实施的基本法规制度，包括全民健身计划纲要，国家体育锻炼标准，国民体质监测制度和社会体育指导员技术等级制度，为社会体育发展提供了基本法规制度保障。

4. 对公民参加社会体育活动责任的规定

《体育法》规定：“国家提倡公民参加社会体育活动，增进身心健康。”这不仅确定了国家对公民的体育责任，而且从法律上赋予公民享有参加社会体育活动的充分自由，享有身心健康得到增强的体育权利。为了保障公民身心健康得到增进，《体育法》还进一步规定“体育工作坚持以开展全民健身活动为基础”，确定了开展全民健身活动不仅在社会体育工作中而且在整个体育工作中的基础地位。同时规定“地方各级人民政府应当为公民参加社会体育活动创造必要的条件，支持、扶助群众性体育活动的开展”。还对国家机关、企业事业组织、工会等社会团体、居民委员会和村民委员会等开展体育活动的责任作了规定。

为了体现国家对公民的体育责任，《体育法》规定了“社会体育活动应当坚持业余、自愿、小型多样，遵循因地制宜和科学文明的原则”；规定了“社会体育指导员对社会体育活动进行指导”；规定了“对青年、少年、儿童的体育活动给予特别保障”；规定了“鼓励、支持民族、民间传统体育项目的发掘、整理和提高”；规定了“各级人民政府应当采取措施为老年人、残疾人参加体育活动提供方便”。

5. 对社会体育资金投入和公共体育设施建设责任的规定

《体育法》一方面规定了县级以上政府对体育事业发展要有资金投入，“县级以上各级人民政府应当将体育事业经费，体育基本建设资金列入本级财政预算和基本建设投资计划，并随着国民经济的发展逐步增加对体育事业的投入”；另一方面动员和倡导社会向体育投入，“国家鼓励企业事业组织和社会团体自筹资金发展体育事业，鼓励组织和个人对体育事业的捐赠和赞助”，多渠道多形式筹措体育事业发展资金，增强体育财力。同时对体育资金管理作了规定，特别规定“任何组织和个人不得挪用、克扣体育资金”，这些规定都包括了社会体育在内。

《体育法》对政府在公共体育设施的规划、建设、使用和保护等方面的责任作了规定。关于规划和建设，规定：“县级以上地方各级人民政府应当按照国家对城市公共体育设施用地定额指标的规定，将城市公共体育设施建设纳入城市建设规划和土地利用总体规划，合理布局，统一安排。”同时规定：“城市在规划企业、学校、街道和居民区时，应当将体育设施纳入建设规划。乡、民族乡、镇应当随经济发展逐步建设和完善体育设施。”关于使用和保护，规定“公共体育设施应向社会开放，方便群众开展体育活动”，“任何组织和个人不得侵占、破坏公共体育设施”。对于因特殊情况需要临时占用体育设施的，“必须经体育行政部门和建设规划部门批准，并及时归还”。对于按照城市规划改变体育场地用途的，“应当按照国家有关规定，先行择地新建偿还”。同时规定，对于侵占、破坏公共体育设施的违法行为，“构成犯罪的，依法追究刑事责任”，“违反治安管理的，由公安机关依照治安管理处罚条例的有关规定给予处罚”，对于没有构成犯罪和违反治安管理的“由体育行政部门负责限期改正，并依法承担民事责任”。

6. 对体育社会团体、社会体育专门人才和体育健身经营活动责任的规定

体育社会团体作为人民参与体育管理的重要组织形式，《体育法》规定：“国家鼓励、支持体育社会团体按照其章程，组织和开展体育活动，推动体育事业的发展。”同时规定：“全国性的单项体育协会管理该项运动的普及与提高工作。”表明单项体育协会同时肩负着在公民中普及该项运动和提高运动技术水平双重任务。

对于社会体育专门人才的培养，在实施社会体育指导员技术等级制度，培养社会体育骨干队伍的同时，《体育法》规定“国家发展体育专业教育，建立各类体育专业校、系、科”，培养“从事群众体育等方面的专业人员”，为社会体育输送高级专门人才。

对于以体育健身、体育竞技等为内容的经营活动，《体育法》规定“县级以上人民政府体育行政部门”，“应当按照有关规定加强管理和监督”，保障正常的市场秩序，促进体育产业发展。

《体育法》作为体育的基本法，是整个体育法规体系的核心和基础。在《体育法》颁布和实施后，与之配套的体育法规才能逐步建立，整个体育法规体系才有可能在此基础上不断完善起来。《体育法》的颁布，对社会体育法规制度体系的建立和完善起到了基础性促进作用。

（三）国务院体育行政法规和其他法规性文件

目前，与社会体育有关的国务院行政法规主要有四个：《全民健身条例》《关于加快发展体育产业促进体育消费的若干意见》《国家体育锻炼标准施行办法》和《公共文化体育设施条例》；法规性文件是国务院制定发布的具有一定法规性质的文件，其在效力和规范性方面略低于法规。与社会体育有关的国务院法规性文件主要有4个：《全民健身计划纲要》《中共中央 国务院关于加强青少年体育增强青少年体质的意见》《国家体委关于深化改革加快发展县级体育事业的意见》和《关于加强健身气功活动管理有关问题的意见》。

1.《全民健身条例》

《全民健身条例》（国务院令第560号，以下简称《条例》）于2009年8月30日公布，并于2009年10月1日起施行。《条例》是我国第一部全面、系统规范全民健身事业发展的国务院专门性行政法规，对全民健身管理机制、全民健身计划、全民健身活动、全民健身保障以及法律责任等作了明确规定。制定并施行《条例》，是我国全民健身事业法制化、规范化的重要标志，是加快全民健身事业科学发展、建立全民健身长效化机制的重要举措，是满足人民群众体育健身需求、促进体育事业协调发展的重要保障。《条例》突出了政府发展全民健身事业的责任，着力于解决影响我国全民健身事业发展的重大问题，充分反映了党和政府关注民意、改善民生、对提高中华民族健康素质和人民群众生活质量的高度重视，体现了以人为本的执政理念和全心全意为人民服务的宗旨。

贯彻实施《条例》，是推进全民健身事业全面协调可持续发展的重要保障。各级政府和有关部门要高度重视，切实加强组织领导，自觉把贯彻实施《条例》工作摆在重要位置，按照《条例》要求，制订切实可行的工作计划，分解工作任务，制定工作目标。全民健身是一项功在当代、利在千秋的社会事业，涉及的部门多，各部门、各单位、各行业要从提高全民族身体素质和健康水平的大局出发，相互配合，尽职履责，努力形成工作合力。各级体育部门要按照《条例》的规定，切实担负起协调、组织、监督和检查的责任，建立健全各项管理制度和办法，与各有关方面一道，保证《条例》的贯彻工作落到实处，取得实效。

2. 《关于加快发展体育产业 促进体育消费的若干意见》

2014 年 10 月 20 日，国务院发布《关于加快发展体育产业促进体育消费的若干意见》(国发〔2014〕46 号，(以下简称《意见》)。《意见》指出，要加快政府职能转变，进一步简政放权，并将全民健身上升为国家战略。《意见》把增强人民体质、提高健康水平作为根本目标，提出的营造健身氛围、倡导健康生活等多项举措，将在未来影响每一个积极投身运动健身的人。《意见》中关于社会体育方面的表述归结如下。

（1）鼓励社会力量建设小型化、多样化的活动场馆和健身设施，政府以购买服务等方式予以支持。在城市社区建设 15 分钟健身圈，新建社区的体育设施覆盖率达到 100%；（2）政府机关、企事业单位、社会团体、学校等都应实行工间、课间健身制度等，倡导每天健身 1 小时；（3）积极推动各级各类公共体育设施免费或低收费开放，加快推进企事业单位等体育设施向社会开放；（4）以足球、篮球、排球三大球为切入点，加快发展普及性广、关注度高、市场空间大的集体项目，推动产业向纵深发展。对发展相对滞后的足球项目，制定中长期发展规划和场地设施建设规划，大力推广校园足球和社会足球；（5）大力支持发展健身跑、健步走、自行车、水上运动、登山攀岩、射击射箭、马术、航空、极限运动等群众喜闻乐见和有发展空间的项目。以冰雪运动等特色项目为突破口，促进健身休闲项目的普及和提高；第六，加强体育运动指导，推广“运动处方”，发挥体育锻炼在疾病防治以及健康促进等方面的积极作用。

3. 《国家体育锻炼标准施行办法》

《体育法》规定，“国家推行全民健身计划，实施体育锻炼标准，进行体质监测。国家施行社会体育指导员技术等级制度，社会体育指导员对社会体育活动进行指导。”

1954 年原国家体委公布试行《准备劳动与卫国体育制度》（简称“劳卫制”），后经多次修改，1964 年改名为《青少年体育锻炼标准试行条例》，在重点试行的基础上进行了修改，1975 年改称《国家体育锻炼标准》。试行 4 年后，于 1979 年—1981 年进行了修改，经国务院 1982 年 7 月 12 日批准，原国家体委 1982 年 9 月 1 日公布，在全国普遍推行。1989 年 12 月 9 日，原国家体委再次发布《国家体育锻炼标准施行办法》（1989 年 12 月 9 日国务院批准 1990 年 1 月 6 日原国家体委令第 10 号发布），该办法自发布之日起施行。1982 年 8 月 27 日发布的《国家体育锻炼标准》同时废止。作为新中国一项基本体育制度，“国家体育锻炼标准”走过了 50 多年的历程。它在引导全国人民，特别是广大青少年积极参加体育锻炼，培养科学锻炼习惯，提高身体素质，促进人的全面发展等方面，发挥了重要作用。

《国家体育锻炼标准施行办法》是国家对青少年儿童的基本体能要求，目的在于鼓励广大儿童青少年自觉积极地锻炼身体，促使身体正常发育和全面发展，增强体质，为培养德、智、体全面发展的现代化建设人才服务，为提高我国运动技术水平打下基础。

《国家体育锻炼标准施行办法》按性别和年龄分组：儿童组 9 岁 ~ 12 岁（小学 3 – 6 年级）；少年乙组 13 岁 ~ 15 岁（初中）；少年甲组 16 岁 ~ 18 岁（高中）；成年组 18 岁以上（大学）。各组测验项目和标准均有不同。达标等级分及格、良好、优秀 3 级。在规定期限内，参加者达到所属年龄组的测验标准时，由批准机关授予国家统一颁发的证书和证章。

4. 《公共文化体育设施条例》

体育场地设施是开展社会体育活动的重要物质条件。随着我国经济、社会和体育事业的发展，全民健身活动日益广泛地开展，公共体育场地设施在不断满足群众健身需求的同时，也存在着一些严重的问题。如体育场地设施总量不足，特别是群众身边的场地、公益性的健身场所比较缺乏，体育场地设施利用率不高，很多设施开放时间短甚至不向群众开放，对现有体育场地挪用、侵占和破坏现象严重。这些问题的存在，已成为制约群众体育活动广泛开展的重要因素。为此，国家体育总局 1998 年起即在调查研究的基础上着手起草相关法规，文化部也在同时起草文化设施管理的法规。后国务院法制办会同文化部、国家体育总局共同进行法规的起草工作。2003 年 6 月 18 日国务院第 12 次常务会议通过、2003 年 6 月 26 日国务院令第 382 号公布了《公共文化体育设施条例》，2003 年 8 月 1 日起施行。

该条例设总则、规划和建设、使用和服务、管理和保护、法律责任、附则等 6 章，共 34 条，明确了公共体育设施的性质及其服务宗旨，重点规定了公共体育设施建设的规划、资金、用地保障和选址、设计要求，公共体育设施的使用、服务规范，以及公共体育设施的管理、保护等主要制度和措施，以及具体严格的法律责任，明确了政府的责任，并对相关部门也提出了具体的要求。《公共文化体育设施条例》以国务院行政法规的形式颁布实施，对于加强公共体育设施的建设，充分发挥公共体育设施的功能，满足人民群众的体育健身需求，促进全民健身活动的广泛开展，具有十分重要的意义。

5.《全民健身计划纲要》

随着我国改革和发展进程的不断加快，社会主义现代化建设事业对国民的整体素质提出了更高的要求。为进一步加快我国群众体育的全面发展，以适应经济建设和社会发展的需要，原国家体委在 1993 年《关于深化体育改革的意见》中，提出了指导全民健身计划的思路和任务。1995 年 6 月 20 日，国务院发布了《全民健身计划纲要》（国发［1995］14 号）。《全民健身计划纲要》是介于国务院行政法规和国务院部门规章之间的、专门对全民健身活动作出规定的法规性文件。

《全民健身计划纲要》是一项国家领导、社会支持、全民参与的体育健身计划，是与实现社会主义现代化目标相配套的社会系统工程和面向 21 世纪的体育发展规划。计划到 2010 年，努力实现体育与国民经济和社会事业的协调发展，全面提高中华民族的体质与健康水平，基本建成具有中国特色的全民健身体系的奋斗目标。到 2010 年，《全民健身计划纲要（1995—2010 年）》规定的目标任务已经完成。城乡居民体育健身意识普遍提高，体育健身活动广泛开展，群众体育组织不断加强，群众健身的环境和条件明显改善，参与体育健身活动人数大幅增加，国民体质显著增强，具有中国特色的全民健身体系基本建成。为进一步发展全民健身事业，广泛开展全民健身运动，加快体育强国建设进程，国务院印发《全民健身计划（2011—2015 年）》（国发〔2011〕5 号），到 2015 年的总体目标是：城乡居民体育健身意识进一步增强，参加体育锻炼人数显著增加，身体素质明显提高，体育健身设施更加完善，形成覆盖城乡的全民健身服务体系。

6.《中共中央 国务院关于加强青少年体育增强青少年体质的意见》

增强青少年体质、促进青少年健康成长，是关系国家和民族未来的大事。为进一步加强青少年体育、增强青少年体质，对于全面落实科学发展观，深入贯彻党的教育方针，大力推进素质教育，培养中国特色社会主义事业的合格建设者和接班人，以2008年北京奥运会为契机，中共中央、国务院发布《中共中央 国务院关于加强青少年体育增强青少年体质的意见》(中发（2007）7号，以下简称《意见》)。

《意见》提出，当前和今后一个时期，加强青少年体育工作的总体要求是：认真落实健康第一的指导思想，把增强学生体质作为学校教育的基本目标之一，建立健全学校体育工作机制，充分保证学校体育课和学生体育活动，广泛开展群众性青少年体育活动和竞赛，加强体育卫生设施和师资队伍建设，全面完善学校、社区、家庭相结合的青少年体育网络，培养青少年良好的体育锻炼习惯和健康的生活方式，形成青少年热爱体育、崇尚运动、健康向上的良好风气和全社会珍视健康、重视体育的浓厚氛围。通过5年左右的时间，使我国青少年普遍达到国家体质健康的基本要求，耐力、力量、速度等体能素质明显提高，营养不良、肥胖和近视的发生率明显下降。《意见》提出，各级党委和政府要把加强青少年体育工作摆上重要议事日程，纳入经济社会发展规划。各级政府和教育部门要加强对学校体育的督导检查。制定国家学校体育卫生条件基本标准，加大执法监督力度。充分发挥共青团、少先队、妇联组织的优势和特色，开展多种形式的课外体育锻炼活动。

7.《关于加强健身气功活动管理有关问题的意见》

20世纪90年代中后期，群众性健身气功活动发展较快，成为群众健身的一种形式，但是也出现了一些值得注意的问题，如有的借气功之名宣扬愚昧迷信；有的违反国家有关规定，非法出版带有愚昧迷信色彩和神化功法创编人的书刊、音像制品和其他宣传品等等，为了加强对健身气功活动的管理，国务院办公厅转发国家体育总局、民政部、公安部《关于加强健身气功活动管理有关问题的意见》（（1999年8月29日国务院办公厅转发，国办发（1999）77号））。该意见要求，地方各级人民政府要提高对加强健身气功活动管理的紧迫性和重要性的认识，高度重视，切实加强领导，指定一名领导同志具体负责，组织协调有关部门做好健身气功活动管理工作。各有关部门要在政府的统一领导下，各负其责，做好分管工作，要及时、准确地把握当地气功活动的基本状况和动态，对气功活动中发生的重大问题要及时报告。

8.《国家体委关于深化改革加快发展县级体育事业的意见》

县级体育工作是我国体育工作的基础，搞好县级体育工作对促进农村两个文明建设，特别是精神文明建设具有重要意义。因此，必须把县级体育工作放到整个体育工作的重要位置。1996 年 11 月 25 日国务院办公厅转发《国家体委关于深化改革加快发展县级体育事业的意见》，指出县级体育工作是我国体育工作的基础，必须把县级体育工作放到整个体育工作的重要位置。该意见分析了面临的形势，提出了县级体育工作的基本任务，对县级体育工作的组织管理、经费来源、开展体育先进县活动、学校体育和业余训练、体育队伍建设等提出了要求。

（四）国务院部门规章和其他规范性文件

1. 国民体育锻炼标准制度

为了推动群众性锻炼活动的开展，在 20 世纪 50 年代国家推行《劳动与卫国体育制度》的基础上，20 世纪 60 年代以后逐步改为《体育锻炼标准制度》。1990 年，经国务院批准，原国家体委发布了再次修改的《国家体育锻炼标准施行办法》，使《国家体育锻炼标准》成为一项具有广泛群众基础的基本体育制度。《体育法》关于“实施体育锻炼标准”的规定，进一步确立了这一制度的法律地位。

为进一步推动广大群众健身锻炼，不断完善国家体育锻炼标准制度，教育部和国家体育总局于 2002 年制定了《学生体质健康标准（试行方案）》并发布了实施办法，规定该标准是《国家体育锻炼标准》的组成部分，是《国家体育锻炼标准》在学校的具体实施。军队和公安部门也按《国家体育锻炼标准施行办法》的要求，结合行业特点制定了相应的体育锻炼标准。为了推动其他人群实施国家体育锻炼标准，国家体育总局等八部委于 2003 年发布了新研制的《普通人群体育锻炼标准》（试行）（体群字〔2003〕42 号）及其实施办法，使我国的《国家体育锻炼标准》制度日趋完善。

为促进各个运动项目在群众中的普及推广和锻炼运用，1999 年 5 月，国家体育总局下发了《关于在全民健身活动中推行业余运动员技术等级标准的通知》（1999 年 5 月 11 日国家体育总局公布），并在此前后分别出台了田径、健美操、篮球、举重、象棋、登山、游泳等项目的业余或大众锻炼等级标准的规范性文件。

2. 国民体质测定与监测制度

为了指导群众科学地了解自身的体质状况，促进群众性健身活动的开展，原国家体委于1994年开始组织力量，进行部分人群体质测定标准的研制工作。在1995年颁布的《全民健身计划纲要》中，专门规定了实施体质测定制度，制定体质测定标准的任务。1996年，原国家体委发布了《中国成年人体质测定标准施行办法》，使国民体质测定工作逐步在全国城乡开展起来。成年人体质测定标准适用于18～60周岁的男性人群与18～55周岁的女性人群，由体育行政部门会同有关部门、团体共同组织基层单位施行。2003年7月4日，国家体育总局与教育部、国家民委、民政部、劳动和社会保障部、农业部、卫生部、国家工商总局、全国总工会、共青团中央、全国妇联共同发布《国民体质测定标准施行办法》（体群字〔2003〕69号），使我国的国民体质测定制度得到不断完善。

我国从20世纪70年代末就开始逐步开展了大、中、小学生体质监测工作，在全民健身事业的发展中，国民体质测定工作越来越得到国家的重视。《体育法》明确规定"进行体质监测"，《全民健身计划纲要》也规定要定期公布全民体质状况。在对1997年原国家体委组织全国部分地区开展的成年人体质监测工作进行经验总结的基础上，2001年，国家体育总局会同其他10个部委，联合发布了《国民体制监测工作规定》。该法规规定，各级体育行政部门组建国民体质监测中心，形成全国的监测网络，负责监测工作的具体组织运行。2000年，我国首次组织了全国性的国民体质监测工作，这标志着国民体质监测制度开始走上正轨。

3. 各类人群体育活动制度

为满足广大老年人日益增长的体育需求，努力为老年人营造科学、文明的健身环境，发挥体育在丰富老年人生活和促进社会稳定等方面的作用，国家体育总局1999年10月28日发布《关于加强老年人体育工作的通知》（1999年10且28日国家体育总局发布），就加强老年人体育工作的有关问题提出了10条要求。原国家体委、民政部《关于积极地、有计划地开展残疾人体育活动的通知》，国家体育总局《关于加强老年人体育工作的通知》，以及近年来国家体育总局与各有关部门联合发布的关于开展青少年、职工、农民、老年人、妇女等人群健身活动的文件，对规范、促进和保障各类人群体育活动的广泛开展，起到了重要的作用，并逐渐形成和不断完善各类人群的社会体育活动制度。

4. 社区体育工作制度

随着我国经济和社会的协调发展以及城市基层社会管理体制改革的不断深入，社区建设工作将在全国全面推开，满足广大人民群众日益增长的体育需求，努力为人民群众营造一个就近、方便、文明、有序的体育健身环境。原国家体委会同有关部委发布了《关于加强社区体育工作的意见》（1997 年 4 月 2 日原国家体委、国家教委、民政部、建设部、文化部发布）。2004 年国家体育总局又修订出台了《全国城市体育先进社区评定办法》（2004 年 1 月 16 日国家体育总局、中央文明办发布，体群字（2004）10 号）。其后又有一些体育法规包含有城市社区体育方面的内容，不断充实着我国城市社区体育工作制度。

社区建设对我国残疾人事业，尤其是城市残疾人工作产生积极而深远的影响。社区建设为残疾人事业开辟了新的工作领域，社区成为面向广大残疾人、为残疾人直接提供服务的工作层面。做好社区残疾人工作，对于提高残疾人生活质量，推动残疾人事业的发展，加强社会主义精神文明建设，维护安定团结的大好局面，具有十分重要的现实意义。2000 年国家体育总局又会同有关部委联合制定了《关于加强社区残疾人工作的意见》（〔2000〕残联办字第 142 号 2000 年 8 月 29 日）。

我国对加强县和农村的体育工作先后制定过多部体育法规，2002 年，在我国多次出台促进县级体育或发展农村体育法规的基础上，国家体育总局和农业部发布了《农村体育工作暂行规定》（体群字〔2002〕53 号），使我国的农村体育工作制度更为规范。

5. 广播操制度

1951 年，原国家体委、教育部、卫生部等发出《关于推行广播体操活动的联合通知》，逐步在全国建立起广播体操制度。1954 年和 1955 年，原国家体委及有关部门分别发出联合通知，先后推出了少年广播体操和儿童广播体操。到 1989 年，已经推出了 7 套成人儿童体操。1992 年，原国家体委又发出了《关于在幼儿园（大班）中实行幼儿广播体操的通知》，建立起幼儿广播体操制度。在新的条件下，广播体操制度需要进一步探索和发展。为改善干部健康状况，提高工作效率，1954 年政务院发出了《关于在中央府机关中开展工间操和其他体育运动的通知》，规定上、下午和工作时间中抽出 10 分钟做工间操，要求领导干部带头，并负责动所有工作人员参加。随后，工间操制度在党政机关、事业单位及部分企业中广泛建立起来，一些单位还建立了班前操制度。1981 年，国务院办公厅又重申了上述通知，要求坚持工间操制度。国家体育总局（原国家体委）会同有关部门，多次制定坚持开展广播体操活动、推广普及新编制的广播体操等法规文件，2004 年又一次下发了《关于坚持工间操制度，大力开展广播操活动的通知》。

6. 体育社会组织管理制度

为适应体育类民办非企业单位发展的需要，根据国务院《民办非企业单位登记管理暂行条例》（以下简称《条例》）等有关规定，结合体育事业的实际情况，制定《体育类民办非企业单位登记审查与管理暂行办法》（国家体育总局令第 5 号 中华人民共和国民政部令第 5 号 2000 年 11 月 10 日），该办法所称体育类民办非企业单位，是指由企业事业单位、社会团体、其他社会力量和公民个人利用非国有资产举办的，不以营利为目的的，以开展体育活动为主要内容的民办的中心、院、社、俱乐部、场馆等社会组织。该办法指出体育行政部门是体育类民办非企业单位的业务主管单位。国务院体育行政部门负责指导全国体育类民办非企业单位的登记审查工作，并负责在民政部登记的体育类民办非企业单位的登记审查工作。县级以上地方各级人民政府体育行政部门负责本辖区内体育类民办非企业单位的设立审查工作。

体育社团在政府和社会间架设起沟通、管理的桥梁，在社会体育的发展中发挥着越来越重要的作用，尤其是在宣传和组织群众参加体育运动，以及缓解社会体育经费来源不足的问题上。为加强对全国性体育社团（以下简称社团）的业务指导和管理，保障社团依法行使行业管理职能，充分发挥其在体育改革和发展中的重要作用，按照 1998 年颁布的《社会团体登记管理条例》，2010 年，国家体育总局制定了《全国性体育社会团体管理暂行办法》，该办法适用于国家体育总局依法负有业务指导和管理职责的社团，包括国家体育总局作为业务主管单位以及由国家体育总局发起成立的全国性体育协会、学会、研究会、联谊会、基金会等非营利性社会组织。该办法规定国家体育总局是社团的业务主管单位，机关各厅、司、局、直属机关党委是社团相关业务管理的职能部门；社团所在单位是受国家体育总局委托负责对社团进行日常管理的挂靠单位；国家体育总局管理的社团与省、自治区、直辖市同类体育社团的关系是业务指导关系。

7. 社会体育指导员工作制度

为了有效地组织和科学地指导全民健身活动，我国于 1993 年开始实施社会体育指导员技术等级制度，原国家体委于1993年12月制定下发的《社会体育指导员技术等级制度》（1993年12月4日原国家体委第19号令发布，以下简称《制度》）颁布以来，我国已建立起一支日益壮大的社会体育指导员队伍和从中央到地方分级管理的体系。

为进一步满足健身市场需求，国家体育总局与劳动和社会保障部开始组织制定《社会体育指导员国家职业标准》，2001年8月7日，劳动和社会保障部颁布并开始实施《社会体育指导员国家职业标准》（以下简称《标准》）。职业标准是衡量劳动者技术水平和工作能力的重要尺度，是劳动管理科学化的重要基础，是职业培训的基本依据。制定社会体育指导员职业标准，实行社会体育指导员职业资格证书制度，对于规范和发展体育劳动力市场，加强体育市场管理，提高社会体育劳动者的素质和能力，调动社会体育劳动者的积极性有着重要作用。

《中华人民共和国职业分类大典》编制说明指出，职业是指从业人员为获取主要生活来源所从事的社会工作类别。职业须具备下列特征：目的性，即职业活动以获得现金或实物等报酬为目的；社会性，即职业是从业人员在特定社会环境中所从事的一种与其他社会成员相互关联、相互服务的社会活动；还有稳定性、规范性和群体性等特征。因此，《社会体育指导员国家职业标准》所适用的人群是以获得现金或实物等报酬为目的，并且成为主要生活来源的社会体育从业者。《中华人民共和国职业分类大典》将我国职业分为8个大类、66个中类、413个小类、1 838个细则（职业）。社会体育指导员属于第4大类：商业、服务业人员；第4中类：饭店、旅游及健身娱乐场所服务人员。第3小类：健身和娱乐场所服务人员。职业编码为4—04—03—01。社会体育指导员与体育场地工、体育经纪人、康乐服务员、保健按摩师等同属于健身和娱乐场所服务人员。

《标准》包括4部分：（1）职业概况。内容包括：职业名称；职业定义；职业等级；职业能力特征；基本文化程度；培训要求；鉴定要求等。（2）基本要求。对职业道德和基础知识提出了要求。（3）工作要求。对各级社会体育指导员的技能提出了要求。（4）比重表。提出了理论知识和技能操作的不同考核内容所占的百分比。《标准》确定社会体育指导员的职业定义是：在群众性体育活动中从事运动技能传授、科学健身指导和组织管理工作的人员。该职业共设4个等级：初级社会体育指导员（国家职业资格五级）、中级社会体育指导员（国家职业资格四级）、高级社会体育指导员（国家职业资格三级）、社会体育指导师（国家职业资格二级）。基本文化程度要为初中毕业。职业能力特征为动作协调，具有较强的示范、讲解与语言表达能力。职业鉴定的适用对象为从事或准备从事本职业的人员。职业技能包括接待咨询、场地器材准备、技术指导、健身指导、组织管理等。

为切实加强社会体育指导员队伍的建设，明确《社会体育指导员国家职业标准》和《社会体育指导员技术等级制度》二者之间的关系，使实施工作顺利进行，完成预期的工作目标，2005 年国家体育总局发布《关于进一步加强社会体育指导员工作的意见》（体群字［2005］94）。2011 年 10 月 9 日国家体育总局第 20 次局长办公会审议通过《社会体育指导员管理办法》（2011 年 10 月 9 日国家体育总局令第 16 号公布）。该《办法》分总则、组织管理、培训教育、申请审批、注册办理、工作保障、服务规范、奖励处罚、附则 9 章 43 条，同时附有社会体育指导员技术等级标准，自 2011 年 11 月 9 日起施行。1993 年 12 月 4 日原国家体委发布的《社会体育指导员技术等级制度》予以废止。

8. 健身气功管理制度

健身气功是以增进身心健康为目的，以自身形体活动、呼吸吐纳、心理调节相结合为主要运动形式的民族传统体育项目，是中华悠久文化的组成部分。经过多年努力，我国健身气功正朝着科学化、规范化、社会化、国际化的方向发展，为进一步推动健身气功事业的发展，依据《全民健身条例》和《全民健身计划》，2013 年 8 月 28 日，国家体育总局办公厅印发《健身气功发展规划（2013—2018 年）》，规划明确了未来 5 年项目发展的指导思想、基本原则和总目标，提出了健身气功国内推广、对外推广、科学研究、新闻宣传的发展领域、主要目标和策略措施，清晰地勾画出健身气功的发展蓝图，为健身气功各项工作指明了方向。

9. 社会体育工作保障制度

在《全民健身计划纲要》中，专门提出了体育部门要改善资金支出结构，逐步增加群众体育事业费在预算中的支出比重，鼓励社会各界资助体育健身活动等资金保障要求。体育彩票的发行，为全民健身事业的发展提供了有力的资金支持。1998 年，国家体育总局、财政部、中国人民银行发布的《体育彩票公益金管理暂行规定》，明确将资助开展全民健身活动，弥补维修和新建大众体育设施的经费不足等，作为体育彩票公益金的开支范围，并确定国家体育总局用于落实《全民健身计划纲要》的资金为年度公益金收入总额的60%，为拓展全民健身的资金来源建立了制度性保证。

为解决体育场地设施不足与群众健身形成的矛盾，国家用体育彩票公益金援建社区体育设施。2000年，国家体育总局发布了《中国体育彩票全民健身工程管理暂行规定》(体群字〔2000〕124号，后又针对向西部地区援建的“雪炭工程”制定了《“雪炭工程”实施办法》，同时印发了《关于加强体育彩票公益金援建项目监督管理的意见》。在学校体育设施保障上，教育部也出台了一些学校体育器材设施配备标准和假期向学生开放体育设施等规范性文件；1995年5月1日起，全国正式实施每周40小时的新工时制度，广大人民群众闲暇时间的增加，将带来生活方式的变化，也为实施全民健身计划创造了良好的条件。1995年2月25日原国家体委发布《关于公共体育场馆向群众开放的通知》(1995年2月25日原国家体委发布)。

为贯彻落实《全民健身计划（2011—2015年)》，满足人民群众日益增长的公共体育设施服务需求，推动开展全民健身活动，提高全民族健康素质，根据《中华人民共和国体育法》《全民健身条例》和《国民经济和社会发展第十二个五年规划纲要》，国家发展改革委、国家体育总局制定了《“十二五”公共体育设施建设规划》((发改社会［2012］2377号)。规划期限为2012—2015年。中央专项支持各省（区、市）的项目数量在《规划》实施中进一步核定。国家发展改革委和国家体育总局将根据各地经济发展水平、人口规模、公共体育设施状况和群众性体育活动开展情况，以及有关政策因素等综合平衡，分省匡算，分年确定各省中央投资额度和支持项目数量。

1989年，原国家体委开始设立全国的群众体育工作评定办法，1990年和1991年，分别下发了《全国省（区、市）群众体育工作评定办法实施细则》。群众体育工作的评定标准包括：学校体育、业余训练、职工体育、农村与民族体育、协会体育活动和综合体育六部分。由各地根据标准计算得分，原国家体委采取适当的形式进行抽查核定，对评定结果予以公布，并在全国分别设立了全国群众体育工作先进奖和全国群众体育工作进步奖进行表彰。

以上列举的一些制度属于我国高层次社会体育管理制度体系，且多以行政法规、规范性文件为主。除此外，我国地方各级政府也制定了关于社会体育管理的各种制度，它们共同构成了我国社会体育管理的制度体系。

第四节　社会体育的运行机制

按照《辞海》的解释，“机制”原指事物及其构造和动作的原理，生物学和医学通过类比借用此词。从一般意义上来理解，机制就是指在一个系统内，各个相互联系、配合、渗透、制约的方式。运行机制是指在人类社会有规律的运动中，影响这种运动的各因素的结构、功能及其相互关系，以及这些因素产生影响、发挥功能的作用过程和作用原理及其运行方式。社会体育的运行机制是指社会体育系统产生影响、发挥功能的作用过程和作用原理。要保证社会体育管理各项工作的目标和任务真正实现，必须建立一套协调、灵活、高效的运行机制。对社会体育的运行机制进行研究，有助于加深我们对社会体育这种特殊的社会现象的认识和理解，有助于我们把握社会体育运行的一般势态，预料发展的可能性和基本方向，最终实现社会对体育系统的调节和控制。

一、决策机制

决策是人对未来实践的方向、目标以及达到目标的原则、方法和手段所做出的决定（张顺江，2003）。随着经济社会的发展，社会体育工作涉及的领域愈来愈广，涉及的知识愈来愈多，专业分工愈来愈细，人们面临的问题愈来愈复杂，工作的系统性特征愈来愈突出，依靠领导者的经验进行决策远远不够，个人决策的可靠性受到挑战。而只有把握了决策的规律才能作出正确的决策，避免决策失误。因此，在社会体育工作系统中，凡重大重要的问题，都需要建立必要的科学决策机制。要广开言路，广泛听取各方的意见建议，集中各方面的智慧，丰富社会体育工作决策者的思想。社会体育决策管理部门要用开明的态度，宽容的精神，对待战略研究和决策研究，共同创造一种民主、团结、和谐的良好环境。

社会体育的决策机制在所有社会体育运行机制中处于主要地位，不仅是设计其他机制的基础，而且贯穿于其他各机制运行的始终。健全的决策机制是有效决策的必要条件，其衡量标准就是看其是否与决策的运行规律相符。社会体育决策机制主要由决策主体、决策机构、决策制度、决策程序四个要素组成。社会体育的决策主体包括各类政府、企事业单位及体育社会组织等，集中于通过选举产生的或经过法律授权的拥有政府行政决策权的个人、机构和团体。行政首脑、政府各部委、政策研究专门机构居于主导性主体地位。随着民主观念更加深入人心，民主意识更加浓烈，民主体制更加健全，民主程序更加规范，决策主体不断扩大，并且为政党、社会团体、公民、新闻媒体等更多的决策主体参与社会体育决策提供了主客观的条件；社会体育决策机构是由特定的或专门化的决策机构来承担的。决策机构专门化，是由现代决策的复杂性所致，也是现代决策的又一个基本特征。它至少包括以下专门化的系统：一是决策中枢系统；二是参谋咨询系统；三是信息情报系统；四是监督反馈系统。社会体育决策机制不仅要明确其决策主体和机构，而且还要建立决策的规章制度，即决策制度。决策制度是构成决策机制不可缺少的重要部分。其主要包括民意反映制度、决策公开制度、责任追究制度等；为使社会体育决策符合客观规律，符合实际，必须制订决策的基本程序以规范决策主体的行为，这一程序主要包括：发现问题，确定目标；预测分析，充分论证；综合评价，方案选优；实施反馈，修正完善 4 个决策环节。

二、整合机制

资源是人类赖以生存发展的物质基础，任何社会体育活动的开展和活动目标的实现，都是人、财、物等资源投入的结果。每个社会体育组织所拥有的资源尽管在数量、质量、种类上都不尽相同，但一定是稀缺的。为此，就必须对社会体育的资源进行整合。整合就是指一个系统内各要素相互渗透，协调一致，构成一个整体的活动或过程从而使系统各要素发挥最大效益，社会体育资源系统中的各种子资源在社会体育发展中都起到了支撑作用，当然，任何子资源系统都无法独立支持社会体育的综合发展。只有当各子资源作为一个整体共同开发、共同配置形成强大的支撑体系时，才能确保社会体育的全面发展。之所以如此，关键在于资源所具有的整体性效应，这一整体性效应与社会体育发展的整体性目标是耦合的。

对社会体育资源的培育、开发、配置与利用过程进行有效管理和调控是实现资源整合的必要之路。对社会体育资源的整合活动主要表现为以下方面：首先，要重视社会体育资源的培育，要借助一定的手段和力量促进社会体育资源的生成，其结果是社会体育资源的存量增加。例如，可以动员和引导各级体育部门和社会力量广泛组织开展贴近生活、丰富多彩、特色鲜明、注重实效、方便参与、利民惠民的体育健身活动，不断增强广大人民群众主动参与体育健身的意识。其次，要对尚不能完全利用的潜在体育资源及已经能够利用的体育资源的未知功能做进一步的深度挖掘，即社会体育资源的开发。社会体育资源开发的内容，涵盖了现实存在经培育而成的所有类型社会体育资源。当前，要积极开发体育社会组织的潜力，更好地发挥体育社会组织在提供公共服务、动员社会力量、满足大众需求、承接政府部门转移职能等方面的职责，探索符合体育社会组织工作特点的管理模式和运行机制，进一步激发体育社会组织的活力，充分发挥其在开展全民健身、推进社会治理创新中的积极作用。要让一切为提高人民健康水平提供服务的社会资源充分涌流，不断激发和调动各方面关心体育、支持体育、投身体育的热情和活力，努力拓展体育工作的社会面和延伸度；第三，要对体育资源在量、质等方面进行不同配比，使之在运行过程中保持相应比例，从而实现社会体育资源开发利用效益最大化，这一过程即是社会体育资源的配置。要通过政策引导，解放资源、激发活力，充分发挥市场机制作用配置资源，整合各种社会力量共同发展社会体育；第四，要将社会体育资源投入到社会体育发展过程中，以发挥其功能，创造更多经济社会效益，这一过程即是对是对社会体育资源的利用。当前要要切实改变优秀运动员、社会体育指导员、场馆设施等资源闲置浪费的现状，通过对它们的有效利用，以有效解决群众体育需求快速增长与公共体育资源相对不足的矛盾，最终促进社会体育工作水平的提高。

三、动员机制

随着经济的发展和社会的进步，人民群众的体育健身需求也越来越高。政府在社会体育组织推动中应该发挥主导作用，但只能提供基本的公共体育服务，各地多层次、多样化、适合不同人群的公共体育需求多种多样，政府不应该也无法全包下来，所以动员社会力量来参与社会体育事业非常重要。

要动员大众参与社会体育活动的主动性与积极性，增强大众的体育健身意识，激发全民健身热情，树立合理的体育消费观念，满足人民群众不断增长的体育需求；

在各级政府加大公共体育服务投入的同时，各级体育部门还要注重广泛调动社会参与社会体育事业的积极性，充分利用社会丰富的资金、组织和人才的资源来为群众提供多元化、多层次的体育服务。要动员社会力量广泛组织开展贴近生活、丰富多彩、特色鲜明、注重实效、方便参与、利民惠民的体育健身活动，不断增强广大人民群众主动参与体育健身的意识；要动员各级工会、共青团、妇联、残联等群众团体和学校、企事业单位以及各类社会组织、健身俱乐部、健身团队、体育科研院所、各类新闻媒体和热心全民健身事业的各种社会力量，组织开展适合不同人群、不同年龄、具有地方和行业特色的全民健身科普宣传、咨询辅导、项目推广、交流展示以及比赛等活动；要动员和引导优秀运动员、教练员、各级社会体育指导员和职业社会体育指导员、学校体育教师和体育院校学生开展义务健身辅导，讲解健身知识，推广健身方法，普及科学健身理念。

四、协同机制

社会体育工作是一项社会系统工程，是面向全社会人民群众的事业，“政府主导、部门协同、全社会共同参与”的工作格局是当前我国社会体育工作的基本要求。《全民健身条例》明确规定了县级以上地方人民政府主管体育工作的部门负责本行政区域内的全民健身工作，县级以上地方人民政府的其他有关部门在各自的职责范围内负责全民健身工作，还规定了《全民健身计划》由县级以上人民政府体育部门会同有关部门组织实施。地方政府确实要履行起组织协调和对实施情况负责的职责。政府要通过积极引导、创造条件、提供保障等方式，主导群众身边的体育设施、群众身边的体育组织、群众身边的体育活动等的开展；部门协同包含体育系统内部各部门、各单位之间的协同，包括机关各职能司局之间、各司局与直属单位之间、直属单位与直属单位之间的协同。当然，部门协同只靠政府体育部门一家是不行的，体育和系统外部的有关部门也应该协同配合发挥好组织领导作用；发展社会体育不是体育部门一家的工作，要切实完成好党和国家对于发展体育事业的总体要求，必须要求全社会的共同参与。

2015 年 1 月 4 日，国家体育总局发布《体育总局关于加强和改进群众体育工作的意见》，该意见专列“建立总局系统群众体育工作协同发展机制”一节，并指出群体司作为主责部门，承担总局系统群众体育工作综合、协调、指导等职责。要按照转变政府职能、依法治体、提高治理能力的要求，强化群众体育宏观管理、政策法规、标准制定、事中和事后监管等，夯实和完善“政府主导，部门协同，全社会共同参与”的全民健身工作格局。以上规定为建立起国家体育总局系统协调开展群众体育工作的有效机制起到了积极地促进作用。

五、督查机制

督查既是抓工作落实的一种有效手段，也是强化组织领导的一种重要方法。落实社会体育管理的督查机制要明确以下几点：（1）要明确督查主体与对象。《中华人民共和国体育法》第一章总则第四条规定：国务院体育行政部门主管全国体育工作。国务院其他有关部门在各自的职权范围内管理体育工作。县级以上地方各级人民政府体育行政部门或者本级人民政府授权的机构主管本行政区域内的体育工作。《全民健身条例》第一章总则第五条规定：国务院体育主管部门负责全国的全民健身工作，国务院其他有关部门在各自职责范围内负责有关的全民健身工作。县级以上地方人民政府主管体育工作的部门（以下简称体育主管部门）负责本行政区域内的全民健身工作，县级以上地方人民政府其他有关部门在各自职责范围内负责有关的全民健身工作。据此，社会体育行政部门是社会体育工作督查的主体，人民代表大会则是督查社会体育行政部门的最终主体。督查的对象则是任何社会体育组织的工作，因为这是国家法律赋予的职责。另外，各有关组织也应在各自范围内督查本领域社会体育工作。同时，重视和支持新闻媒体正确开展舆论监督。任何组织也应自觉接受其他有关组织的督查，应该大力发挥工会、共青团、妇联等人民团体，以及第三方、基层民众等的监督作用；（2）要明确督查内容。社会体育工作涉及的部门较多、领域较宽、牵扯的社会关系也较复杂，要对社会体育的规划、建设、投入、运营、结果及效益等方方面面进行督查；（3）要明确的督查形式。督查形式主要有：重点督查、跟踪督查、限期即报、定期通报、督促催报；（4）要明确选择合理的督查方式。社会体育督查工作方式包括：发督查通知单、电话催促，重大重要事项指派专人重点落实等，通过座谈、现场查访、向行政管理调查了解、发放调查问卷表、定期不定期交叉检查、重点抽查等形式进行督查等；（5）要明确落实责任追究。对督查中发现违规行为的，对其责任主体要依法给予相应处理。

六、反馈机制

反馈机制也可以称之为信息反馈机制。信息是事物的存在状态和运动属性的表现形式。信息反馈就是指由控制系统把信输送出去，又把其作用结果返送回来，并对信息的再输出发生影响，起到制的作用，以达到预定的目的。反馈机制是管理主体面向公众信息沟通的重要渠道，管理方面向公众的信息沟通内容很大程度上取决于公众的信息反馈。在参与社会体育活动中，公众追求健身、娱乐等，就形成了健身、娱乐等需求，在保障公共体育服务参与、健身和娱乐的同时，需要一定的公共体育设施、指导和人员服务等需求，这些需求均需要相应的信息予以沟通。需求方需要通过信息向供给方表达诉求，供给方需要通过信息满足需求方的需求，为了追求更好的提供效果，供给方更需要得到来自需求方的信息反馈。

人是体育工作的主体和目的，各项体育工作都要面向民生，以人民群众的愿望、需求、意见为动力、为标准、为尺度，始终将满足人民群众不断增长的体育需求作为体育工作的出发点和归宿，这是我国体育工作的根本宗旨。随着人们的公共体育需求的多元化，单一的公共体育服务供给主体显然不能获得足够的信息，产生了信息不对称，政府综合公共体育需求的过程中需要为支付由信息不对称而产生较大成本。在现实中，计划的制订者不能及时、准确、全部地掌握所需的信息，也会造成管理工作效率的低下。

社会体育管理工作是否有效，信息反馈机制发挥了重要作用。建立有效的信息反馈机制，需要注意以下几点：（1）对外要建立多部门的信息沟通机制。各级社会体育管理部门要与发改委、民政、工商、财政、规划、文化、教育、宣传、旅游等相关部门建立有效的信息沟通网络，以及必要的联系会议制度。对内也要保证本系统的不同部门能够保证有效的信息沟通渠道；（2）要建立社会体育信息收集、发布、传播、受理与反馈的相关机构，以确保信息流通有载体可供传达与公开；（3）要保持畅通的信息沟通渠道。信息沟通渠道包括政府、媒体、公众、NGO。信息沟通分为内部和外部信息沟通渠道。内部沟通渠道包括管理系统内部各部门之间的横向与上下级间的纵向沟通渠道。外部沟通渠道指管理系统与媒体、公众、NGO

之间的信息沟通渠道；（4）建立健全信息沟通保障平台。首先，提高信息搜集能力。管理部门应该依照《中华人民共和国政府信息公开条例》，推进政府网上工程建设，深化政务公开，健全政府信息发布制度，推行社会听证、专家咨询等制度，增强决策透明度和公众参与度。其次，要规范信息报告制度，确保信息报告的内容真实、客观、严谨。要依法保障人民群众的知情权、参与权、表达权、监督权。

七、评价机制

评价是开展工作的“指挥棒”，对社会体育工作具有极其重要的引导作用。（1）要建立科学的社会体育工作绩效评价体系。社会体育绩效评价旨在通过建立一套能够反映社会体育工作开展状况的指标体系，以使管理部门能比较全面、准确地了解社会体育的发展状态和变化趋势，客观、全面地评价社会体育的管理工作绩效，有利于体育行政部门对社会体育工作实施目标管理，有利于调动广大群众参与的积极性，从而进一步推动社会体育的发展。社会体育是一项具有典型投入－产出性质的事业，因而社会体育的管理工作可从社会体育的投入与产出角度分别进行评估，还可从不同局部对社会体育管理工作进行评估；（2）建立健全评价组织领导机构。只要有得力的领导机构去组织实施社会体育工作评价，才有能把制度规定落到实处，发挥其应有的效力。一般应成立领导小组，再下设若干职能小组，以此推动评价工作的进行；（3）建立健全民众参与机制。扩大公民参与，是实现人民愿望、满足人民需要、维护人民利益的有效途径。要搭建参与平台。要通过举行公开听证，广泛听取社会公民的意见，进行民意调查等手段；（4）建立健全专家及第三方评价机制。要充分发挥专家在社会体育工作评价中的作用，将专家评价纳入绩效评价程序。第三方是与评估对象、服务对象没有直接利益关系的“旁观者”，是保障公共决策客观、公正的必要路径。第三方评估的关键在于独立、公正；（5）建立和健全评价风险责任机制，要明确规定各类评价的主体所应承担的风险责任，并制定相应的责任保证和追究措施。

八、保障机制

保障机制是为社会体育管理活动提供物质和精神条件的机制。《中华人民共和国体育法》明确规定："地方各级人民政府应当为公民参加社会体育活动创造必要的条件，支持、扶助群众性体育活动的开展。"《全民健身条例》明确提出："公民有依法参加全民健身活动的权利。地方各级人民政府应当依法保障公民参加全民健身活动的权利。"

贯彻落实保障机制需注意以下几点：（1）要有思想保障。发展体育运动，增强人民体质，是体育工作的根本宗旨，要时刻以人民群众的体育健身需求为导向，始终把满足人民群众不断增长的、多元化的体育健身需求作为根本任务，通过开展丰富多彩的体育健身活动，推进体育健身的社会化、生活化、科学化，使广大人民群众充分享有体育健身的权利、分享体育健身的快乐；（2）要有制度保障。制度是社会体育有序、规范开展的重要保障。社会体育制度是对为促进社会体育工作而制定的规则、秩序及规范等的总称，其主要表现形式包括法律、规章、条令、政策、办法、合约、协议等，社会体育制度的供给可以采用"多中心治理"的制度安排模式，政府与私人组织、第三部门或公民个人均可以共同参与社会体育制度的供给过程；（3）要有经费保障。根据《全民健身条例》，县级以上人民政府应当将全民健身工作所需经费列入本级财政预算，并随着国民经济的发展逐步增加对全民健身的投入。按照国家有关彩票公益金的分配政策由体育主管部门分配使用的彩票公益金，应当根据国家有关规定用于全民健身事业；（4）要有场地设施保障。根据《全民健身条例》，公共体育设施的规划、建设、使用、管理、保护和公共体育设施管理单位提供服务，应当遵守《公共文化体育设施条例》的规定。公共体育设施的规划、建设应当与当地经济发展水平相适应，方便群众就近参加健身活动；农村地区公共体育设施的规划、建设还应当考虑农村生产劳动和文化生活习惯。公园、绿地等公共场所的管理单位，应当根据自身条件安排全民健身活动场地。县级以上地方人民政府体育主管部门根据实际情况免费提供健身器材。居民住宅区的设计应当安排健身活动场地。公园、绿地、广场等公共场所和居民住宅区的管理单位，应当对该公共场所和居民住宅区配置的全民健身器材明确管理和维护责任人。

2015 年 1 月 4 日，国家体育总局发布《体育总局关于加强和改进群众体育工作的意见》，该意见专列"完善群众体育的服务保障体系"一节，并指出要继续争取相关部委加大中央资金对群众体育工作的投入力度，将群众体育工作经费纳入中央财政预算，不断加大彩票公益金用于全民健身事业的比例，并督促检查各级地方政府落实中央有关政策。加大群众体育工作宣传力度，创新方式方法，深入挖掘和拓展全民健身宣传内容，增强全民健身宣传的时效性、针对性和感染力；加大宣传投入，积极运用新媒体、移动互联等信息化技术和手段，整合媒体资源，拓宽宣传平台，多渠道进行报道；推动在全国文明城市、卫生城市等综合性评选中加大群众体育工作的考核评价权重。分发挥体育科研机构和高等院校体育院系的作用。组建群众体育工作智库，进一步加强全民健身科学指导工作，组织对重大理论和实践问题的科研攻关，注重促进科学健身成果的转化和应用性研究，研制推广体育健身新项目、新方法，不断提高全民健身科学化水平，提高群众体育工作信息化服务水平。研究移动互联网背景下群众体育工作信息化的路径和方法，利用信息化手段解决群众体育工作管理过程中存在的基础数据统计滞后、信息沟通不畅、公共体育服务内容不足、双向交流机制缺乏等问题，推动群众体育公共信息服务网络建设，提高全民健身公共信息服务能力。以上意见的制定，为建立起国家体育总局系统协调开展群众体育工作的保证保障机制起到了积极地促进作用。

思考题：

1. 社会体育管理体制的类型有哪些？
2. 为什么要对我国传统社会体育管理进行改制？
3. 我国社会体育管理制度由哪些内容构成？
4. 我国社会体育管理组织系统是怎样的？
5. 我国社会体育的运行机制有哪些？

第三章 社会体育人力资源管理

社会体育人力资源包括各体育行政部门、体育企事业单位、体育社会团体组织中的社会体育干部，各级各类社会体育指导员，社区、居民小区、街道和村镇居民中的社会体育骨干和积极分子，社会体育活动中心、体育俱乐部等组织中的从业人员，活跃在不同社会体育领域内的体育志愿者等。社会体育人力资源管理是指通过一定方式整合各种人力资源，以发挥人力资源的作用，实现社会体育组织目标的过程。本章重点对社会体育者、社会体育志愿者、社会体育指导员的管理问题进行介绍。

第一节 社会体育人力资源管理概述

社会体育人力资源管理是指通过一定方式整合资源，以发挥社会体育人力资源的作用，促使社会体育目的实现的过程。社会体育人力资源管理的基本内容包括职位分析与设计、人力资源规划、人员招聘与选拔、绩效考评等。社会体育人力资源管理的基本方式包括对人力资源的培育、开发、配置和利用的过程。

一、社会体育人力资源的概念

（一）社会体育人力资源的含义

资源是人类赖以生存发展的物质基础，任何社会活动的开展和活动目标的实现，都是人、财、物等资源投入的结果。人力资源是指在一定时空条件下存在的，能够推动经济和社会发展的劳动力的现实和潜在的禀赋。“人力”的最基本方面包括体力和智力，如果从现实的应用形态来看，则包括体质、智力、知识和技能等四个方面。

人力资源是社会经济发展的根本源泉，社会经济发展归根到底取决于人的发展。总而言之，现代社会中所面临的各种竞争与挑战，归根到底是人才的竞争和挑战。人力资源是一种居于主体地位的、能够推动物质资源并主动适应物质资源的能动性资源。它是技术进步的载体，并且是具有能动性的载体。人力资源实质上是一种人的劳动能力，是人类用于生产产品或提供服务的体力、智力、技能和知识。人力资源的载体是人，人具有自然和社会属性，因此，人力资源不仅是一种自然力，又是一种社会力。人力作为自然力，它与风力、水利、机械力一样是有限的，但他们组成特定的社会组织，使每一个成员在组织中发挥各自的作用，组织对其活动加以协调，这样便产生一种合力，使个体的能力变成群体的能力，转化为社会力量。

所谓社会体育人力资源是指对社会体育的发展有推动作用的人员的现实及潜在禀赋的总和。这些人员的现实及潜在禀赋主要包括人的素质、知识和能力等方面。由于社会体育是一项涵盖面极为广泛、层次极其丰富的大众社会文化活动，具有参与人员构成复杂、参与动机千差万别、活动形式丰富多彩、活动范围地域辽阔、参加体育活动自觉自愿等特点。随着社会主义市场经济的发展，体育市场的形成，又给它带来了新的时代特点，这就要求社会体育管理者，在整个管理活动过程中，始终要充分认识到社会体育管理所具有的管理目标多样性、管理系统复杂性、管理边界模糊性和管理体制社会性等主要特点，根据社会体育发展的要求和目标，按照社会主义市场经济发展规律，切合实际地制定管理的具体目标，灵活运用管理手段，调动社会体育活动主体——人力资源参与社会体育的积极性、主动性、创造性，提高社会体育工作的综合效益。

（二）社会体育人力资源的分类

1. 按照从事或参与的工作及活动性质划分

根据当前我国从事或参与社会体育领域工作人员的工作及活动性质，社会体育人力资源可以分为以下几类。

（1）社会体育行政管理人员。社会体育行政管理人员主要是指在各级政府部门从事与社会体育工作有关的人员。其主要职责是制定社会体育的法规政策、发展规划、工作计划及各项管理制度等；依法管理群众体育机构、企业、组织的活动；实施行政审批工作；实行奖惩制度；开展国民体质监测工作；开展群众体育宣传教育和科学研究活动等。

（2）社会体育事业单位工作人员。社会体育事业单位工作人员是指在各级社会体育事业单位中从事与社会体育工作有关的人员，这部分人力资源构成我国社会体育组织管理工作的重要管理力量。他们的主要职责是：制定社会体育事业发展计划和策略；支持和援助各类社会组织的体育活动和发展；组织和开展大型体育活动；接受行政委托，实施社会体育管理职能；开展体育科学普及活动和体育骨干培训活动等。

（3）体育社会组织工作人员。主要包括各社会体育项目协会、人群协会、系统协会、社会团体（工会、共青团、妇联），以及社会体育活动中心等公益性组织中的体育管理人员等，这部分人力资源构成我国社会体育组织管理工作的社会力量。随着体育社会化的发展，这部分资源必将对我国社会体育的发展发挥更加重要的作用。

（4）社会体育产业组织从业人员。主要包括在各类体育健身中心、俱乐部、协会等社会体育产业组织中从事生产、经营及开发活动的从业人员。例如，体育企业家、体育经纪人、职业社会体育指导员等，其主要职责是：健身咨询和处方服务、运动设施服务、健身指导服务、运动产品营销服务等。他们在社会体育组织管理活动中，具有组织和引导的功能，是社会体育活动组织管理的辅助重要力量。其活动满足了消费者的健身、娱乐、休闲等需求，对社会体育的发展起到了良好地推动作用。

（5）社会体育志愿组织服务人员。主要包括社区、居民小区、街道和村镇居民中的社会体育志愿服务人员，如公益性社会体育指导员、社会体育志愿者、积极分子以及热心人士等。他们是目前及今后我国开展群众体育组织管理工作重要的志愿服务人力资源。

（6）社会体育科研及教育工作者。主要包括科研单位中社会体育的研究者及各大专院校从事群社会体育教学和科研的教师等。他们是社会体育发展中必不可以少的一支重要力量。

2. 按社会体育人力资源的活动特点分类

按照体育人力资源的活动特点可把社会体育人力资源分为理论型人力资源、实践型人力资源和综合型人力资源。

（1）理论型人力资源。社会体育理论型人力资源是指以现代科学理论为基础，进行群众体育决策、社会体育教育、社会体育科研等工作的人力资源。比如社会体育行政管理者、从事社会体育理论教学和科研的教师及科研工作者等。

（2）实践型人力资源。社会体育实践型人力资源是指自身参与到健身运动中，具有较高健身技术水平并切实对群众健身进行指导的人力资源，这类人力资源主要包括实践型的社会体育指导者。

（3）综合型体育人力资源。综合性人力资源是指既有较高的群众体育健身指导水平，又有较强的科学研究能力和较高的理论知识水平的人才。是较全面的综合性人力资源。

二、社会体育人力资源管理的概念

社会体育人力资源管理是指通过一定方式整合资源，以发挥社会体育人力资源的作用，促使社会体育目的实现的过程。一切管理均以调动人的积极性、主动性、创造性，做好人的工作为根本。社会体育人力资源的管理问题，涉及到整个社会体育工作的顺利开展和社会体育总目标的实现。在社会主义市场经济体制的确立，体育市场逐步形成和完善的条件下，社会体育人力资源，特别是社会体育人才的数量和质量及其科学管理水平，已成为决定我国社会体育发展，体育事业总目标顺利实现的关键因素，具有特别重要的意义。

（一）发展社会体育事业，实现体育总目标的迫切需要

“发展体育运动，增强人民体质”是我国体育事业发展的总目标。我国《宪法》中关于“国家发展体育事业，开展群众性的体育活动，增强人民体质”的规定，更进一步确定了我国体育事业发展的根本方向，确立了开展群众性体育活动，增强全国各族人民的体质是我国体育工作的基本任务。1995 年我国又先后颁布实施了《体育法》《全民健身计划纲要》和《奥运争光计划纲要》，反映了我国到 20 世纪末乃至更长时期体育事业的发展方向、发展目标、发展规模和发展水平。要实现既定的目标，保证社会体育事业的全面顺利发展，不仅要调动一切社会体育活动主体积极

参与社会体育活动，增加体育人口，更需要通过各级各类社会体育专门人才，对社会体育的人力资源进行科学、有效的管理，通过体育市场机制实现社会体育人力资源的优化配置，最大限度地发挥社会活动主体在社会体育活动中的作用。

（二）构成社会体育资源管理系统的中心环节

对社会体育人力资源，特别是各类社会体育人员中较为先进，且具有创造性的社会体育人才的管理，是社会体育管理的中心环节。无论是社会体育的各项业务管理，还是对不同类别社会体育管理对象的管理，都离不开人，都直接或间接地涉及到对人的管理。社会体育活动主体的积极性、主动性、创造性的高低及其作用发挥的大小，将直接影响到整个社会体育资源管理系统功能的发挥。因此，从根本上说，社会体育人力资源管理，特别是社会体育专门人才的管理，是整个社会体育资源管理的中心环节。

（三）属于各级社会体育管理者的首要任务

社会体育的一切管理活动和业务活动，都离不开人的具体操作，在社会体育人力资源的管理过程中，不论是高层次决策者，还是基层管理者，只有重视各级各类社会体育人力资源的科学管理，始终讲究用人之道，善于选人、用人、惜人、聚人，充分调动社会体育人力资源的积极性、能动性，才能够高效能地完成各项社会体育的工作任务。

三、社会体育人力资源管理的基本内容

（一）职位分析与设计

对社会体育组织各个作职位的性质、结构、责任、流程，以及胜任该职位工作人员的素质，知识、技能等，在调查分析所获取相关信息的基础上，编写出职务说明书和岗位规范等人事管理文件。

（二）人力资源规划

把社会体育人力资源战略转化为中长期目标、计划和政策措施，包括对人力资

源现状分析、未来人员供需预测与平衡，确保社会体育组织在需要时能获得所需要的人力资源。

（三）人员招聘与选拔

根据人力资源规划和工作分析的要求，为社会体育组织招聘、选拔所需要人力资源并录用安排到一定岗位上。

（四）绩效考评

对组织成员在一定时间内对体育组织的贡献和工作中取得的绩效进行考核和评价，及时做出反馈，以便提高和改善组织成员的工作绩效，并为组织成员培训、晋升、计酬等人事决策提供依据。

（五）薪酬管理

包括对基本薪酬、绩效薪酬、奖金、津贴以及福利等薪酬结构的设计与管理，以激励组织成员更加努力地为社会体育组织工作。

（六）激　励

采用激励理论和方法，对组织成员的各种需要予以不同程度的满足或限制，引起组织成员心理状况的变化，以激发他们向社会体育组织所期望的目标而努力。

（七）培训与开发

通过培训提高组织成员个人、群体和整个组织的知识、能力、工作态度和工作绩效，进一步开发组织成员的智力潜能，以增强人力资源的贡献率。

（八）职业生涯规划

鼓励和关心组织成员的个人发展，帮助员工制订个人发展规划，以进一步激发组织成员的积极性、创造性。

（九）人力资源会计

与财务部门合作，建立人力资源会计体系，开展人力资源投资成本与产出效益的核算工作，为人力资源管理与决策提供依据。

（十）劳动关系管理

协调和改善社会体育组织与员工之间的劳动关系，进行组织文化建设，营造和谐的劳动关系和良好的工作氛围，保障社会体育组织经营活动的正常开展。

四、社会体育人力资源管理的基本方式

（一）社会体育人力资源培育

社会体育人力资源培育是指在一定条件下，借助一定的方式促进社会体育人力资源生成的过程。社会体育组织选拔了相应的后备体育人力资源以后，需要对人力资源进行相关培育，以促成潜在的、后备的体育人力资源变成体育组织需要的人力资源的过程。培育不仅是组织创新的源泉，是组织迎接知识经济挑战的必要准备而且是促进组织成员全面发展、调动成员积极性的重要手段，更是塑造优秀组织文化的有力杠杆和竞争取胜的重要保证。社会体育人力资源培育的内容主要包含价值观、文化水平、职业能力、技能等。

（二）社会体育人力资源开发

社会体育人力资源开发是指对尚不能完全利用的潜在人力资源和已经能够利用的人力资源的未知功能做进一步深度挖掘，从而提高社会体育人力资源可利用程度的过程。社会体育人力资源的开发的目的是将体育人力资源固有的知识、认识通过特定手段进行开发，以使其适应现代体育竞赛的需求，为体育组织的发展良好的人力资源储备。社会体育人力资源开发的基本内容包括知识、技能、态度以及行为的开发。

（三）社会体育人力资源配置

社会体育人力资源的配置是指通过对人力资源在地区、部门及各种不同使用方向上的分配，并按照一定的经济或产出目标，在社会体育发展过程中实现人、财、物、时间、信息等话要素的有机结合与充分发挥，以获得最大产出和最佳效率的动

态进程。社会体育人力资源配置内容主要包括区域配置、领域配置、职业配置、运动项目配置，以及数量和质量配置等。

（四）社会体育人力资源使用

社会体育人力资源使用过程中主要采用激励和评价 2 种方式：其一，人员激励。采用激励理论和方法，激发社会体育人力资源的需要、动机、欲望，强化和引导与组织目标相契合的个人行为，对社会体育组织成员的各种需要予以不同程度的满足或限制，引起成员心理状况的变化，以激发成员向社会体育组织所期望的目标而努力；其二，绩效评价。对组织成员在一定时间内对社会体育组织的贡献和工作中取得的绩效进行考核和评价，及时做出反馈，以便提高和改善成员的工作绩效，并为组织成员培训、晋升、计酬等人事决策提供依据。

第二节　社会体育管理者

社会体育管理者是指在各类社会体育组织中起支配作用的个人及集体，主要包括社会体育行政管理者、社会体育事业单位管理者、社会体育商业服务管理者，以及各类群众体育社团的管理者等。一个合格的社会体育管理者，不仅要正确执行国家的方针政策，还要能按照实际情况制定可行的政策。同时他还必须是一位优秀的组织者和领导者。在对社会体育管理者使用过程中，为了提高社会体育管理者的工作效能，应遵循一定的管理原则。

一、社会体育管理者的概念

（一）社会体育行政管理者

社会体育行政管理者是指在各级政府部门从事与社会体育有关的管理人员。随着改革开放的深入发展，“政社分开”“管办分离”已经成为管理体制变化的重要特征。因此，在社会体育管理中，行政人员要有所为，有所不为，管好政府该管的社会体育工作，逐步推行多元化社会管理模式，尤其是要从“办”体育中脱离出来，加大宏观管理力度，营造活性化社会体育发展的新局面。

（二）社会体育事业单位管理者

社会体育事业单位管理者是指在各级社会体育管理中心从事与社会体育有关的管理人员。随着社会体制改革的深入，社会体育事业工作的服务性和中介性逐渐突出，事业工作人员要将发展作为硬道理，从不同层面和渠道动员更多人参与社会体育活动。

（三）社会体育商业领域管理者

社会体育商业领域管理者是指在各种商业体育机构从事社会体育经营管理的人员。随着体育产业的蓬勃发展，商业体育服务机构增长迅速，为人们享受体育乐趣创造了良好的条件。商业服务管理者要进一步提高专业素质和职业道德水平，适应人民日益增长的体育消费需求。

二、社会体育管理者的素质及能力

（一）丰富的管理理论与方法

管理是管理者对管理系统进行连续不断的决策、组织、指挥、协调和控制的过程，并最终实现管理的目标。作为管理者必须掌握一定的管理原理、管理方法、管理技术及管理技巧，并能在实践中灵活运用。社会体育管理者除了要不断深化与自己负责的工作有关的专业知识以外，还要努力学习现代科学技术知识和管理技术。此外，现代社会知识更新非常迅速，而且群众体育工作的服务对象不断变动，人们的体育需求不断变化，社会体育工作的内容及方法也随之不断变化。因此，作为一个社会体育管理者，还应当及时学习和更新各方面知识，不断进取，以适应社会及群众体育的发展。

社会不断向前发展，新情况层出不穷。社会体育工作的服务对象不断变化，人们的体育需求不断变化，社会体育工作的内容及方法也随之不断变化。可见，作为一个社会体育干部，还应当及时研究和学习现代领导艺术，不断更新各方面知识。近年来，社会体育工作干部队伍的知识面发生了很大的变化，正在逐步实现年轻化、知识化、专业化和现代化，其中部分具有大学本科或专科学历。但是，是否有文凭知识就够用了呢？据有关部门调查表明，大学生毕业 5 年后知识陈旧率为 45%，10 年后为 70%；国外有关调查材料表明，一个人在大学里只能获得 10% 的有用知识。所以任何人都要重视知识的更新，防止知识老化，不能忙于事务，忽视学习先进的科学知识；不能只重视经验积累，轻视知识的积累，否则，知识便会老化，便会跟不上形式，不能适应当前工作，便不可能开拓进取。因此，虚心学习，不断进取，是社会体育干部首要的业务素质。每一名社会体育干部要不断学习一些社会体育工作的管理艺术，要懂得一些哲学，要学习党的有关方针政策，将大大有助于我们的工作。

（二）全面的组织管理能力

社会体育工作是一项社会系统工作，面广复杂要求高，群体干部既要有高水平的决策能力，又要有创新能力，既要面对各种各样的人群，又要跳出来观察问题、分析问题，想方设法解决问题。这就要求社会体育干部必须遵循社会体育工作发展的规律，充分发挥社会各方面的力量，运用最佳的方法和手段对社会体育进行宣传、组织、检查、评定。要广泛动员社会力量支持体育，广泛造成社会舆论关心体育，广泛发掘社会潜力开展体育，广泛组织社会各界参加体育。由此可见，社会体育的组织工作，主要包括两个大的方面的任务：动员和组织群众参加体育活动，动员和组织社会力量支持体育活动。

（三）广泛的社会活动能力

具有广泛的社会活动能力，是搞好社会体育工作的重要因素。一方面，社会体育工作是为广大群众服务，必须经常要与广大群众交流、沟通，了解他们的需求及存在的困难，并动员和组织群众参与到体育活动中去；另一方面，社会体育的发展需要社会各个部门的配合。因此具有广泛的社会活动能力，是做好社会体育管理工作的重要因素。为此，社会体育管理者要做到 3 个方面：（1）广交朋友。广交朋友是社会体育干部的基本功之一。社会体育工作是为群众服务，要与广大群众打交道，要动员广大群众的自觉参与性。因此，每个社会体育干部都应当成为人民群众的忠实朋友；（2）深入进行调查研究。社会体育的服务对象十分广泛，上至领导机关、领导干部；下至基层单位、普通群众，作为社会体育的工作者，要待人以诚，多到基层去搞调查研究，了解情况；（3）有广博的知识。知识广博，就能同各种不同类型的人有共同的语言，共同的语言是友谊的桥梁，也是搞好工作的媒介。

（四）善于调查研究的能力

社会体育部门是各级体育组织对体育实施领导、协调、监督的重要职能部门。因此，社会体育管理者应当重视调查研究，以了解上、下级实际情况，使上情能更好的服务下情，下情更好的丰富上情。社会体育工作的调查研究可分为一般性调查、特殊性调查、普遍性调查、典型性调查、总结性调查、研究性调查六个方面的内容。一般性调查指的是社会体育中一般情况的调查，也就是通常指的基本情况的调查；特殊性调查是指对一切有特殊价值的问题进行的专题调查；普遍性调查是对各方面情况进行的普遍调查，这种方法一般适用于社会体育的检查验收活动；典型性调查只对具有典型意义的、正反两方面的人和事进行专门调查；总结性调查对某个单位的工作，或某个时期的工作情况进行全面调查，并归纳成带条理的东西，给领导机关和研究部门提供数据和素材，便于他们检验自己制定的政策、确定的方针是否符合实际，为他们部署下段工作制定新的政策提供理论依据；研究性调查是指根据既定的目标，按照拟定的提纲，进行按图索骥的调查，以便索取众多的素材，然后验证自己推出的观点，或提出新的观点。作为社会体育管理者，能否在调查研究中得到真实材料，是由调查者的社会活动能力和调查方法来决定的。一般认为，行政的调查研究采取的是听取汇报开座谈会的方式进行。社会体育管理者到基层搞调查研究，一定要采取平等待人的工作方法，另外，调查宜采取讨论式进行。

（五）熟练的文字和语言表达能力

文字和语言是管理工作的重要工具。社会体育干部应努力使自己具备较高的文字能力和语言表达能力。作为社会体育工作者，他不仅是社会体育的具体实施者，还应当是社会体育的科学管理者。因此，具有丰富的基本工作经验和广博的体育业务知识，是十分重要的。作为机关干部，应具有高度的政治素质，具有及时处理各种问题的能力。其中，自觉地为人民服务，更是任何一个机关群体干部的最基本的素质和最成功的经验。社会体育管理者虽然不一定是某项运动技术的特殊专家，但他应是体育的“杂家”，既要求涉及体育的各个领域，但又不一定都太专，即不一定象教练员和科学研究者那样对某个项目都钻深钻透。当然，在掌握全面知识的同时，对某些有代表性的项目进行比较深刻的研究，力求有自己的独立见解，也是非常必要的。

（六）不断学习和创新的能力

人的能力主要有3种，即学习能力、实践能力和创造能力，其中学习能力最具基础性。大量的实践证明，要想跟上时代步伐，必须刻苦学习。人的学习能力有高有低，效果有好与不好，就是通常讲的是否善于学习。社会体育管理者干部是社会体育事业的领导者、组织者、推动者，不仅要做刻苦学习的表率，坚持学习，带头学习，而且要做善于学习的表率，会学习，学习能力强。社会体育事业建设中会遇到很多重大理论、政策和实践问题，这就需要我们不断加强学习和调查研究，提高解决新问题、新矛盾的政策理论水平和实际工作能力。只有坚持加强学习、加强实践、不断创新，管理者的领导水平和执政水平才能不断提高起来。要加强政治理论学习，不断提高政治敏锐性；要加强政策学习，提高对社会体育事业方针政策的理解和领会能力；要加强业务学习，成为一个领域的专家；要注重对管理和历史的学习，不断提升管理能力。

三、社会体育管理者的管理原则

（一）方向性原则

对社会体育管理者的管理必须要有明确的政治方向，我国体育管理者必须坚持社会主义政治方向。要教育广大干部不断学习党的方针、政策、文件，把贯彻落实科学发展观，加强执政能力建设等作为党员干部思想政治教育工作的重要内容。党的十八大以来，对各级领导干部提出了新的要求，党的各级领导干部要坚持原则，讲党性、重品行、作表率。要切实提高推进依法治国的意识和能力。

（二）能级原则

能级原则是指按社会体育管理者的才能安排其工作，明确其责任，授予其职权，使干部的才能与其工作岗位相适应。根据干部的职称、学位等安排与之相适应的岗位，对各个岗位干部的能级水平要力争做到规范化、标准化，切实做到人尽其才，物尽其用。

（三）互补原则

为了发挥社会体育管理者的整体效益，在社会体育干部的管理上必须讲究互补。干部的互补是多方面的，包括知识互补、能力互补、年龄互补、气质互补等。

（四）信任原则

社会体育管理者是体育资源中宝贵的资源，他们不仅具有较强的能力，而且富有爱国精神、求实精神，创造精神和献身精神。他们有较强自尊心和自信心，同时还有强烈的责任感、荣誉感和成就感。因此，创造信任干部的环境，尊重他们的劳动和成果，为他们创造良好的进步条件。

（五）激励原则

激励原则就是在对社会体育管理者的管理中，通过一定的政策手段，激励社会体育管理者的创造热情和工作积极性，并以适当的手段奖励他们做出的成绩与贡献。

（六）动态原则

动态原则是指在管理社会体育管理者中坚持动态的使用与流动。它包括三个含义：管理者在一个单位或一个地区要有进有出，在实践中优胜劣汰；要派出管理者学习先进，博采众长，提高自己，或者引进技术、知识丰富干部能力；管理者职务要能上能下，岗位要适当轮换。

第三节　社会体育指导员

社会体育指导员是发展我国体育事业、建设社会主义精神文明的一支重要力量，目前存在公益与职业两种类型。社会体育指导员管理的基本内容包括申报、培训、考核和审批等环节。社会体育指导员管理的基本方式包括完善社会体育指导员组织体系、建立经费投入保障机制、组织开展活动等方面。

一、社会体育指导员管理概述

（一）社会体育指导员的含义

社会体育指导员是我国体育事业和体育产业中的一个重要人力资源类型，目前存在公益与职业两种类型。社会体育指导员是发展我国体育事业、建设社会主义精神文明的一支重要力量，是我国亿万群众进行体育活动的积极倡导者、组织宣传者和技能传播者，在组织开展丰富多彩的体育活动、提高广大人民群众体育意识、指导不同人群的科学健身、引导大众体育消费等方面发挥着十分重要而积极的作用。

原国家体委于1993年12月制定下发《社会体育指导员技术等级制度》（2011年11月9日废止），首次对公益社会体育指导员的含义进行了界定。2011年10月9日《社会体育指导员管理办法》（国家体育总局令 第16号，以下简称《办法》）再次对公益社会体育指导员的含义进行了解释。《办法》规定，（公益）社会体育指导员是指不以收取报酬为目的，向公众提供传授健身技能、组织健身活动、宣传科学健身知识等全民健身志愿服务，并获得技术等级称号的人员。（职业）社会体育指导员是在群众性体育活动中从事运动技能传授、科学健身指导和工作的人员（引自2001年《社会体育指导员国家职业标准》）。

《体育法》第二章第十一条规定："国家实行社会体育指导员技术等级制度。社会体育指导员对社会体育活动进行指导。"在《全民健身计划纲要》中，始终把实施《制度》，发展社会体育指导员作为一项重要工作内容。随着我国社会主义市场经济的建立，我国社会体育的运行机制发生了深刻变革，除了原有的福利型社会体育存在形态外，开始出现了消费型的社会体育存在形态。不少社会体育指导员在保持发扬无私奉献精神的同时，也逐步认识到自己的工作是一种体育劳动，也应体现其一定的价值。为此，越来越多的社会体育指导员开始尝试和运作具有经营性质的有偿健身服务，同时把健身指导的范围逐步由体育场馆、社区固定的练习站和晨晚练点扩大到其他健身消费场所。部分社会体育指导员积极开拓新的体育健身市场。一批以社会体育指导为职业的人数正在增多，专业性或职业性的社会体育指导员队伍正在发展壮大。为适应体育产业化和体育市场发展的需要，对在经营性体育健身场所专门从事体育指导工作人员进行专门的职业培训和管理尤为必要。鉴于此，原国家劳动和社会保障部颁布《社会体育指导员国家职业标准》（以下简称《标准》），于2001年8月7日起正式施行。《标准》规定，在等级上分为国家级社会体育指导员（社会体育指导师）、一级社会体育指导员（高级社会体育指导员）、二级社会体育指导员（中级社会体育指导员）、三级社会体育指导员（初级社会体育指导员）四个级别。《标准》是针对专门从事运动技能传授、科学健身指导和组织管理的人员资格认定的规定，对保证体育指导职业规范具有重要意义，标志着我国的社会体育指导员工作向职业化、专业化方向迈出了重要一步。

为进一步明确公益和职业两种类型社会体育指导员之间的关系，切实加强社会体育指导员队伍建设，更好地发挥他们在全面建设小康社会、构建全民健身体系中的积极作用，2005年7月11日，国家体育总局下发《关于进一步加强社会体育指导员工作的意见》（体群字［2005］94号，以下简称《意见》），提出充分认识加强社会体育指导员工作的重要性，进一步理顺社会体育指导员的管理体制和工作关系，逐步形成保证和激励社会体育指导员发挥作用长效机制，努力保持社会体育指导员工作的动态平衡与协调发展和不断完善社会体育指导员工作的各种保障的指导性意见。《意见》明确指出，在非营利性社会体育指导活动中从事指导工作的公益社会体育指导员和在营利性体育场所的劳动岗位从事指导工作的职业社会体育指导员，都是我国社会体育指导员队伍不可缺少的重要组成部分，二者相互促进，并按照各自的工作方式共同为全民健身事业作出贡献。

（二）社会体育指导员工作的主要方式

1. 开展社会体育指导活动

根据某些机关、团体、企事业单位的需要，社会体育指导员可以长期或短期应聘到该单位内，承担一定的社会体育指导工作。要在自愿协商的基础上订立聘任协议，明确各自的权利义务，并可分别采取无偿、低偿或有偿等多种服务方式。目前我国的公益社会体育指导员的活动属于自愿服务和义务奉献的情况，世界许多发达国家中的社会体育指导工作也有相当大量的义务性服务；对于职业社会体育指导员而言，在指导消费者社会体育活动过程中，可以收取基本的开支费用，并按相应的技术等级获取一定的劳务报酬，以进行适当的经济补偿，收取费用和支付报酬要执行体育行政部门会同物价管理部门等核定的标准，并实行市场调节。

2. 组织和带领群众参加健身活动

社会体育指导员要将组织带领群众参加健身活动作为一项经常性的工作，要采取各种方式方法，充分调动群众的体育活动积极性，提高群众自觉锻炼的意识，带领群众开展各种健身活动，做好社会体育的有关组织和管理工作。除了对已经组织起来的协会、俱乐部进行组织管理外，还要通过举办讲座、教学活动，将没有参加体育活动和没有组织的体育人口动员组织起来。

3. 传授科学健身的知识、技能和方法

在现实社会体育的发展中，广大群众锻炼的科学化水平还普遍较低，很多人缺乏必要的锻炼方法和技能，还出现了一些锻炼不当甚至伤害事故等问题，这就需要社会提供更多更好的体育科技传授及指导服务。社会体育指导员要不断提高自身的科学素质，积极宣传科学健身知识，认真传授科学健身的知识、方法与技能，有效提高群众的健身锻炼效果。

4. 承担社会体育经营管理及服务工作

随着经济社会的发展和民众体育消费水平的日益提高，健身娱乐、康复保健、咨询培训等社会体育产业将不断随着民众的需求而繁荣发展，群众“花钱买健康”的局面将广为社会所接受。以社会体育指导员为主体的城乡个体工商户和各种性质的经营单位开展上述这类经营性社会体育指导活动，要取得当地体育行政部门颁发的许可证，依法向工商行政管理部门申请登记，领取营业执照。具备法人条件的社会体育经营实体，要依法办理企业法人登记。同时，要自觉遵守有关经济法规，合法经营，依法纳税。

（三）社会体育指导员工作的地位和作用

1. 推行国家职业资格证书制度体系的基本载体

我国实行国家职业资格证书制度，国家职业资格证书制度是劳动就业制度的一项重要内容，也是一种特殊形式的国家考试制度。它是指按照国家制定的职业标准，通过政府认定的考核鉴定机构，对从业者的技能水平或职业资格进行客观、公正、科学规范的评价和鉴定，并对合格者授予相应的国家职业资格证书。职业标准是衡量劳动者技术水平和工作能力的重要尺度，是职业培训的依据，是劳动管理科学化和提高劳动者素质的重要基础、措施。2001 年 10 月《社会体育指导员国家职业标准》（以下简称《标准》）的颁布标志着我国社会体育活动由体育行政部门的工作，变为国家的一项工作，使社会体育指导员工作走上了一个新的台阶。职业社会体育指导员的培训、鉴定及认证等工作是贯彻落实国家职业资格证书制度的基本内容，更是国家职业资格证书制度的基本组成部分，从而成为推行国家职业资格证书制度的基本载体。

2. 促进体育健身服务市场的健康有序发展

当前，我国健身行业正在由单一模式向多元化模式发展，对健身专业人才的需求也在不断提高，尽管市场需求旺盛，但健身专业人才的数量、服务水平尚难以满足广大群众的健身需求。近年来，随着我国体育行业职业技能鉴定工作的不断深入，统一体育健身服务市场从业人员资质标准逐渐为用人单位和从业者所认同，鉴定获证人数逐年大幅上升，体育行业国家职业资格证书作为体育健身服务市场通行证的作用日益彰显。开展社会体育指导员工作的核心是对全国范围内所有从事和准备从事这一职业的相关人员进行的一项提高从业人员素质，增强技能水平、规范人员管理的职业资格培训、鉴定、认证及监管的活动过程。社会体育指导员的培训、鉴定已经成为连接体育技能人才和体育健身服务市场的纽带和桥梁，对于保护体育健身消费者和体育产业投资者的合法权益，促进体育事业和体育产业的健康发展有着重要意义。

3. 保障群众与健身消费者基本权益的基础性工作

在社会主义市场经济的条件下，社会体育领域逐步形成健身娱乐、康复保健、咨询培训等社会体育产业。社会体育指导员以其所拥有的体育知识与技能服务于广大健身消费者，为他们增强体质、增进健康、休闲娱乐、社会交往而服务。健身消费者通过付费不断提高对体育知识与技能的把握，以及体育休闲与健身的乐趣与品味，进而促进人们的体育参与。推动社会体育指导员服务质量认证和体育行业职业资格证书制度，能够提高社会体育指导员的服务意识和专业水平，为广大健身消费者的安全健身、科学健身提供更多、更好的服务，促进健身服务业的健康发展。社会体育指导员在传授技能、组织管理、指导人们体育健身与休闲活动的同时，也为全社会建立科学文明健康的生活方式，不断提高生活质量发挥着重要的作用。因而社会体育指导员工作就成为保障广大群众及健身消费者基本权益的一项基础性工作。

4. 构建公共体育服务体系的基本内容

建立、完善满足人民群众多元化健身需求的公共体育服务体系是体育强国建设的重点内容。近年来，党中央国务院在提出“构建群众性的多元化体育服务体系”的基础上，明确将“形成比较完善的全民健身体系”的基础上，明确将“形成比较完善的全民健身体系”纳入全面建设小康社会的奋斗目标，从国家政治、经济、文化发展的高度，赋予“全民健身体系”以十分重要的战略地位。推行社会体育指导员制度，开展社会体育指导员的认证、鉴定及监管等工作，是体育行政主管部门提供公共服务的主要体现，也是体育部门转变职能，依法行政，提高管理水平，提升管理层次，实现市场经济条件下体育服务标准化工作准确定位的有效切入手段。

5. 推广和普及全民健身活动的重要平台

全民健身是我国的一项基本国策，全民健身活动是贯彻落实《全民健身条例》，推行《全民健身计划纲要》的形式和载体，是维护广大群众体质健康、优化生活方式、提高生活质量的重要内容与方法。社会体育指导员是发展全民健身活动的重要人力资源，社会体育指导员开展的各项社会体育指导服务工作，直接作用于广大群众及健身消费者，为他们增强体质、增进健康、愉悦精神、善度余暇服务。同时，在社会体育指导员进行现代体育观念的传播和科学健身知识普及过程中，不但能够帮助广大群众及健身消费者强身健体，而且在陶冶情操、增进友谊、提高文化修养、树立道德风尚，积极促进社会主义精神文明建设方面发挥着重要作用。可见，开展社会体育指导员工作是推广和普及全民健身活动的重要平台。

6. 提升社会体育指导员人力资源价值的基本途径

根据《劳动法》、《职业教育法》相关规定，国家职业资格证书是持有者具备某种职业所需要的专门知识和技能的证明，是持有者求职、任职、开业的资格凭证，是用人单位招聘、录用员工的主要依据，也是境外就业、对外劳务合作人员办理技能水平公证的有效证件。依据《社会体育指导员国家职业标准（试行）》，对社会体育指导员进行的培训、鉴定与认证，为衡量社会体育指导员职业能力，确定其劳动报酬水平，以及为用人单位合理利用社会体育指导员劳动资源提供了重要参考依据。因此，开展社会体育指导员工作，贯彻落实社会体育指导员资格证书制度，是我国劳动制度改革的重要内容之一，是培养、发展体育劳动力市场的重要举措，对促进社会体育指导员就业能力和工作能力具有积极作用。同时也必将对提高社会体育指导员人力资源开发的价值，丰富国家的人才资源起到积极的推动作用。

二、社会体育指导员的组织体系

（一）公益性社会体育指导员的组织体系

根据2011年《社会体育指导员管理办法》（国家体育总局令 第16号）和《关于进一步加强社会体育指导员工作的意见》（体群字［2005］94号）相关管理规定，我国公益社会体育指导员的组织管理体系如下。

1. 国家体育总局主管全国的社会体育指导员工作。县级以上地方体育主管部门负责本行政区域内社会体育指导员工作。

各级体育主管部门应将社会体育指导员工作纳入体育工作规划，列入工作考核评价体系，为社会体育指导员开展志愿服务提供保障，依法对社会体育指导员工作进行管理、指导、监督。

社会体育指导员由其开展志愿服务所在地的县级体育主管部门实行属地管理。

2. 国家体育总局群体司全面负责对全国社会体育指导员工作的行政调控和行业指导，制定发展规划和政策法规，协调各种工作和管理关系，对工作过程与结果实施监督检查，并对实施《制度》的公益社会体育指导员工作进行综合管理。国家体育总局社会体育指导中心设立专门部门负责公益社会体育指导员的培训和各项日常管理工作。

3. 各级体育主管部门委托社会体育指导员协会等群众性体育组织和基层文化体育组织（以下简称委托的组织），承担社会体育指导员管理的具体工作。

具有较好社会体育指导员工作条件和能力的全国性和省级行业、单项体育协会，经向国家体育总局和省级体育主管部门申请并获得批准（以下简称经批准的协会），可负责相应等级社会体育指导员培训、审批等工作。

4. 建立全国性和地方性社会体育指导员协会。社会体育指导员协会应当依据法律、法规和协会章程，加强社会体育指导员队伍建设，为社会体育指导员提供服务，反映社会体育指导员需求，维护社会体育指导员的权益，承担体育主管部门委托的社会体育指导员管理工作。

社会体育指导员自愿加入开展志愿服务所在地的社会体育指导员协会。

5. 社会体育指导员培训教育工作由社会体育指导员培训基地承担。各级体育主管部门和经批准的协会在体育教育机构中批准设立相应等级的社会体育指导员培训基地，并对培训基地开展培训教育工作情况进行指导、监督、评估。

6. 各级各类体育组织和国家机关、企业事业单位和其他组织应当支持社会体育指导员开展志愿服务，并提供条件和便利。

（二）职业性社会体育指导员的组织体系

根据《关于进一步加强社会体育指导员工作的意见》（体群字［2005］94 号）相关管理规定，职业社会体育指导员的组织体系如下。

1. 国家体育总局群体司全面负责对全国社会体育指导员工作的行政调控和行业指导，制定发展规划和政策法规，协调各种工作和管理关系，对工作过程与结果实施监督检查。

2. 国家体育总局人事司根据劳动和社会保障部《体育行业特有工种职业技能鉴定实施办法（试行）》的规定，综合管理和指导社会体育指导员等体育行业特有工种职业技能鉴定工作。

3. 国家体育总局职业技能鉴定指导中心负责职业社会体育指导员职业技能鉴定的日常管理工作。国家体育总局职业技能鉴定指导中心的办事机构设在国家体育总局人力资源开发中心。

4. 省、自治区、直辖市体育行政部门负责管理本辖区的两种类型社会体育指导员工作，自行确定内部管理的职能分工。各地报国家体育总局职业技能鉴定指导中心、经国家体育总局人事司审核后，报经劳动和社会保障部批准设立的体育行业特有工种职业技能鉴定站，具体承担职业社会体育指导员的职业鉴定工作。

5. 建立全国和地方性的社会体育指导员协会，发挥其社团自治与自律管理的职能，将体育行政部门中可以由社会体育指导员协会管理的事项，逐步向协会转移。全国性单项运动协会应参与对社会体育指导员专项运动技能工作的管理，协助相关职能部门制定社会体育指导员等级称号的专项技能考核，有条件的可以承担专项业务培训任务。

6. 职业社会体育指导员的培训由经过专门资质认证的培训基地承担。有条件的体育院校和其他学校应在体育专业中开设社会体育指导的相关课程，在晨晚练站点和其他健身场所安排一定的社会体育指导实践，为体育专业学生获取社会体育指导员资格创设有利条件。

三、社会体育指导员管理的基本内容

（一）社会体育指导员的申报

1. 公益社会体育指导员的申报

我国公益社会体育指导员技术等级的申报条件。申请授予社会体育指导员技术等级称号或晋升上一等级称号者均应参加相应级别的社会体育指导员业务培训，考试合格并具备下列条件。

（1）三级社会体育指导员。具备以下条件上之一者，可以申报三级社会体育指导员技术等级。

①通过三级业务培训考试，并取得毕（结）业证书。

②中等专科学校毕业生（含职业高中）。

（2）二级社会体育指导员。具备以下条件之一者，可以申报二级社会体育指导员技术等级：

①取得三级社会体育指导员等级证书，从事三级社会体育指导员工作二年以上，并通过二级业务培训考试，取得毕（结）业证书。

②获三级以上运动员等级证书（包括三级）。

③高等院校体育专业专科以上毕业。

（3）一级社会体育指导员。具备以下其中二个条件者，可以申报一级社会体育指导员技术等级：

①取得二级社会体育指导员等级证书，从事二级社会体育指导员工作至少三年。通过一级业务培训考试，取得毕（结）业证书。或具有体育院校本科及其以上毕业证书，且参加一级业务培训并通过一级业务培训考试，取得毕（结）业证书。

②具有体育专业中等专科以上毕业证书。

③高等院校专科以上毕业证书，并具有一定的体育运动专长和经历。

（4）国家级社会体育指导员。

①取得一级社会体育指导员等级证书，从事一级社会体育指导员工作至少五年，并通过一级业务培训考试，取得毕（结）业证书。（必备条件）

②具有大学专科毕业以上学历。

③在省级体育刊物上发表社会体育方面的论文二篇以上或在全国性社会体育工作中获得先进个人称号。

2. 职业社会体育指导员的申报

申报社会体育指导员的人员必须具有初中以上文化程度（含同等学力）。此外，申报各级社会体育指导员还应具备相应的条件。

申报初级社会体育指导员应具备下列条件之一：中等或中等以上体育专业毕业，在县级以上比赛中取得前六名比赛成绩，经本职业正规培训。

申报中级社会体育指导员应具备下列条件之一：取得初级社会体育指导员职业资格证书后，连续从事本职业工作至少 3 年并参加中级技术等级培训毕（结）业；获得国家一级以上运动员等级证书（包括一级），并有初级社会体育指导员证书，同时连续从事本职业工作至少 1 年；高等院校体育专业毕业，并连续从事本职业工作至少 1 年。

申报高级社会体育指导员应具备下列条件：取得中级社会体育指导员职业资格证书后，连续从事本职业工作至少 5 年，且经过高级社会体育指导员培训和考评的人员。

申报社会体育指导师应具备下列条件：取得高级社会体育指导员职业资格证书后，连续从事本职业工作至少 5 年，并经过社会体育指导师培训的人员。

（二）社会体育指导员的培训

1. 公益社会体育指导员的培训

（1）社会体育指导员培训教育分为技术等级培训和继续培训。我国社会体育指导员培训的目标就是要通过专门的职业教育和专门培训，使受训者进一步加深国家关于开展社会体育工作的各项法律法规及方针政策的理解，提高工作的主动性和自觉性；丰富、充实社会体育的基础理论知识，提高社会体育工作的业务能力；加强思想道德教育；了解或掌握社会体育指导员必备的知识和技能，并通过学习和培训，掌握相应等级的培训大纲所规定的内容，完成规定的培训学时数，为取得相应等级的社会体育指导员技术等级证书的考核条件创造前提，并为从事社会体育指导员工作奠定良好的基本知识和运动技能。

（2）社会体育指导员培训的内容。我国不同等级社会体育指导员培训的内容及课时分配分别如表 3－1、表 3－2 所示，

表 3－1 不同等级社会体育指导员培训内容

类别	编号	教学专题	三级	二级	一级	国家级
体育人文社会知识	1	社会体育指导员概述	√			
	2	社会体育法规制度	√			
	3	社会体育管理的原则、职能与方法		√		
	4	基层体育活动的方法与组织		√		
	5	社会体育的基本形态			√	
	6	社会体育指导员的培训与考核			√	
	7	社会体育工作的规划			√	
	8	社会体育产业的经营与开发				√
	9	我国社会体育的改革与发展				√
	10	社会体育科学研究的基本方法				√
运动人体科学知识	11	人体运动科学知识	√			
	12	身体锻炼的心理效益	√			
	13	身体素质的生理学基础及锻炼	√			
	14	体育教学与训练的医务监督	√			
	15	人体的测量与评价		√		
	16	运动中常见损伤的防护与救治		√		
	17	运动、营养与体重控制		√		
	18	运动性疲劳与身体机能恢复			√	
	19	康复体育			√	
	20	体质的综合评价				√
	21	运动处方				√

续表

类别	编号	教学专题	三级	二级	一级	国家级
体育健身方法知识	22	练习指导过程	√			
	23	常用身体练习方法	√			
	24	常用体育健身器械	√			
	25	常用健身项目和手段		√		
	26	休闲体育与家庭体育		√		
	27	不同人群的体育健身			√	
	28	残疾人的健身锻炼			√	
	29	中外体育健身方法及其发展趋势				√

表 3－2　不同等级社会体育指导员培训内容课时分配

内容	课时分配（%）			
	三级	二级	一级	国家级
体育人文社会知识	20	25	40	45
运动人体科学知识	30	40	30	30
体育健身方法知识	40	25	30	25
自定教材内容	10	10	0	0
合计	100	100	100	100

（3）社会体育指导员培训的方式。我国社会体育指导员采用集中培训与自学、统一考试相结合的培训方式。集中培训面授教学的时数，国家级不少于 50 学时，约占其培训总学时数的 70%；一级不少于 40 学时，约占其培训总学时的 50%；二级不少于 30 学时，约占其培训总学时数的 30%；三级不少于 20 学时，约占其培训总学时数的 15%，见表 3－3。

表 3－3　社会体育指导员的培训方式与比例分配

方式 等级	集中培训		自学		总学时
	学时	百分比/%	学时	百分比/%	
国家级	50	70	20	30	70
一级	40	50	40	50	80
二级	30	30	70	70	100
三级	20	15	110	85	130

2. 职业社会体育指导员的培训

（1）培训等级。社会体育指导员职业共设四个等级，分别为：初级社会体育指导员（国家职业资格五级）、中级社会体育指导员（国家职业资格四级）、高级社会体育指导员（国家职业资格三级）、社会体育指导师（国家职业资格二级）。

（2）培训期限。全日制职业学校教育根据其培养目标和教学计划确定。晋级培训期限：初级不少于150标准学时；中级不少于120标准学时；高级不少于90标准学时；社会体育指导师不少于60标准学时。

（3）培训教师。培训初级、中级、高级社会体育指导员的教师应具有社会体育指导师职业资格证书或相关专业讲师以上专业技术职称；培训社会体育指导师的教师应具有副教授以上专业技术职称。

培训场地设备。理论知识培训在标准教室内进行，操作培训在室外运动场地上进行。

（三）社会体育指导员的考核

1. 公益社会体育指导员的考核

公益社会体育指导员统一考试大纲由国家体育总局制定。各省、自治区、直辖市体育行政部门在合理安排培训工作的基础上，按统一考试大纲组织当地社会体育指导员统一考试。

各种等级的社会体育指导员技术等级考核的方法包括以下方面：

（1）国家级和一级社会体育指导员的考核。国家级和一级社会体育指导员采用考查与考试相结合的方式进行考核。考查形式有作业、专题报告等；考试采用闭卷考试。其中考查占40%，考试占60%。总成绩评定和考查、考试成绩均采用百分制。

（2）二级和三级社会体育指导员考核。二级和三级社会体育指导员的考核，采用同批同时闭卷考试方式，成绩为百分制。

（3）考核合格证书的发放。各专题考核成绩合格，且缺课不超过培训时间的10%，发给培训合格证书；作为晋升高一级社会体育指导员资格的证明。

2. 职业社会体育指导员的考核

当前所采用的考试中，理论知识考核采用闭卷笔试，题型结构为填空题10%，选择题 60%，判断题 10%，问答题 20%；实践考核内容结构为讲解、示范、组织。理论知识考核与实践考核均采用百分制，两项考核成绩均达到 60～75 分为合格，76～85分为良好，86～100 分为优秀。考核时间规定，理论知识 90min，实践考核为 45min。

（四）社会体育指导员的审批

1. 公益社会体育指导员的审批

我国社会体育指导员的审批包括以下步骤。

（1）提交材料。①本人的申请书；②相应级别的社会体育指导员业务培训合格证书；③所在单位或体育组织的推荐书。申请晋级者还需提交原等级证书。

（2）审批过程和批准授予权限。①受理申请的体育行政部门或其委托的组织在审查申请人提交的材料完全具备后，应提交有批准权限的体育行政部门或其委托的组织的评审委员会进行评审。有批准权限的体育行政部门应根据评审结论作出批准或不予批准的答复。申请人接到批准的答复后，应凭批件及时到当地的体育行政部门办理登记手续；②各级社会体育指导员的批准授予权限为：三级社会体育指导员由县、区体育行政部门批准授予；二级社会体育指导员由地、市体育行政部门批准授予；一级社会体育指导员由省、自治区、直辖市体育行政部门批准授予；国家级社会体育指导员由国家体育总局批准授予；③被授予社会体育指导员技术等级者，由批准授予的体育行政部门发给证书、证章。证书、证章由国家体育总局统一制作；④对社会体育指导员按批准权限实行分级管理。各级体育行政部门及其委托的组织，应确定主管机构，设立评审委员会，分级负责社会体育指导员的培训、考核、评审以及其他管理工作。

2. 职业社会体育指导员的审批

根据有关法规的规定，国家人力资源和社会保障部为国家职业资格工作的综合管理部门。各省、自治区、直辖市的人力资源管理行政部门，负责本地区职业资格管理的组织实施。

2004 年，社会体育指导员等体育职业资格鉴定工作正式启动。国家体育总局人事司负责综合管理和指导体育行业特有工种职业技能鉴定工作，在职业社会体育指导员的审核方面，其主要职责是：负责体育行业职业技能鉴定考评员的综合管理和资格审核，报经人力资源和社会保障部核准后，颁发考评员资格证卡；负责审核体育行业职业技能鉴定试题库，报人力资源和社会保障部批准后实施；负责体育行业《职业资格证书》的核发和管理；负责对体育行业职业技能鉴定站的检查和评估。

根据该办法，国家体育总局职业技能鉴定指导中心负责体育行业特有工种职业技能鉴定的日常管理工作，各省、自治区、直辖市和计划单列市体育局负责管理本辖区内体育行业职业技能鉴定工作。各地体育职业技能鉴定站承担体育行业职业技能鉴定工作的执行工作。

根据有关规定，凡中华人民共和国公民和获准在我国境内就业的其他国籍的人员都可依法申请相应的职业资格。职业资格证书制度遵循申请自愿的原则，体育职业鉴定的申请人在鉴定站发布公告后，持规定的证件材料自愿报名。经鉴定站资格审查，符合条件的申请人填写由国家体育总局统一印制的申报表并交纳职业技能鉴定费用，领取准考证并按时参加鉴定。职业技能鉴定过程中，申请人应遵守鉴定工作的有关规则和要求，配合鉴定工作的完成。申请人理论知识和操作技能考核鉴定成绩单项合格，由鉴定站发给成绩通知单并在两年内有效。对理论知识和操作技能考核鉴定成绩均合格的申请人，由国家体育总局人事司发给人力资源管理部门统一印制的《国家职业资格证书》。职业社会体育指导员取得的国家职业资格证书，在全国相应类别的职业岗位上通用，是求职、任职、独立开业、单位录用和签订劳动聘用合同、获得相应工资待遇的主要依据，也是到境外就业、劳务输出进行技能水平公证的有效证件。获得社会体育指导员国家职业资格证书者，应在国家体育总局“中国体育人才网”进行注册。持证人员不得转让、涂改，否则视为无效。已通过鉴定的职业资格被取消者，两年内不得申请进行鉴定。

四、社会体育指导员管理的基本方式

（一）完善社会体育指导员组织体系

形成体育部门为主导、社会体育指导员协会为主体、各种社会体育组织广泛参与，组织落实、结构合理、覆盖城乡、服务到位的组织体系。充分发挥各级社会体育指导员协会的作用，实现管办分离，构建体育行政部门与体育社团有效衔接和良性互动的管理、运行和服务机制。

（二）建立经费投入保障机制

各级体育主管部门应当在本级事业经费预算中列支社会体育指导员工作经费，在体育彩票公益金中安排一定比例的资金作为社会体育指导员工作经费，并随着体育工作经费的增长逐步加大对社会体育指导员工作经费的投入；基层文化体育组织应当提供必要的社会体育指导员工作经费。鼓励社会对社会体育指导员工作提供经费、捐赠和赞助。

国家体育总局每年用于全民健身工作的体育彩票公益金中，应安排不低于10%的资金作为社会体育指导员工作经费。在重点保证培训经费下，资助社会体育指导员协会开展活动，支持欠发达地区和民族地区开展社会体育指导员工作，为社会体育指导员开展体育健身指导服务配备必要的装备、音响、灯光等，提供工作、交通补贴。积极、有序开发社会体育指导员的无形资产，在指定产品、活动赞助、形象代言人等方面挖掘潜力，争取企业和社会赞助，实现资金来源多元化、多渠道。鼓励各类社会团体、群众组织、机关企业事业单位为社会体育指导员开展体育健身指导服务提供物质保障。

（三）组织开展活动

组织活动是体现指导员队伍活力的标志之一，也是管理部门的重要抓手之一。社会体育指导员活动主要有年会、展示活动、竞赛活动、社会参与活动等。年会一般在年初举行。根据规模，可以是全员大会，也可以是代表大会。会议内容包括总结上一年度工作、布置下一年度工作计划、表彰先进、交流经验等活动。展示活动有定期（如每年春、秋季运动会的展示表演）和不定期两种，主要目的是宣传和示范。竞赛活动有协会内部的竞赛和参与其他形式的体育比赛。协会内部的竞赛多为指导技能和知识竞赛，其他形式的体育比赛有地区运动会、国家或地方组织的各种单项运动竞赛等。社会参与活动有节庆活动、传统节日活动、重大赛会活动以及政府组织的其他活动等。

（四）加强业务培训

社会体育指导员的业务培训是管理的重要工作之一。应根据工作需要和社会体育指导员的实际情况，有针对性地开展业务培训。例如，国家、省市出台新的体育政策，协会就应及时对体育指导站站长进行宣讲、培训，并通过他们传达给广大社会体育指导员。一旦有新的、适合推广的健身项目出现，就组织社会体育指导员骨干进行学习，并通过他们推广新的健身项目。协会应定期组织社会体育指导员培训活动，培训活动的形式应多样化，除讲座、技能传授外，还可以组织现场交流会、学习观摩会、技能展示活动等，每年还可以安排外出考察活动，学习外地社会体育工作的先进经验等。

（五）加强会员管理与服务

社会体育指导员的会员管理包括个人会员管理和单位会员管理两种形式。个人会员管理包括入会申请审查、会籍转移登记（居住地发生改变时，会籍也要转移）、岗位履职情况报告（由街道、乡镇体育指导站提供履职报告，并进行归档处理）、重大事件记录（获奖或受罚以及其他重要情况）等项目。单位会员管理包括入会申请审查（低等级协会、指导站及其他体育社会团体）、年度计划和总结等报告材料、重大事件记录（开展活动以及其他重要情况）等项目。

各级体育主管部门和委托的组织应当推进社会体育指导员会员管理工作的信息化，提高运用现代信息技术进行管理与服务的水平。

（六）深入开展社会体育指导员宣传工作

充分利用广播电视、平面媒体、互联网、新媒体等传媒方式，开办社会体育指导员栏目，制作社会体育指导员公益广告、宣传片、宣传画，出版《社会体育指导员》杂志等书籍和音像制品；推进信息化建设，建立中国社会体育指导员协会网站，及时发布工作和活动信息，提高信息服务能力，宣传、树立社会体育指导员良好的公众形象，扩大社会影响，提高社会认知度。

策划举办社会体育指导员志愿服务品牌活动。借助“全民健身日”、重要节庆和假日、重大赛事，组织体育健身技能和理论学术水平较高的社会体育指导员深入城市社区和农村村镇开展宣讲、辅导和交流活动，吸引更多的群众参加体育健身活动；配合国家支援西藏、新疆建设的有关政策，组织优秀社会体育指导员赴西藏、新疆开展全民健身志愿服务活动。

组织开展社会体育指导员技能展示和交流活动。定期举办社会体育指导员技能展示活动，展示社会体育指导员风采，鼓励创新，提高体育健身指导服务水平；建立社会体育指导员交流渠道，推广各地、各单位的有益做法，学习借鉴其他国家的先进经验；定期组织国家级社会体育指导员观摩全国性群众体育赛事活动，开阔视野。

（七）加强对社会体育指导员的奖惩机制

建立社会体育指导员荣誉奖章制度。各级体育主管部门应当定期开展评选表彰活动，对在社会体育指导员工作中做出突出贡献的组织和个人予以表彰、奖励。鼓励社会为社会体育指导员开展志愿服务办理保险。

对违反国家财政、财务制度，截留、克扣、挪用和挤占社会体育指导员工作经费的，由其上级部门或有关主管部门责令改正，并对负有责任的主管人员和其他直接责任人员依法给予处分；构成犯罪的，依法追究刑事责任；体育主管部门和有关组织、单位的工作人员在社会体育指导员工作中，侵犯社会体育指导员合法权益，造成不良后果的，依法给予处分。

（八）推进社会体育指导员制度建设

加强社会体育指导员制度建设，逐步解决公益与职业体制的并轨问题。社会体育指导员在不断增加数量的同时，还应当注意逐步优化结构，提高质量。要优化我国现有社会体育指导员资源的合理配置，发挥社会体育指导员的最大效益。积极挖掘新的社会体育指导员资源，加强在校大、中专学生及广大农村地区社会体育指导员的培育、开发与利用；要按照《全民健身计划纲要》的要求，结合东、中、西部地区发展程度的不同，有区别、分阶段地推进社会体育指导员队伍建设。要根据不同地区实际需要，优化我国社会体育指导员的队伍结构；大量培养中、青年社会体育指导员，使高等院校尤其是体育专业院校成为我国社会体育指导员的培训基地。2001 年 10 月 8 日，劳动和社会保障部颁布了《社会体育指导员国家职业标准》，但由于现行的《社会体育指导员技术等级制度》仍继续施行，如何与新制度并轨，如何处理好社会体育指导员职业与业余的关系也成为急需要研究解决的重要问题。为此，要做好社会体育指导员业余与职业的并轨问题，积极探索业余与职业社会体育指导员的发展规律及运行机制。建立并完善社会体育指导员工作管理的政策、法规、制度体系，进一步健全等级制度、培训制度、注册登记制度、服务考核制度、表彰奖励制度和培训基地评估制度，逐步实现社会体育指导员工作规范化、制度化、科学化。

第四节　社会体育志愿者

社会体育志愿者是指在社会体育领域从事志愿服务的人员，主要包括部分社会体育的指导者、在职专业及业余体育工作者、离退休体育积极分子等。根据《建立全民健身志愿服务长效化机制工作方案》，我国社会体育志愿者的组织体系主要包括四方面内容。社会体育志愿者管理的基本内容包括招募与遴选、定位与培训、使用等环节。社会体育志愿者管理的基本方式包括发展社会体育志愿者组织、发展高校志愿者人群和建立社会体育志愿者的激励机制等方面。

一、社会体育志愿者的含义

体育志愿者是指为推进社会、团体及个人的体育发展而不以换取报酬为目的提供自己的劳动、技术和时间的人群。体育志愿者最早出现在奥运会，大型国际比赛和活动招募志愿者是国际上惯用的做法。体育志愿者通常分为两大类：一类为“运动会体育志愿者”，它是指利用自己的时间不定期地为参加奥运会、亚运会之类的国际运动会和地区马拉松运动会以及残疾人运动会等活动服务的志愿者。他们又分“非专业志愿者”（岗前培训即可）和“专业志愿者”（具体专业能力和资格者），“非专业志愿者”主要从事给大会供水、供食品、作向导、接待、登记、发通知、安排交通、运输及邮件等工作。“专业志愿者”主要从事裁判员、翻译、医疗救护及数据处理等工作；另一类为“社区体育志愿者”，是指利用日常生活时间定期地为社区体育团体、球队等进行体育指导服务以及为体育俱乐部的管理提供帮助的志愿者。他们又分为“体育指导志愿者”和“体育经营志愿者”（指体育团体、俱乐部的管理），前者主要从事指导、裁判及助教等工作。后者主要从事事务、会计、日常事务等工作。

社会体育志愿者是指在社会体育领域从事志愿服务的人员。在我国，近些年来在遍布城乡的体育活动组织中也已经存在着一支庞大的志愿者队伍，虽然他们没有正式获得志愿者这一称号，而实际上他们的工作性质就属于志愿活动，主要包括部分社会体育的指导者、在职专业及业余体育工作者、离退休体育积极分子等。因此我国社会体育志愿者具有较好的基础。此外，我国社会体育志愿者具有巨大的开发潜力。体育教师、体育专业的学生是我国社会体育事业发展的宝贵人力资源。尽管我国尚未组织开展对社会体育志愿者的专门的调查与研究（社会体育指导员除外），实际上近年来在遍布我国城乡的体育活动组织中已经存在着一支庞大的“志愿者大军”。尽管他们还没有正式获得志愿者这一称号，而实际上他们的工作性质就属于志愿活动。

二、社会体育志愿者的组织体系

为推动《全民健身条例》深入贯彻落实，把全民健身志愿服务工作机制引入全民健身事业发展的实践，弘扬志愿服务精神，动员一切社会力量，有效整合社会资源，形成强大的工作合力，广泛开展全民健身志愿服务活动，大力发展公共体育事业，切实维护公民体育健身权益，更好地满足广大人民群众日益增长的体育健身需求，不断提高体育公共服务的规模、质量和水平，为全民健身事业的发展注入新的生机与活力，以突破性思维，采取突破性措施，推动全民健身事业实现跨越式发展，为建设体育强国做出积极贡献，国家体育总局在2009年与中央文明办、民政部、全国总工会、共青团中央、全国妇联联合印发《关于广泛开展全民健身志愿服务活动的通知》（体群字［2009］158号）、组织举办全国“全民健身志愿服务活动”启动仪式、与地方体育部门共同组织开展一系列全民健身志愿服务活动的基础上，进一步研究制定了《建立全民健身志愿服务长效化机制工作方案》。该方案反映了我国社会体育志愿者的组织体系，旨在推动建立全国范围层级化的全民健身志愿服务组织网络体系，主要包括4个方面的内容。

（一）志愿服务活动协调组织

国家体育总局加入由中央文明办牵头的全国志愿服务活动协调组织，地方县级以上体育行政部门加入本级志愿服务活动协调组织。将全民健身志愿服务纳入全国和本地区志愿服务活动的内容进行统一协调，统筹各方志愿服务资源，获取相应的政策和工作指导，加强体育部门与其他成员部门的协调与配合，创造各方共同参与、支持全民健身志愿服务工作的局面，推动形成共同助力全民健身志愿服务的良好氛围。

（二）志愿服务领导小组

国家体育总局成立全国全民健身志愿服务领导小组。由总局主要领导担任组长，分管群体、竞体的总局领导担任副组长，总局办公厅、政法司、群体司、竞体司、青少司、人事司、科教司、宣传司负责人为成员，负责领导和协调全国全民健身志愿服务工作，研究审定志愿服务发展规划、工作计划、政策制度等重大事项，并根据工作需要适时召开会议，统筹整合体育系统内部及各方资源，协调落实全民健身志愿服务工作经费、宣传、科研、资金募集与管理等工作。领导小组办公室设在群体司，负责协调落实领导小组议定的各项事务，统筹规划、组织协调、监督指导全国全民健身志愿服务工作的开展。地方县级以上体育行政部门参照成立本级全民健身志愿服务领导小组及办公室，并承担相应职责。

（三）志愿服务工作办事机构

国家体育总局将社会体育指导中心作为全国全民健身志愿服务工作的办事机构，地方县级以上体育行政部门设立本级全民健身志愿服务办事机构，负责具体落实本级领导小组和办公室研究制定的相关法规、规划、计划，组织开展志愿者注册、培训、服务等日常工作，推进全民健身志愿服务各项具体工作的实施。

（四）志愿服务组织网络

建立全国范围内层级化的组织网络体系。以中国社会体育指导员协会为全国性全民健身志愿服务组织，发挥各级社会体育指导员协会的作用，逐级建立志愿服务组织，并将志愿服务组织延伸扩展到乡镇、街道，形成国家、省、地市、区县和乡镇、街道的层级组织网络，为普及全民健身志愿服务提供强有力的组织保障。

三、社会体育志愿者管理的基本内容

（一）社会体育志愿者的招募与遴选

社会体育志愿者的招募与遴选就是吸引申请者并从中选拔、录用合格志愿者的过程。其根本目的就是吸纳适当的申请者，并将其安排在适当的工作岗位上。这一环节是体育志愿者项目管理中的基础性工作，它不仅有助于志愿者队伍的合理形成，还具有传播和宣扬无私奉献精神的重要作用。社会体育志愿者招募与遴选工作主要包括：发布招募信息、选择招募方式、确定遴选程序。

（二）社会体育志愿者的定位与培训

志愿者定位是一个通过各种方式让志愿者了解志愿组织并适应这个组织的过程。在这个过程中，志愿组织提供给志愿者各种背景材料、信息、实际运行过程，通过这种了解，志愿者会明了他们在这个组织中如何发挥作用，如何与他人相处。初选来的志愿者还需要经过必要的培训，合格者才能够被允许正是加入体育志愿者的行列。通过对志愿者的培训，能够有助于提高志愿者的服务能力和水平。社会体育志愿者培训的内容主要包括对培训方案、培训内容、培训方法等的设计与实施上。培训的方式很多，一般包括讲座、阅读、研讨、实地考察、观看录像、专题讨论、案例、角色扮演、示范等。一般的社会体育志愿者服务项目分为专业和非专业项目两类。以专业性的公益性群众体育赛事志愿服务为例，专业志愿服务项目包括：语言、体育、新闻宣传、法律、技术专业、旅游专业、驾驶专业、手语专业、物流专业、医疗专业、礼仪专业、安保专业、宗教专业、体育传媒专业等。非专业志愿服务项目包括观众引导、协调联络、场馆服务、物品分发等。

（三）社会体育志愿者的使用

经过招募和定位、培训，志愿者们就可以在各自的岗位上开始工作了。社会体育志愿者使用过程主要包括3方面内容：（1）志愿者的配置。社会体育志愿者的配置就是要根据体育项目筹办工作的需求以及志愿者的储备状况，将志愿者分配到各个岗位上。其实，志愿者的配置在招募时就已经开始，在专门培训之前就已经基本完成，这样才能按照岗位需求获得足够的志愿者，并让志愿者接受相应的专门技能培训；（2）志愿者的协调。社会体育志愿者管理者在管理过程中要注意协调志愿者之间的冲突和志愿者与正式员工之间的冲突；（3）志愿者与志愿组织的风险管理等内容。当出现管理风险时，必须考虑所有与管理志愿组织有关的可能风险，而不仅仅是志愿者的可能伤害。

（四）社会体育志愿者的激励

要通过表彰奖励和相关保障措施，确保志愿者队伍的相对稳定。志愿者的激励表彰以精神鼓励为主，激发志愿者的内在热情，保持志愿者较高的工作积极性，使志愿者获得有价值、令人愉快的工作经历。其主要实施以服务时间和服务效果为基本依据的普遍激励。开设志愿者维权热线和心理热线，切实维护志愿者合法权益。对做出突出贡献、表现优异的志愿者集体、个人以及志愿服务项目给予特别奖励。志愿服务结束后，还可以开展志愿者评比表彰及纪念活动。

四、社会体育志愿者管理的基本方式

（一）发展社会体育志愿者组织

志愿者组织主要是各类非营利体育法人组织，非营利体育组织的内在驱动力是以志愿精神为背景的利他主义和互助主义，因此非营利体育组织能够吸引志愿者的无私奉献以及社会捐赠，这是政府与企业都不具备的突出优势。因此它能够成为公众表达体育权利的沟通管道，成为政府管理体育事业的好帮手，在志愿者的培养和服务工作中起到非常重要的作用。目前，我国“小政府，大社会”的模式正逐渐形成，积极扶植志愿者组织的建设不仅是弥补“有限政府”职能空缺的要求，还是适应未来我国社会体育发展壮大的重要举措。为此，国家各级体育行政部门应该积极扶持社会体育志愿者组织的发展，不仅要对其开展工作进行必要的政策支持、资金支持、舆论支持，还要对他们的工作成绩予以大力表彰。

（二）大力发展高校志愿者人群

有效利用学校资源，尤其是高校的体育人力资源，培养高层次的综合型的体育志愿者。应当建设以大学为核心的奥运志愿服务社区，培养无私奉献，敬业精神等理念，凝聚人力资源，继续为奥运会及社会服务。对于高校的各个志愿者协会，应通过校团委会组织与所在地方体育部门形成志愿者数据库，以便及时提供义工信息，并可以通过网络培训进行指导和交流。

（三）建立社会体育志愿者的激励机制

社会体育志愿活动特别需要持续、稳定的发展壮大。实现社会体育志愿者活动的可持续发展，需要在实际中不断对志愿者进行有效激励。应对体育志愿者进行内在激励与外在激励。内在激励源于志愿者因参与体育活动而产生的内在满足感，如体育活动中蕴含的团结与和平的精神、公民的责任感、团队归属感、个人的种种需求，包括以志愿者身份为骄傲，为能够展示自我而高兴，对活动的意义的自觉认识等；外在激励则是指志愿者因为提供志愿服务而受到表扬、嘉奖、宣传，如观看某些比赛的机会、专用勋章、赞助商提供的物品、制服等等。还要在物质层面上使志愿者的志愿服务活动享受到一些回报，如可把提供志愿服务与享受志愿服务结合起来，为志愿者设立提供和享受志愿服务的特殊账户，把他们为体育活动、比赛和日常工作的志愿服务工作情况记录在案，在他们需要提供帮助时提取出来使用。

（四）建立社会体育志愿活动的监督机制

由于体育志愿者组织在我国是一个全新的领域，我国没有现成的监督体系可以利用和借鉴，所以必须学习国际上成功经验，特别是学习了解国际上公益机构的公共责任和监督机制理论，如法律框架、政府社会监督环境约束和公益机构的自律机制等等，并结合我国具体国情，制定出符合我国实际情况的体育志愿者组织的监督机制，以保证体育志愿者组织健康的发育、成长壮大。

（五）建立社会体育志愿者的培训体系

应加强对社会体育志愿者能力的培养，使他们充分了解志愿活动的特点、方式，以及社会体育工作的特点、规律等内容，以更好的为服务于社会体育的发展贡献自身的力量。通常可以采用举办各种免费的应急培训班、定期不定期的短期技能训练班、组织座谈交流、请有关专家指导帮助等方式加强社会体育志愿者的实际服务能力及水平。

（六）完善社会体育志愿活动的法规制度

社会体育组织者的活动属于非政府组织的志愿性活动，而在我国这种非政府组织的生存空间及发展能力还普遍不足，这就需要一定的制度性保障来促使其生存和发展。因此，管理部门不仅要创建和完善适于我国国情的有关第三部门的法律制度，如社会团体法律制度、事业单位法律制度、民办非企业单位法律制度。还要认真执行这些政策法规制度的要求，给社会体育志愿者创建一个良好的发展范围。建立群众体育志愿者服务网络，建立群众体育志愿服务制度，将志愿者的志愿服务工作纳入科学化，规范化、组织化的轨道。

第四章　社会体育财力资源管理

社会体育财力资源是社会体育事业发展必不可少的因素之一。社会体育财力资源管理是指通过一定方式整合资源，以发挥社会体育财力资源的作用，促使社会体育目的实现的过程。社会体育财力资源管理的目的在于合理开发利用经费资源，提高经费的使用效率，以促进社会体育目标的实现。社会体育财力资源管理的基本内容包括社会体育经费的预算、筹集、分配、使用等方面。社会体育财力资源管理的基本过程包括社会体育财力资源培育、开发、配置和利用。

第一节　社会体育财力资源管理概述

一、社会体育财力资源的含义

财力资源是组织活动中的重要组成部分，也是各种资源中流动性最强的一种资源。任何组织要进行生产经营活动都必须拥有一定数量的财力资源，财力资源是进行生产经营活动的基本条件。没有一定数量的财力资源，组织就不可能从市场上购买物质材料、人力、信息等其他资源，就无法有效地完成组织的目标。

社会体育财力资源是在社会体育发展过程中能够用货币形式体现的资源。在社会体育发展过程中，财力资源可以通过购买转换为人力资源和物质资源等，同时，财力资源在其周转运动过社会体育财力资源由于其获得和使用的途径及范围的特殊性。

鉴于我国社会体育的性质，在社会体育事业发展过程中，社会体育财力资源的供给渠道呈现出多元化，目前我国的社会体育发展主要还是依赖于国家财政拨款来满足人民群众日益增长的体育消费需求，除此外，单位部门拨款，社会体育事业单位的经营收入、赞助、捐助及各类社会体育发展基金等多种形式并存。

二、社会体育财力资源管理的概念

社会体育财力资源管理是指通过一定方式整合资源，以发挥社会体育财力资源的作用，促使社会体育目的实现的过程。社会体育财力资源管理的主体是各类社会体育组织，管理的对象主要是社会体育经费。为实现财力资源最大效益的发挥，需要整合人力、物力等资源，通过对社会体育经费进行规划、培育、开发、配置及利用等环节，最终促使社会体育组织既定目的的实现。

社会体育财力资源主要用于提高全民健康素质，促进社会体育事业发展。社会体育财力资源管理具有如下特点：（1）政策性强。社会体育事业是我国社会主义现代化建设的重要组成部分，其经费来源主要是国家财政拨款，所以，体育组织的财务活动，体现着国家的政策方针。体育管理部分在办理各项收支业务时，要严格执行有关的收支范围和收支标准，以保证体育事业的顺利开展；（2）预算管理先行。各级体育管理部门每年年初都要根据事业发展计划和单位工作任务安排编制单位年度预算，并按相关程序报送有关部门审批。经有关部门审批后之后年度预算即成为本单位办理财务收支业务及其他各项财务活动的重要依据；（3）效率优先、兼顾公平。根据国家财政“取之于民，用之于民”的原则，体育资金在使用过程中应该注重资金的使用效率，用有限的资金为大众提供更多、更好的体育服务。注重不同地区、不同人群的体育健身需求，真正实现资金使用过程中效率优先、兼顾公平；第四，涉及面广。各级各类社会体育组织在我国不仅分布范围广，而且涉及面广，所以体育资金的管理范围也非常广，不仅深入到全国城乡的各个角落，还深入到社会体育组织活动的方方面面。

社会体育财力资源的表现形式是社会体育经费，它是开展社会体育活动的基本保障，社会体育经费管理过程实质就是理财的过程。其目的是为社会体育的健康发展广开资金筹集渠道，合理分配使用资金。我国社会体育经费管理分为中央、地方两级。为确保各级政府对体育事业的投入，我国社会体育经费按照“分级管理，分级投资，分级负责”的原则进行管理。中央财政拨款与其他社会收入由国家体育总局群体司统筹管理，主要用于开展全国群众体育运动及全国有关体育组织的事业费分配（图4－1）。地方群众体育资金主要来源于地方政府财政拨款与本级体育彩票公益金60%的提留金及其他社会所集资金，由省、市、自治区体育局群体处按照《全民健身计划纲要》，组织指导实施地方群众体育运动（图4－2）。

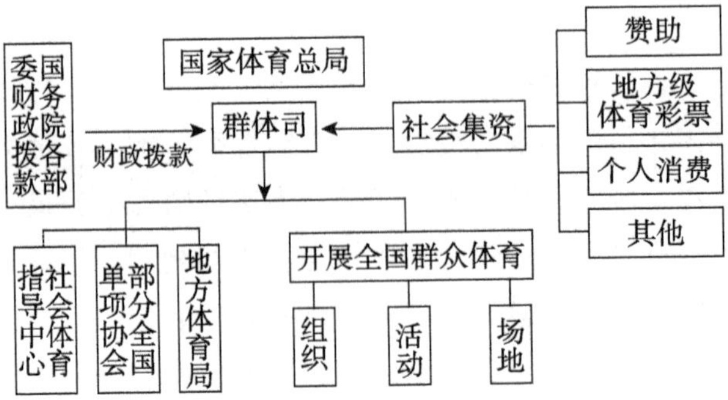

图4－1　社会体育经费流程图（中央级）

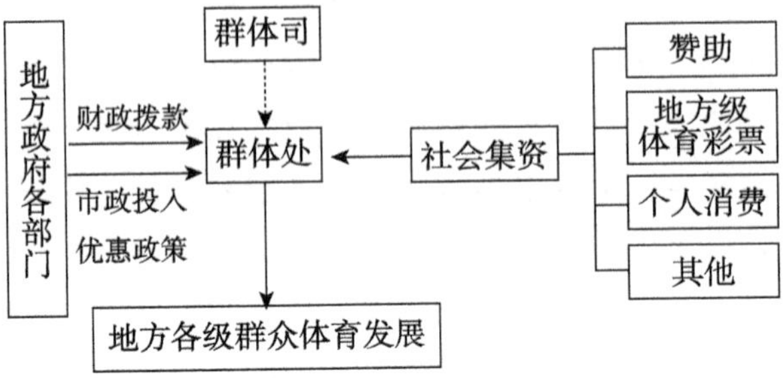

图4－2　社会体育经费流程图（地方级）

注：虚线代表没有直接资金投入，多是政策支持和业务指导

三、社会体育财力资源管理的基本内容

（一）社会体育经费的预算

1. 预算的种类

按照不同的内容，可以将预算分为经营预算、投资预算和财务预算3大类。

（1）经营预算。它是指社会体育经营单位日常发生的各项基本活动的预算，主要包括销售预算、生产预算、直接材料预算、直接人工预算、制造费用预算、成本预算、推销及管理费用预算等。

（2）投资预算。它是对社会体育部门的固定资产的购置、扩建、改造、更新等在可行性研究的基础上编制的预算。它具体反映在何时进行投资、投资多少、资金从何处取得、何时可获得收益、每年的现金流量为多少和需要多少时间回收全部投资等。

（3）财务预算。它是指体育单位在计划期内反映有关预计现金收支、经营成果和财务状况的预算。主要包括“现金预算”“预计收益表”和“预计资产负债表”。它们都可以折算成金额反映在财务预算内，因此，财务预算就成为各项经营业务和投资的整体计划，故亦称“总预算”。

2. 预算的审批

纳入国家公益性的社会体育事业应根据上级下达的年度事业计划，按照上年度收支预算执行情况和有关经费开支标准及预算定额，由财会部门提出预算数、详细说明及计算依据，经审核同意后报上级体育组织审核汇总，再报给上级部门同级的财政部门。由财政部门对预算建议数进行审核，并根据财力状况分配和下达预算指标后，单位再调整为正式的收支预算，经体育组织核报同级财政部门批准后执行。

3. 预算的调整

预算调整包括预算的追加追减、项目调整、预算划转等。预算经财政部门批准后，即成为预算执行的依据，不得随意调整和变动。在执行过程中，如遇不做调整就无法执行的特殊情况时，有关部门必须按规定程序向同级财政部门提出追加（或追减）预算的报告，经批准后方可执行。

（二）社会体育经费的筹集

我国政府财政拨款有两种形式：一种是财政直接对体育拨款。《体育法》第六章第四十一条明确规定：“县级以上人民政府应当将体育事业经费、体育基本建设资金列入本级财政预算和基本建设投资计划，并随着国民经济的发展逐步增加对体育事业的投入。”这是我国社会体育经费来源的主体，是有计划按比例发展体育事业的基本保证。其中中央财政拨款用于中央体育事业，地方财政拨款用于地方体育事业。另一种是财政间接对体育事业拨款。这是国家各部门间接用于体育的拨款，主要用于本部门的社会体育活动。

社会体育事业是一项庞大的系统工程，每年需要大量的资金支持，还需通过税收、门票、赞助、社会集资、经营创收等各种形式筹集经费，以保障社会体育事业的发展，维持国家社会体育事业稳定健康发展。

（三）社会体育经费的分配

社会体育资金的分配，必须遵循正确的分配原则。（1）社会体育资金的分配，必须同社会体育结构相适应，并能使社会体育结构合理化。（2）要集中使用资金，保证社会体育事业的发展。由于我国正在全面建设小康社会，体育投资十分有限，社会体育事业在其发展过程中会出现不平衡的现象。因此，必须根据社会体育事业发展的需要，确定出一定时期内社会体育事业发展的重点，以便集中资金，保证它的发展。（3）在分配社会体育资金时，还要量力而行，留有余地。由于目前所能筹集的社会体育资金数量有限，所以社会体育资金的分配必须根据社会体育事业发展的需要和财力的大小，来确定这个时期内各项社会体育事业的发展规模和速度。同时，由于社会体育事业发展是一个复杂的过程，难免出现各种矛盾及某些意外情况，为了保证社会体育事业的顺利发展，随时能对不平衡的现象进行调节，就需要掌握一定数量的机动财力。

（四）社会体育经费的使用

社会体育经费的使用，是为实现社会体育的发展目标进行工作和开展业务活动所支付的费用。社会体育事业经费的使用一般分为人员经费、公用经费、差额补助、专项支出经费等。经费使用的管理应严格执行国家财经法规、制度和纪律，实行单位领导负责制，同时建立财务监督机制，由单位财会部门统一管理，严格按照批准的预算计划额和开支范围、开支标准办理支出；应量入为出、精打细算、保证重点、兼顾一般，注重效益分析；应严格管理支出凭证，做到专款专用、单独核算并加强社会集团购买力及预算外开支管理。

（五）社会体育经费的核算

1. 社会体育经费核算的内容

（1）收入的核算。收入是指体育事业单位为开展业务及其他活动依法取得的非偿还性资金。包括财政拨款收入、事业收入、经营收入、上级补助收入等等，要分门别类设立账户进行独立核算。

（2）支出的核算。支出是体育事业单位开展业务及其他活动发生的资金耗费和损失。包括事业支出、经营支出、自筹基本建设支出、对附属单位补助支出和上缴上级支出等等，应当正确归集实际发生的各项费用数，不能归集的，应当按照规定的比例合理分摊。经营支出应与经营收入进行适当的配比。

（3）资产核算。资产是体育事业单位占有或者使用的能以货币计量的经济资源，包括流动资产、固定资产、无形资产和对外投资等。实行独立核算的体育事业单位必须按照国家有关规定在银行开设存款帐户，严格遵守银行制度，接受银行监督。

（4）负债的核算。负债是体育事业单位所承担的能以货币计量，需要以资产或劳务偿还的债务。包括借入款项、应付款项、暂存款项、应缴款项等，应对不同性质的负债分别进行核算，及时清理并按规定办理结算，保证各项负债在规定的期限内归还。

（5）利润核算。对于企业单位要核算利润总额和利润率水平。利润是企业的各项收入抵减各项耗费后的余额。

2. 社会体育经费核算的基本要求

（1）搞好资金核算的计划性，对核算的目标、步骤、时间安排作出计划安排，保证资金核算有计划按步骤进行。

（2）完善资金核算的组织工作。对资金核算按业务核算、会计核算、统计核算进行必要的分工，使它们互相补充，力求原始记录真实，定额指标完整无缺，会计帐务及时准确，统计报表系统可靠。

（3）结合核算和分口核算相结合。

（4）专业结算与群众核算相结合。

（六）社会体育经费的监督

社会体育经费的监督贯穿于整个资金从预算、使用的每一个环节、每一个方面及每个步骤，主要包括以下内容。

1. 经费监督的基本内容

（1）对预算的监督。包括检验预算的编制是否符合国家有关方针、政策和财务制度的规定；收入预算是否稳妥可靠；支出预算的安排是否贯彻了重点突出、兼顾一般的原则；预算的编制是否内容完整、数字准确。

（2）对收入的监督。包括各项收费是否按照国家规定的范围和标准，有无擅自扩大收费范围的项目；是否按照国家规定划清了各项收入的界限，并按照规定进行核算。

（3）对资金使用、支出的监督。包括各项支出是否符合国家有关方针、政策和财务制度的规定；是否按照预算规定的范围、内容和开支标准办理各项业务；是否划清了各项支出的界限；是否严格杜绝了资金的留用。

（4）其他。包括是否建立了完善的体育资金管理规章制度，专用基金是否运用得当，对财务标准的执行情况等等。

2. 经费监督的基本方法

按照监督检查的范围可以分为全面检查和专门检查；按照检查方式可以分为单位自查、联审互查和上级检查；按照检查的内容分为账务检查（报表检查、账簿检查和凭证检查）、实地（或实物）检查（主要是进行财产检查等）。社会体育财务监督应注重在坚持事后监督的基础上，加强事中控制和事前监督，以及预算外资金监督和审计工作，加大经济违纪违法行为的查处力度。

四、社会体育财力资源管理的基本方式

（一）社会体育财力资源管理的基本过程

1. 社会体育财力资源培育

社会体育财力资源培育是指在一定条件下，借助一定的手段和力量促进体育资源生成的过程。其实质是通过行政的、经济的、法律等各种手段，以培养体育财力资源需求市场和供给市场为主要途径，以实现吸引各方资金（尤其社会资金）进入体育领域为目的的活动。其核心是实现体育财力资源从无到有、从少到多、从莠到良的发展过程。体育财力资源培育的途径包括体育财力资源需求市场的培育和供给市场的培育。培育的方法包括行政方法、经济方法、法律方法、宣传教育的方法等。

2. 社会体育财力资源开发

社会体育财力资源开发是指对体育财力资源进行规划、调整，以增加财力资源

来源渠道、提高财力资源管理水平和资金使用效果，从而提高体育财力资源可利用程度的过程。社会体育财力资源开发的途径包括财政拨款、单位或部门拨款、社会集资、经营创收等形式。社会体育财力资源开发的方法包括负债方法和所有者投资方法（除政府以外的投资主体）。

3. 社会体育财力资源分配

社会体育财力资源的分配一般有两种形式：（1）按工作类别进行指令性分配。分配的依据是各单位近几年经费开支情况，特别是上一年度情况；现有的财力情况，即可分配的资金数额；各单位实际业务需要和发展计划；上级有关资金分配的方针、政策、批示和决定；各单位实际工作成果和经营能力；（2）按各单位需要实行经费包干、结余留用、超支不补。实行资金包干的一般步骤是：拟定资金分配计划；召集有关单位领导讨论预分方案；确定和下达资金分配计划；颁布资金使用管理的奖惩条例和政策。

4. 社会体育财力资源使用

体育财力资源使用的途径可以从各体育单位财力资源流出的方式入手，主要有初始投资支出、经营成本支出、经营费用支出、对附属单位补助支出和上缴上级支出。提高社会体育财力资源使用效益的方法主要包括强化资金使用的“成本观”、强化预算约束、加强对资金使用情况的动态监测、优化资金与其他资源投入要素的配置等。

（二）社会体育财力资源管理的基本方法

1. 预测方法

社会体育财力资源管理预测方法主要是对各级体育单位计划期的财务指标的测算，它是在过于与现在财务资料的基础上，对未来的财务状况与财务指标作的估计。财务预测是在占有大量财务与其他经济活动资料的基础上，运用科学计算方法来进行的。准确的预测总是依靠科学的方法，按内容可分为：流动资产需要量与短期性投资预测、固定资产需要量与长期性投资预测、成本费用预测、产品价格与收益预测、利润总额与分配指标预测；按财务预测所垮时间长度来分，预测方法可以分为：长期预测、中期预测和短期预测；按预测是否定量可分为：定性财务预测和定量财务预测。

2. 决策方法

社会体育财力资源管理决策方法是根据各级各类体育单位发展战略的要求和国家宏观体育管理政策的要求，从提高经济效益和更好的满足广大人民群众日益增长的体育需求的总目标出发，确定体育财力资源各项具体的财务奋斗目标，并从两个以上的财务备选方案中选定一个达到某一体育管理目标的实施方案的过程。体育财务决策是在体育财务预测的基础上进行的，是体育财务管理的核心，预测是为决策服务的，而具体的体育财务计划则是财务决策的具体化。财务决策一般包括以下几个步骤：确定财务目标；根据财务预测提出备选方案；分析、评价、对比各方案；选择实施方案。决策的成败取决于财务决策方法。决策方法的分类多种多样，按作用分为战略决策和战术决策；按性质分为经营性决策、管理性决策和业务性决策；按管理层次可分为高层决策、中层决策和基层决策；按决策条件可分为确定型决策、风险型决策和不确定型决策。

3. 预算方法

社会体育财力资源管理预算法就是以货币形式表示的各级各类体育单位财务方面的发展经营计划，是指在一定的预算期内以货币形式反映体育单位发展经营活动所需要的资金及其来源、财务收入和支出、财务成果及其分配的预算。预算是预测和决策的具体化和数量化，是各体育单位组织财务活动的重要依据，为单位整体及内部各个部门确定了明确的目标与任务，有助于协调各部门的经济活动，同时也是评价各体育单位工作成果的基本尺度。预算可以有不同的形式，按时间长短来分，有长期、中期和短期预算 3 种；按影响程度来分，有战略性预算和战术性预算；按编制方法来分，有固定预算、弹性预算、滚动预算和零基预算。

4. 控制方法

社会体育财力资源管理控制方法是根据各体育单位财务预算目标，财务制度和国家有关体育事业发展政策，对实现（或预计）的财务活动开展情况进行对比、检查，以便及时发现偏差加以纠正，使之符合财务目标与制度要求的管理过程。简而言之，即为依据财务目标，发现实际偏差与纠正偏差的过程。控制方法是体育财力资源管理的经常性工作，是实现财务预算，执行财务制度的基本手段。通过财务控制，能使各体育单位的财务预算与制度对财务活动发挥其规范与组织作用，使体育资金占用与费用水平控制在达到预定目标的范围内，保证各体育单位经济效益的提高及体育发展目标的最终实现。按时间不同可分为事前控制、事中控制和事后控制；按指标不同可分为绝对数控制和相对数控制；按方法不同可分为财务目标控制、财务预算控制和财务制度控制。

5. 分析方法

社会体育财力资源管理分析方法是以体育单位财务的实际和预算资料为依据，结合体育单位发展经营活动情况，对造成财务偏差的主观和客观因素进行揭示，并测定个影响因素对分析对象的影响程度，提出纠正偏差对策的过程。其一般程序包括揭示差距、测定各影响因素的影响程度和提出对策。财务分析对加强体育单位财务管理有很重要的作用，可以为财务预算的制定与调整提供依据；可以及时揭露问题，采取控制措施保证财务预算的执行；还可以检查财务制度的执行情况，帮助正确处理体育单位与各相关单位之间的财务关系，增强体育单位进行财务管理的自觉性。目前主要有的分析方法是：对比分析法、因素分析法、趋势分析法和比率分析法。

6. 考核方法

社会体育财力资源管理考核方法是指将各体育单位报告期财务指标实际完成数与规定的考核指标进行对比，确定有关责任单位和个人是否完成任务的过程。财务考核与物质奖励紧密联系，是贯彻责任制原则的要求。考核工作主要在体育单位内部进行。考核指标应是责任单位或个人应承担指标是否完成责任的可控制性指标，一般根据所分管的财务责任指标进行考核，使财务责任指标的完成有强有力的制约手段与鼓励措施。通过财务考核，可以促进各级各类体育单位加强基础管理工作，提高体育资金使用效益。考核指标主要有：绝对指标、相对指标和指标完成百分比及评分考核。各种指标可单独使用，也可配合使用。

第二节　社会体育经费的筹集

社会体育经费的筹集途径包括国家财政拨款、体育彩票公益金、企业赞助等方面。社会体育经费筹集要遵循合法性、需要性、及时性基本原则。

一、社会体育经费的筹集途径

（一）国家财政拨款

政府财政拨款是最主要的经费来源，在社会体育的建设过程中发挥着主导作用。《中华人民共和国体育法》明确规定："县级以上人民政府应当将体育事业经费、体育基本建设资金列入本级财政预算和基本建设投资计划，并随着国民经济的发展逐步增加对体育事业的投入。"国家财政拨款分为中央财政拨款和地方财政拨款。它具体包括：中央和地方政府预算内直接或间接体育拨款，中央和地方财政提供的固定资产基建借款，国家利用财政信贷方式发放的社会体育部门的周转资金，国家通过减税让利、涵养财源方式向社会体育经营单位让渡的资金，中央和地方向"老、少、边、山、穷"地区提供的特殊性补贴中的社会体育经费。地方财政预算拨款用于地方管理的社会体育事业，其中包括一定的机动财力追加拨款。

（二）体育彩票公益金

体育彩票公益金是指体育彩票销售收入中用于《全民健身计划》和《奥运争光计划》支出的那部分资金。体育彩票公益金的使用，充分体现了党和政府对发展我国群众体育事业的重视，体现了社会主义制度的优越性，有力地推动了我国体育事业，特别是社会体育事业的发展。自 1993 年我国发行体育彩票以来，每年从中提取的彩票公益金数量也在不断增加。从全国范围来看，体育彩票公益金主要用于两个方面的支出，即《全民健身计划》和《奥运争光计划》。

（三）企业赞助

企业赞助是指企业通过向社会体育组织提供资金、技术、人才、场地、器材和设备等，以保证社会体育活动顺利开展的一种赞助形式。完善社会体育的投资体系，并制定相应的政策法规，对企业的赞助行为给予相应的补偿和利益回报，是各级地方政府及体育部门应共同关注的问题。目前，我国社会力量赞助社会体育公益事业的比例还很小，但在一些有市场价值的社会体育项目已经有企业在实施赞助。

（四）社会捐赠

社会捐资是指个人、企业、社会团体对群众体育以资金或实物形式的捐赠与赠予。捐赠不同于赞助，捐赠是不附加任何回报条件的无偿赠送，其性质是无私奉献，两者不能混为一谈。捐赠款项的单位数额一般不多，零星分散，但是在举办各种群众体育活动时，尤其在举办较大规模运动会时，社会捐资仍是一种必要而且重要的集资方式。目前我国设立了“全民健身专项资金”“体育设施建设与维修专项资金”等专项基金，设立群众体育活动基金，能够逐步增加资本积累，为扩大再生产创造良好的条件，保证体育事业发展的重点需要。

为了鼓励纳税人对公益、教育事业做贡献，我国公益事业捐助法以及个人所得税有关法规规定，个人将其所得通过中国境内的社会团体、国家机关向教育和其他社会公益事业以及遭受严重自然灾害的地区、贫困地区的捐赠，只要捐赠额未超过其申报的应纳税所得额的30%的部分，就可以从其应纳税所得额中扣除。此外，对于向红十字事业、公益性青少年活动场所和福利性、非营利性的老年服务机构捐赠的，可以全额扣除。这项政策实际上是允许纳税人将自己对外捐赠的一部分改为由税收来负担，其立法宗旨很明显，就是引导纳税人的捐赠方向，将其引到公益、救济和慈善事业上来，从而为社会和国家减轻负担。各级体育部门和机构应抓住时机，并通过制定相应的政策法规，面向社会积极吸纳个人捐赠，这对减轻国家财政负担、拓宽社会体育经费来源渠道具有重要的意义。

（五）经营创收

市场经济条件下，社会体育经费的一个重要来源就是开发体育自身的商业价值，实现体育的产业化。通过多种经营和大力发展体育产业来聚集事业发展资金是社会体育经费来源的一个重要特征。各级地方政府及体育部门可以通过多种形式的社会体育产业开发活动，创造收入，弥补社会体育事业计划内收入的不足。社会体育经营创收可开发与体育无直接关系的生产经营活动赢利和开发与体育直接有关的经营活动获取收入。与体育有直接关系的生产经营活动的途径有：体育要素市场开发收入、体育竞赛市场开发收入、体育健身娱乐市场开发收入、体育“无形资产”市场开发收入等；与体育无直接关系的生产经营活动的途径包括：举办或参加各种比赛与活动，如商业性表演、博览会、文化演出、对外交流活动等。

（六）社会集资

社会集资，是指有关体育管理部门或机构先提出集资项目、集资金额、集资方式和使用计划，并报经所属区域政府部门审批后，面向社会筹集社会体育发展经费的一种集资形式。社会体育事业的全民性、社会性、公益性决定了体育经费只靠财政不仅是不现实的，也是不合理的，必须广开财源，通过社会集资渠道来筹集体育事业经费。社会体育作为一项社会公益事业，政府有发展它的责任，社会各界也有发展它的义务。社会集资可以通过发行体育彩票、招股、联营、引进外资、接受捐赠等方式广泛吸纳社会闲散游资。社会集资有严格的报批程序和法律合约手续，筹集社会闲散资金发展社会体育事业是一个行之有效的途径。社会集资应坚持投资自愿、平等、互利、风险共担的原则，集资的对象广泛，不分国内还是国外、农村还是城市、集体还是个人，集资的内容包括资金、物资、设备、技术及发行股票等。《中华人民共和国体育法》明确规定："国家鼓励企业事业组织和社会团体自筹资金发展体育事业，鼓励组织和个人对体育事业的捐赠和赞助"。因此，在国家财政困难，对社会体育投资不足的情况下，采取向社会集资的办法兴办社会体育事业，例如全民健身健身工程是可行的，在政策上也是允许的。

（七）其他方式

除了上述主要经费来源渠道外，社会体育经费还来自于企业基金、各社会团体的体育经费投入。企业基金指不同经济成分的厂矿企业（包括国有企业、集体单位和个体经济）兴办公共福利事业中的社会体育事业拨款；各社会团体的体育经费投入，主要包括党、团、工、妇等社会团体组织，用于开展体育活动的经费预算。

二、社会体育经费筹集的基本原则

（一）合法性原则

要保证社会体育经费的来源合法，首先，应遵守国家有关法律法规，以维护投资方合法权益。其次，要依法从事社会体育产业经营开发活动，规范操作，广开经费来源渠道。

（二）需要性原则

合理确定社会体育经费资金需求量，努力提高筹资效率。应以满足最低必要资金需要为筹措目标。一方保证经营运行的启动资金；另一方面避免借款过多增加负担，也避免无节制开销造成浪费。

（三）及时性原则

社会体育经费筹措要及时，应适时取得资金来源，保证资金投放需要。

三、社会体育经费筹集的基本方式

（一）积极开辟财源

社会体育是一项社会性、公益性和地域性较强的事业，它对社会经济文化和现代人的生活方式具有多元化的价值影响力。社会体育管理组织应在市场经济条件下，解放思想，更新观念，充分认识市场经济规律，利用好体育产业化和社会化的相关政策，调动社会各方面的积极性，广辟资金来源渠道。同时，政府应将社会体育作为公益性事业，其发展规划应纳入国家与地方国民经济发展计划，提高各级财政投资的积极性、计划性和稳定性。

（二）依法筹集资金

体育社会化、产业化发展趋势使得社会体育的筹资途径与形式多样化，因此，遵守国家法令和政策，依法筹资是社会体育经费筹集的基本前提。国家对于各种社会体育组织的筹资方式和筹资手段均有相应的法律、法令、条例规定，各社会体育组织必须严格遵守这些规定。

（三）不断增加国家财政拨款

经济是体育发展的基础，世界体育发达国家的经验和我国体育事业发展的历程都充分证明，体育事业的发展规模与国民经济的发展速度是吻合的，体育水平的高低与体育经费的增减成正比例关系。随着体育社会化、产业化的发展，体育经费来源渠道增加，政府财政的投入在体育总投入中所占比例可能减小，但投入的绝对数必须随着物价的增长和财政收入的增加而逐年递增。由此可见，在国家体育拨款仍是目前我国社会体育发展经费的主要来源的情况下，适时适量地增加体育经费是加快发展我国社会体育事业发展的必要条件。

（四）争取各级领导的重视

体育是一项社会性、地域性很强的事业。社会体育发展的水平与某一地区的社会生活密切相联，群众体质的增强，有利于生产的发展；兴建各类体育设施，有利于该地区市政建设和文教事业的发展和精神文明建设；体育消费的增加，则有利于该地区体育市场的完善和商品经济的发展，以及再就业率的提高。因此，社会体育管理组织与部门，应当紧密依靠各级地方政府的领导，经常主动地请示汇报工作，以争取地方政府财政机动财力对社会体育的追加拨款。应根据当地财政收入实际，以保证重点项目为原则，而不能超越可能而提出过高要求，同时要以有效的工作和较好的综合效益，力争取得地方政府的信任和支持。

（五）大力发展体育产业

社会体育的管理组织与部门，应充分利用国家长期以来所投资的社会体育场馆设施，挖掘潜力，利用自身的物质条件和提供优质的体育服务，积极自筹资金，多方组织收入。要通过体育产业开发，建立以公益性为主体的群众体育俱乐部，充分利用各种运动场地、设备和器材，开展有偿经营、有偿服务和租赁业务；组织社会体育基金会，有效利用社会集资、发行体育彩票、协会会费、各种形式的社会赞助、个人捐款、居民收费、广告费等形式，努力为社会体育事业的发展筹集资金。

（六）积极争取专项补贴

各级社会体育管理组织部门在社会体育财力资源的使用安排上，一般都留有一定数额的机动资金。下级社会体育组织应经常向上级有关部门联系。主动及时地汇报工作计划和进展情况，实事求是地反映具体困难，争取上级部门的理解，使之在机动财力上给予力所能及的关心和支持。

（七）加强经费的监管

上一财政年度的结转资金，也是社会体育筹资的一个途径。由于社会体育财力资源管理一般都实行自负盈亏，结存留用的形式。因此，要求各级社会体育管理组织与部门，应加强社会体育财力资源的有效监管，合理分配与使用经费，节约开支，扩大结转资金，以满足较大投资的需求。

第三节　社会体育经费的使用

社会体育经费的使用途径包括事业支出、经营支出和自筹基本建设支出等方面。社会体育经费使用要遵循专款专用、统筹监管，公开、公正、透明，目标定位等基本原则。社会体育经费使用的基本方式包括强化经费使用的“成本观”、强化预算约束、加强对经费使用情况的动态监测等。

一、社会体育经费的使用途径

（一）事业支出

即体育事业单位开展专业业务活动及其辅助活动发生的支出，包括工资、补助工资、职工福利费、社会保障费、助学金、公务费、设备购置费、修缮费和其他费用。

（二）经营支出

即体育事业单位在专业业务活动及辅助活动之外开展非独立核算经营发生的支出。

（三）自筹基本建设支出

即事业单位用财政补助收入以外的资金按排自筹基本建设发生的支出。事业单位自筹资金安排基本建设，应先落实资金来源，并按审批权限，报经有关部门列入基本建设计划。事业单位应在保证正常事业支出需要，保障正常预算收支平衡的基础上，统筹安排自筹基本建设支出，并报主管部门和财政部门核批。核定的自筹基本建设资金纳入基本建设财务管理。

（四）对附属单位补助支出

即社会体育事业单位用财政补助收入之外的收入对附属单位补助发生的支出。

（五）上缴上级支出

即实行收入上缴办法的社会体育事业单位按照规定的定额或者比例上缴上级单位的支出。

二、社会体育经费使用的基本原则

（一）专款专用、统筹监管的原则

严格执行社会体育经费各项管理使用规定，严格申报审批制度，坚持大宗物资公开招标、集中采购制度，加强监督，严格程度，规范运作，所有体育资金均由国家体育总局与各省（区、市）体育局共同对资金使用及计划实施情况进行动态管理和监督。

（二）坚持公开、公正、透明的原则

在社会体育经费的使用中，必须坚持“公开、公正、透明”的原则。每年的使用计划、经费预算、使用结果应向各省（区、市）体育部门公开；每项使用计划从立项到审批，均要增强工作的规范性、科学性、严肃性、公正性，坚持秉公办事，提高工作的透明度。体育资金源于群众，必须坚持“取之于民，用之于民”的原则，突出公益性。从群众体育事业发展的需要出发，结合地区经济和自然条件，注意综合平衡，区别对待，使投入的资金尽可能做到科学安排，合理使用，以最大限度地发挥其经济和社会效益，较好满足人民群众的体育健身需求。

（三）目标定位原则

目标定位原则就是要合理划分各类体育投资的领域和范围。例如，财政投入的

体育经费只能投入到基础性建设、基础性研究，以及一些尚无条件走向市场的奥运项目；社会筹集的体育经费，尤其是各类专项基金，在分配上要尽可能体现捐资人的意志，主要用于全民健身计划的实施，以体现“取之于民，用之于民”的宗旨；来自产业创收的体育经费则应作为体育产业的投资，重点用于发展体育本体产业，以促进我国体育产业步入“生产——积累——再生产——再积累”的良性循环。

三、社会体育经费使用的基本方式

（一）强化经费使用的“成本观”

社会体育经费使用是有代价的，也就是说是有成本的。只有经费使用者明确意识到经费使用是有代价的，不合理使用经费会造成经费使用成本增大，效益下降，才可能主动提高体育经费的使用效益。

（二）强化预算约束

严格经费使用的财会制度，做好各项经费使用的预算，并严格按照预算支出使用经费，使经费预算约束硬化，是杜绝经费使用中的浪费现象、提高经费使用效益的一项重要制度保证。

（三）加强对经费使用情况的动态监测

经费的实际使用过程中，由于主客观条件的变化，经费使用可能有高效益产出，也可能只有低效益的产出，甚至根本就没有效益产出。加强对经费使用情况的动态监测，就要改变经费一次性投放的惯例，实行先拨付项目启动经费，然后对项目启动后的实际状况进行评估，评估达到要求后再逐步追加投入，直至项目完成。这样才有可能避免经费的低效和无效使用，进而达到提高经费使用效益的目的。

（四）优化经费与其它资源投入要素的配置

任何活动的开展和活动目标的达成，都是人、财、物等资源投入的结果。经费作为投入要素之一，必须与一定的人和一定的物按一定的比例合理配置才能获得最大的产出，因此，要提高经费使用的效益还必须研究经费与其它投入要素的合理配置问题。根据各单位人、财、物的现状，投入要素的配置要有多种组合方式，研究经费与其它要素的合理替代与配置也是提高经费使用效益的一个途径。

（五）使经费使用与经费筹集形成良性循环

大部分社会体育事业单位经费使用后所产生的效益是社会效益。社会体育事业单位的管理者和经费使用者应该尽可能地把社会效益的产出与经费筹集挂起钩来，也就是说，要把经费使用的效益作为经费筹集的资本，使经费的使用有助于经费筹集。这样，经费使用才会具有一定的“生产性”，促使经费使用与经费筹集形成良性循环。

（六）建立健全支出管理制度

各项支出在单位负责人的领导下，由单位财务部门根据财政部门和主管部门核定的预算统一掌握使用。单位各业务部门的开支，应当事先提出使用计划交单位财务部门审核后执行。

第五章 社会体育物力资源管理

体育场地设施及公共体育场馆是开展社会体育活动所必备的物力资源。社会体育场地设施是为满足社会民众健身、娱乐、竞赛、锻炼等活动需要而提供的各种体育建筑、场地、室外设施与体育器材等的总称。公共体育场馆是由各级政府、民间私人或者公私联合为主投资建设的，用于满足群众健身娱乐、比赛等需要的公共场所。本节重点对社会体育场等设施以及公共体育场馆的建设规划、场馆设计、服务质量以及管理方式等内容进行了介绍。

第一节 社会体育物力资源管理概述

社会体育物力资源管理是指通过一定方式整合资源，以发挥社会体育物力资源的作用，促使社会体育目的实现的过程，实质是在开展社会体育活动过程中，协调需要用到的诸如场地、场馆、器材、仪器设备等方面的物质资料，以达到顺利开展社会体育目标的过程。社会体育物力资源包括技术和经济管理的基本内容。公共体育场馆资源和场地设施是基本的社会体育物力资源，分别对应于不同的管理方式。

一、社会体育物力资源管理的概念

（一）物力资源的概念

物力资源是经济资源的重要组成部分，是社会经济发展所不可缺少的物质条件。物力资源是指能被利用的有形的物质，是自然资源和物质资料的总称，它可以是自然形成的也可以是人为投资的物化产品。自然资源是指一切可作为生产投入的未经人类劳动加工而自然存在的物质，它是人类生产资料和生活资料的基本来源。物质资料是人类对自然资源开发或加工后生产出来的产品，是人们借助于劳动资料，使劳动对象发生预定的变化，满足人们特定需求的物力资源。物质资料按其经济用途可分为生产资料和消费资料。生产资料是指人们在生产中消费的各种物质资料，消费资料是指用于满足人们衣食住行等各种生活消费的物质产品。

物力资源是人类社会经济活动用以依托的客观存在物，其万千形态、特征和用途，源自何方与去向何处，用于生产或用于消费都不改变这一根本属性，因为“人们首先必须吃、喝、住、穿，然后才能从事政治、科学、艺术、宗教等等”，而“人并没有创造物质本身，甚至创造物质的这种或那种能力”，只能立足于最初由自然界所提供的物力资源。

（二）社会体育物力资源管理的概念

社会体育物力资源是指在从事社会体育活动过程中，需要用到的物质资料方面的直接实物条件，它是开展社会体育运动的物质基础，主要包括场地、场馆、器材、仪器设备等。在体育事业中，只要能被利用可以成为社会体育发展的物质技术条件的实物都可视为社会体育的物力资源。

社会体育物力资源管理是指通过一定方式整合资源，以发挥社会体育物力资源的作用，促使社会体育目的实现的过程。其实质是在开展社会体育活动过程中，协调需要用到的诸如场地、场馆、器材、仪器设备等方面的物质资料，以达到顺利开展社会体育活动目标的过程。

二、社会体育物力资源管理的基本内容

（一）社会体育物力资源技术管理的基本内容

社会体育物力资源的技术管理是对体育场地、场馆、器材、仪器设备的日常管理，是贯穿于体育物质运动形态的全过程。主要的管理内容如下：

1. 选择体育物力资源

选择何种类型，建设多少社会体育物力是体育物力资源管理的第一环节，通常是从技术和经济两方面来考虑体育物力资源及其装备的选择。具体从以下几个方面全面考虑。

（1）体育运动和多种经营的需要。无论是类型的选择、数量的安排、位置的选择，都要和体育运动开展的需要和多种经营的需要相适应，要方便群众活动和观看比赛，要有助于提高运动技术水平。

（2）体育设施和附属设施要配套。公共体育设施和运动竞赛单位的体育设施建设要有配套设施建设，如餐厅、住房以至商店等，才能充分发挥体育设施的功能。

（3）体育设施要多功能，有利于充分利用。

（4）投资效益。要做到技术先进，效能好，经济合理，节约投资。通过全面分析、权衡利弊，选择最优方案。

2. 安排使用体育物力资源

3. 建立物力资源管理制度

建立和健全社会体育物力资源使用的管理制度，保证安全、有序地使用社会体育物力资源。

4. 物力资源的维修和检修

体育物力资源的长期使用由于磨损会出现局部的损坏，所以有必要定期的维修和检修，保证体育物力资源经常处于完好状态。

5. 物力资源的扩建和改造

由于技术方面的原因，原有的一些体育物力资源比较落后，如没有看台、体育设施没有空调设备等等。在经济和技术条件具备之后，应该进行改造和扩建。改建和扩建也要从实际需要出发，做到先进、适用、经济、合理。

（二）社会体育物力资源经济管理的基本内容

社会体育物力资源的经济管理是对体育设施的价值运动形态的日常管理活动。它和体育设施的技术管理有密切的关系。社会体育物力资源的物质运动和价值运动是受自然规律和经济规律支配的，所以对社会体育物力资源的经济管理不仅要遵循自然规律，也要遵循经济规律。社会体育物力资源的经济管理的主要内容有：

1. 固定资产增减管理

是指固定资产的增减管理。社会体育物力资源的价值形态就是固定资金，对社会体育物力资源的资产增加和减少要有财产登记，以利于经济核算和保证财产不受损失。

2. 固定资产折旧管理

是指合理制订折旧率，正确地提取、分配和使用折旧基金。这只适用于商业体育的社会体育物力资源，公益性社会体育物力资源不提折旧费。对商业社会体育物力资源来说，就要合理确定体育物力资源的折旧率，并且合理的加以利用，不断的改造和更新体育物力资源，提高体育物力资源的装备水平。

三、社会体育物力资源管理的基本方式

（一）公共体育场馆资源管理的基本方式

公共体育场馆主要包括对社会公众开放并提供各类服务的体育场、体育馆，以及体育教学训练所需的田径棚、风雨操场、运动场及其他各类室内外场地、群众体育健身娱乐休闲活动所需的体育俱乐部、健身房、体操房和其他简易的健身娱乐场地等。体育场馆的场地按照不同场馆的建设标准和要求大体上有聚氨酯塑胶场地、煤渣场地、木质场地、草坪场地几种类型。

1. 聚氨酯塑胶场地的管理

聚氨酯塑胶跑道场地已成为国际比赛的标准场地，其性能是任何场地不能比拟、不能代替的。它已成为现代化运动场，特别是田径运动场的重要标志之一。为了提高聚氨酯塑胶跑道的使用年限，保持其性能的稳定和色泽的绚丽多彩，必须加强管理。

首先，应按其适应范围合理使用，一般只供场地所承担的专项训练和比赛使用。其次，场地是由聚氨酯合成的塑胶弹性体，要禁止各种机动车辆在上面行驶，以防滴油腐蚀胶面。禁止携带易爆、易燃和腐蚀性物品入内。发令枪要妥善保管。不得穿刺，切割。要保持清洁，避免有害物质的污染。再次，进入场地者必须穿运动鞋。跑鞋鞋钉不得超过 9 毫米，跳鞋鞋钉不得超过 12 毫米。杠铃、哑铃、铅球、铁饼、标枪等器材必须在特设的运动场使用，严禁在塑胶场地上进行训练。严禁吸烟和吐痰。最后，要避免长时间的重压。防止剧烈的机械性冲击和摩擦，以免弹性减弱和变形。紧靠内侧沿的第一条、第二条跑道使用较多，平时应限制使用，必要时可设置障碍物。

2. 煤渣场地的管理

首先，禁止在跑道上行驶各种车辆（含自行车）。其次，禁止行人穿越跑道。

再次，跑道表面应经常保持30%左右的湿度。干旱季节最好每天傍晚洒水，以降低地面温度，便于地下水气融合，节约用水。最后，保持第一道与外道跑道硬度近似。第一条跑道使用最多，硬度较大，外圈各道使用次数相对较小，硬度较小，而跑道硬度会影响运动员的比赛成绩。为防止第一条跑道快速硬化，可采取以下措施：(1）新翻修的跑道，可在第一条跑道上放置栏架。让运动员在外圈各道上练习。(2）一般比赛时，短距离比赛第一条跑道尽量不安排运动员。(3）如全部跑道每年翻修两次，则第一条跑道应翻修3～4次。(4）经常铲除第一条跑道紧靠内沿的积土。在多风地区，第一条跑道内沿边容易积土，使跑道左边高于跑道表面，形成向右倾的斜坡，对中长距离跑有影响，故应经常将堆积的尘土铲平。

3. 木质场地的管理

首先，场地未经主管部门或主管人员批准，任何单位和个人均不得入内训练或活动。其次，进入场地的运动员、裁判员和工作人员等必须穿软底鞋，禁止穿皮鞋、高跟鞋和带钉鞋入内。最后，场内严禁吸烟、吐痰和泼水。禁止在场内踢足球、投掷重机械。场内固定器材不得随意移动。比赛前后布置和收拾器材用具时，要注意轻拿轻放，不得在场上拖拉器械。

4. 草坪场地的管理

草坪场地主要供足球、棒球、垒球、板球、高尔夫球以及部分田赛等项目使用。管理人员要了解各种草的生长规律和使用特点。使用时间要根据季节和草的生长情况来安排。禁止机动车辆进入草坪。田径运动的掷标枪、铁饼和推铅球等项目，只能比赛时使用草坪地，训练时尽量不使用或少使用。注意场内卫生。场内不准吸烟，不准乱扔果皮、纸屑和砖头等杂物，也不准随地吐痰。一切使用单位和使用者都必须严格遵守草坪场地使用规定，爱护草坪和场内的一切设施。

（二）社会体育场地设施资源管理的基本方式

社会体育场地设施资源管理的任务是为实现社会体育目标，优化用于开展社会体育活动场地设施的数量、质量，提高现有体育场地设施的利用率，为方便大众体育活动创造条件。社会体育场地设施管理的基本方式包括两大类。

1. 国家对社会体育场地设施的宏观管理方式

国家对社会体育场地设施的宏观管理通过制定法律、制度、政策和各种管理标准和规章，为社会体育场地设施的建设、利用和管理创造良好的外部环境，并进行必要的监督等。

2. 使用单位对社会体育场地设施的中观管理方式

具体内容详见本章有关内容。

3. 建设单位对社会体育场地设施的微观管理方式

建设单位对社会体育场地设施的微观管理可分为计划管理、设计管理和施工管理。各地区、各单位必须制定社会体育场地设施的建设计划，指导体育设施的建设，保证社会体育场地设施建设顺利进行，提高社会体育场地设施建设的投资效益。社会体育场地设施的设计工作是一项复杂的技术经济工作，除了必须遵循一般生产设计的“坚固适用，经济合理，技术先进”的共同原则外，还要注意体育设施的特殊性。为了充分利用体育设施，设计时应考虑适合开展多种社会体育活动并具有多种功能，如举办展览和文艺演出等。施工也是社会体育场地设施建设的基本环节，但是建设单位对这项工作也要进行必要的管理。选择水平比较高、比较负责任的建筑队伍；要签订建筑合同书；要坚持先设计，后施工，保证施工的质量；对施工过程要进行现场监督，保证施工质量；最后要进行严格的验收。

第二节　社会体育场地设施管理

社会体育场地设施是指为满足社会民众健身、娱乐、竞赛、锻炼等活动需要而提供的各种体育建筑、场地、室外设施与体育器材等的总称，必须注意对其建设规划、配备的管理。社会体育场地设施管理的方式包括培育体育场地设施资源的数量、加强体育场地设施资源的开发利用和提高体育场馆经营管理的水平及效益等方面。

一、社会体育场地设施建设规划

社会体育场地设施建设规划工作主要包括制定社会体育场地设施建设发展规划，提出社会体育设施发展目标和指导性计划。落实各地区、部门、单位以及个人投资建设社会体育场地没施。通过制定法律、制度、政策和各种管理标准和规章，为社会体育场地设施的建设、利用和管理创造良好的外部环境，并进行必要的监督等。制定实施社会体育场地设施的建设规划，需要考虑以下方面内容。

（一）社会体育场地设施的需求状况

社会体育场地设施是为服务于社会而兴建的，为此，进行规划时，必须首先了解场地设施的社会需求状况，并以此作为开展社会体育场地设施建设的主要依据。例如，据2014年《第六次全国体育场地普查数据公报》调查结果显示，截止2013年底，按全国大陆总人口13.61亿人计算，我国平均每万人拥有体育场地12.45个，人均体育场地面积1.46平方米。数据表明，当前我国群众需求与体育场地设施数量短缺的矛盾依然突出。体育场地设施特别是群众身边的体育健身设施数量不多、功能不全，成为制约全民健身活动开展的突出问题。据此，有关建设部门就可以根据这样的信息对社会体育场地设施进行进一步的合理规划。

（二）社会体育场地设施建设的有关法规制度

我国与体育场地设施建设行业的法律主要分布于体育与场地设施建设两个方面。《中华人民共和国体育法》第四十五条规定："县级以上地方各级人民政府应当按照国家对城市公共体育设施用地定额指标的规定，将城市公共体育设施建设纳入城市建设规划和土地利用总体规划，合理布局，统一安排。城市在规划企业、学校、街道和居住区时，应当将体育设施纳入建设规划。"目前正在执行的国家标准《城市居住区规划设计规范》，详细规定了城市居住区、小区、组团的公共文体设施控制指标，如该规范明确规定居住区每千人文体设施用地面积为200～600平方米，建筑面积为100～200平方米。小区用地面积为40～60平方米，建筑面积为20～30平方米。组团用地面积为40～60平方米，建筑面积为18～24平方米。《公共文化体育设施条例》规定"各级人民政府举办的公共文化体育设施的建设、维修、管理资金，应当列入本级人民政府基本建设投资计划和财政预算。"在进行社会体育场地设施规划时，务必了解有关法规制度，并严格执行相关法规与标准。

（三）社会体育场地设施的数量与种类

建设多少场地设施是做好规划的重要内容，一个基本的原则就是社会体育设施的数量要以能够满足发展社会体育发展的需要为准则。决定社会体育设施需要量的因素主要包括人口数量和参加体育活动的人数。一般地说，人口越多，参加体育活动的人数也越多，因而社会体育场地设施的需要量也就越多。

社会体育设施的种类在一个地区应尽量完整配置。社会体育设施的种类配置取决于如下因素：（1）体育活动的普及程度。各地群众对体育活动的爱好不同，社会体育场地设施的种类配置就不同。例如，某城市的群众普遍喜爱田径，另一城市的群众普遍喜爱排球，为此，社会体育场地设施的种类配置就应有所区别；（2）不同年龄的群众对体育活动的不同需要。年龄不同的人对体育活动有不同的要求，因此，社会体育场地设施的种类配置也应有所不同。例如，在青年与老年人相对集中的两个地方，社会体育设施的种类配置就应有所区别；（3）不同职业的群众对体育活动的不同需要。例如脑力劳动与体力劳动分别密集的两个地区，其社会体育场地设施的种类也应有所区别。

（四）社会体育场地设施的规模

社会体育场地设施的建设规模要适当。影响社会体育设施的规模的因素主要包括如下。

1. 人口的数量和参加体育活动的人数

人口数量多的城市或地区，参加体育活动的人数也就相对多一些，因而社会体育场地设施的规模就应适当大一些。

2. 群众对体育活动的喜好程度

群众对某些体育活动有传统的喜好，参加这些体育活动的人数就会多，与此有关的体育场地设施的规模就应大一些。

（五）社会体育场地设施的功能

社会体育场地设施的功能要根据不同的用途来确定。一般来说，用于大型国际比赛的体育场地设施，其功能应高一些。社会体育活动场地设施的功能则应当简单些，但一定要考虑到群众的锻炼需要，否则会造成资源浪费。如我国各城市在计划经济年代都建有较大型的体育场馆，它们在建设时都只考虑了竞技项目一种功能，未考虑全民健身和体育配套功能，也未考虑多种经营的可能性。

（六）社会体育场地设施的布局

社会体育场地设施的建设布局要合理。社会体育场地设施如何布局，是规划社会体育场地设施建设和建立完整的社会体育场地设施体系的先决条件。社会体育场地设施的布局应遵循下列原则。

1. 要接近服务对象

提供体育运动服务，以满足人民群众进行体育活动的需要，是社会体育场地设施的基本职能。因此，接近服务对象应是社会体育设施布局时应遵循的首要原则。根据这一原则，应当在居民居住区建设社会体育设施。

2. 交通要方便

社会体育场地设施与交通有着非常密切的联系，社会体育场地设施应尽量满足更多的体育爱好者。

3. 要相对集中

社会体育场地设施的建设相对集中，可以减少占地面积和节省配置服务设施，从而能节约基本建设投资和管理费用，也便于统一经营。根据我国的国情，可这样布局社会体育场地设施：（1）在工厂、农村、学校、部队、机关等基层单位的原有基础上建设群众性和娱乐性的体育活动场所，促进社会体育活动的开展；（2）在城市建设系统中布局社会体育场地设施。可以在城市居民小区化休闲广场，都可以建设一些大众性、娱乐性社会体育设施。

二、社会体育场地设施的配备

（一）社会体育场地设施配备的有关规定

社会体育场地设施是指由各级城市人民政府举办或者社会力量举办的，向公众开放用于开展体育活动的公益性的体育场（馆）、青少年宫、工人文化宫等的建筑物、场地和设备。为适应形势的发展，我国相继颁发了有关公共体育设施建设的法规文件。

原国家体委、城乡建设部于1986年颁发《城市公共体育运动设施用地定额指标暂行规定》，从多个角度规定了大、中、小城市的体育场地建设的要求和城市规划关于运动场地面积的定额指标。例如，20～50万人口的城市，规划标准：体育场1个/20～25万人，体育馆1个/20～25万人，游泳池2个/20～25万人，射击场1个/20～50万人。

国家建设部1994年颁布的中华人民共和国国家标准《城市居住区规划设施规范》规定，每个居住区文体服务设施建筑面积要达到100～20平方米，用地面积要达到200～600平方米，每个居住小区文体服务设施建筑面积要达到20～30平方米，用地面积要达到40～60平方米，并做到与住宅同步规划、同步建设、同步投入使用，不能做到“三同步”的不予验收。同时，还必须要求居住区内学校的体育场地设施对居民开放。

1995年《中华人民共和国体育法》要求：“县级以上地方各级人民政府应当按照国家对城市公共体育设施用地定额指标的规定，将城市公共体育设施纳入城市建设规划和土地利用总体规定，合理布局，统一安排。”

2002年国务院下发的《中共中央国务院关于进一步加强和改进新时期体育工作的意见》进一步明确为尽快满足人民群众对公共体育设施的迫切需求，新时期“各级政府要重视体育设施建设，加强城乡公共体育设施规划。新建的非营利性体育设施，地方政府可以采用划拨方式提供用地。新建居民小区、经济开发区和学校必须配套建设相应的体育设施”。

2003年8月1日起施行的《公共文化体育设施条例》规定：将全国公共文化体育设施的建设纳入国民经济和社会发展计划；县级以上地方人民政府应当将本行政区域内的公共文化体育设施的建设纳入当地国民经济和社会发展计划。公共体育设施的建设、维修、管理资金列入当地政府基本建设投资计划和财政预算，并明确新建、改建、扩建居民住宅区，应当按照国家有关规定规划和建设相应的文化体育设施。居民住宅区配套建设的文化体育设施，应当与居民住宅区的主体工程同时设计、同时施工、同时投入使用。任何单位或者个人不得擅自改变文化体育设施的建设项目和功能，不得缩小其建设规模和降低其用地指标。

2005年国家体育总局负责编制的《城市社区体育设施建设用地指标》规定：城市社区体育的基本项目是：篮球、排球、足球、门球、乒乓球、羽毛球、网球、游泳、轮滑、滑冰、武术、体育舞蹈、体操、儿童游戏、棋牌、台球、器械健身、长走（散步、健步走）、跑步，城市社区体育人均室外用地面积应达到0.30～0.65平方米。

2009年国务院颁发的《全民健身条例》规范了体育健身设施的建设、使用和管理，对体育设施向公众提供基本服务以及安全保障等方面提出要求，特别是将学校等单位内部设施对公众开放作为制度予以明确。

（二）社会体育场地设施配备的基本要求

1. 允许多种形式投资

为市民建设和提供尽可能多、尽可能好的公共体育场地设施是政府的基本职责。政府管理部门应多方筹集资金，并合理利用公益性体育事业专用资金，兴建满足广大群众需求的场地设施。同时要允许各种社会力量投资兴建公益性体育场地设施，以满足群众不同层次的体育需求。

2. 面向大众，功能多样

城市公共体育场地设施应面向大众，突出公益、福利性质。要方便大众参与，位置适中，贴近群众，能满足居民就近锻炼的需要。在场馆功能方面，除设置各种体育健身空间外，还应设置大量服务性空间如餐饮、游艺、教室、商店等。

3. 与城市绿化和公园建设相结合

应重视把体育场馆的建设同周围环境结合起来，如与城市绿化和公园建设相结合，取得和谐统一。这不仅可以改善体育场馆外部环境，而且还可提高土地和公共设施的利用率。

4. 综合经营，持续发展

从我国城市公共体育场地设施的经营性质来看，包括事业型和营利型的多种形式。在市场经济条件下，事业型的场馆必须转变观念，不能完全靠国家和行政部门拨款经营，而应走综合经营的道路。营利型的场馆则应把社会效益、环境效益同经济效益结合起来，不应只注意经济效益。

（三）社区体育场地设施的配备

社区体育场地设施是指为开展城市社区体育活动，在社区内规划建设的运动场地、场馆和配套建筑。《中共中央国务院关于进一步加强和改进新时期体育工作的意见》明确提出，城市体育以社区为重点，社区要把组织群众开展体育活动纳入工作范围，充分利用文化体育设施的综合服务功能，在组织网络、活动内容和服务方式上积极探索符合时代要求的基层体育发展模式。体育设施是开展社区体育的物质条件，同时也是社区建设不可缺少的组成部分，是完善社区居住环境必不可少的方面。社区体育设施同文化设施、商业网点及其他服务设施构成了社区完整的服务网络，使一个社区成为功能齐全的小社会。

1. 社区体育场地设施的类型

从投资主体和运作方式来看，社区体育场地设施可分为公益性体育场地设施和商业性体育场地设施。

公益性体育设施是由政府拨款或由某项公益基金兴建的，从基本性质上说，这些社区体育场地设施具有公益性，社区每个居民都有享用这些体育设施的权利。从活动场所来看，社区体育场地设施主要有：室内活动室、室外运动场、社区公共设施（公园、广场、绿化带）利用和辖区内单位体育设施资源共享等。按全国城市体育先进社区标准，要求具有一处使用面积达到100平方米以上或两处使用面积累积达到150平方米以上具有指导、示范、培训等多功能的社区体育活动室并配备一定数量的体育器材。旧城区利用空地（数量不限）指定的体育活动场地总面积不少于500平方米；新城区或城郊结合区必须有一处500平方米而或两处相加700平方米以上的活动场地。健身路径是近年新兴的社区体育场地设施，它是由不同器械组成的较为系统的锻炼身体的设施。从1996年9月在广州天河体育中心设置第一条健身路径以来，全国建成并投入使用的健身路径已达万条以上，已成为社区居民健身的主要设施之一。

目前，在我国社区体育尚不发达情况下，允许多种形式兴办社区体育场地设施，其中有通过社会与单位筹集或个人投资相结合而建成的商业性体育设施，还有将体育设施租赁承包给个人经营的方式。这些类型的社区体育场地设施可弥补公益性体育设施的不足，满足居民不同层次、不同内容的体育需求。

2. 社区体育场地设施配备的基本要求

（1）政府、社会和居民相结合，多渠道筹集资金。在目前条件下，政府投入社区体育的经费十分紧缺，在短时间内还很难有较大程度的改观。要充分发挥社会各方面的力量，采用政府拨款、社会筹集、个人投资或居民集资相结合，多渠道、多层次、多形式地筹措资金，逐步增加社区体育建设的投入。鼓励社会各界开发社区体育场地设施，向经营方向发展。

（2）社区体育场地设施建设应坚持以人为本、因地制宜、科学实用、安全可靠的方针。社区体育场地设施建设是经济发展、居民生活质量提高、社区功能日益完备的必然趋势。社区体育场地设施建设要坚持为人服务的原则，满足社区居民对体育活动的需要。社区内不仅要有适合于各类人跑步、打球、健身等常规性室外体育活动设施，还应有开发智力的棋牌、桌球等室内活动场所；不仅要有适合于中老年人锻炼身体的场地，也应有儿童游戏的场所。社区主要的体育场地设施应设在社区的中部，有条件的可修建一个体育活动中心，包括多种体育设施。对于无法集中的体育场地，可适当分散，但应考虑到覆盖半径，要为社区居民锻炼提供方便。要根据不同的社区、不同的文化氛围，建设具有不同特点的社区体育场地设施，如与周围的环境、地形、建筑风格相匹配。从园林化角度考虑，可将器械安装在藤萝的架子下、树阴下，与园林融为一体。要考虑体育设施的实用效果。如要选择使用坚实耐久的器械，这种设备应具有足够强度和耐磨损性良好的材料制成。要考虑活动者的安全问题，如器械不能有锋利突出的表面，具有足够的结构强度，能经受预计的荷载，台阶和梯子要有把手或安全扶手，以及路面上的防滑设施等。

（3）充分开发社区体育场地设施资源，向设施多功能方向发展。现阶段社区体育场地设施还很缺乏，有限的社区体育场地设施难以满足居民的需要，提高社区体育场地设施的使用率，使之向多功能方向发展势在必行。在规划与配置时要考虑一室多用，一场多用，一物多用，来提高设施的使用率，如一个室内活动场地可以根据需要作为旱冰场地，也可以作为键美操培训中心，或摆起多功能健身器械、乒乓球台、台球桌等。在充分挖掘社区内已有体育设施的潜力的基础上，还要有效利用现有社区公共设施资源，设置必要的体育设施和提供锻炼的场所，同时要发挥社区内学校、机关、企业等单位体育设施的互补作用，为社区居民提供更多、更方便的体育设施。

三、社会体育场地设施管理的基本方式

（一）培育体育场地设施资源的数量

针对体育场地设施存量不足的状况，要从两方面进行数量培育：一要绝对地增

加数量——兴建各种类型的体育场所，特别要兴建各种收费合理、形式多样的大众化体育健身娱乐中心，重视政府与社会相结合，更广泛的依靠社会力量，建设更多亲民、便民、利民的体育场地设施。同时使用社会发展和群众需求的新特点，积极探索体育场地设施建设的新思路、新方法、新模式；二要相对地增加数量，即充分挖掘现有场地设施资源的潜力。主要包括：（1）已有建筑的利用。目前我国各大城市都经历着由于市中心土地升值、城区污染治理或工业发展导致用地的功能性衰退，原地的工厂、仓库等需要迁出，土地功能待转换的过程。规划部门可以利用此契机进行体育场地设施的规划及建设；（2）公园土地的利用。利用公园土地建设体育场地设施，既可节省可观的购买土地和建筑建造的费用，又可利用公园优美的环境吸引锻炼者从而取得可观的经济效益；（3）房地产业的体育场地设施规划。体育产业与房地产业的联姻是一种双赢策略，房地产公司可利用“运动在家门口”的售房口号吸引购房者。体育产业可利用房地产公司的投资得到体育会所的建设费用和初期经营困难时期的资金支援；（4）现有体育场馆的利用。全面利用现有场馆是一批很大的潜在的资源，将它们利用起来能节省建设新设施所需的大笔资金。

（二）加强体育场地设施资源的开发利用

随着市场经济、城市建设及居民生活的发展，城市体育设施建设可以与时共进。如产业结构的调整使不再具有竞争优势的产业退出城市。高能耗、高污染的企业退出城区。城市建设中大规模的旧城改造、综合开发使土地资源在一定范围内重新配置等等。这些都是社会体育场地设施开发利用的有利契机。首先，加强对现有学校体育设施的开发利用。据调查，我国各类体育场馆有67%在学校，各类各级学校都建有体育设施，相关资料显示，敞开校门面向全社会的自由开放只占室内场馆的6%，室外场地的7%，以盈利为主要目的的开放只占1%。教育部于1999年6月下发了“关于假期、公休日学校体育场地向学生开放的通知”。通知明确指出：“自1999年暑假开始，各级各类学校在寒、暑假和公休日期间，体育场地设施、均向学生开放。”因此，充分开发及利用现有场地设施将是解决场地设施不足的重要途径。建议有关部门尽快研究落实开放学校体育场地、设施的具体措施。尽快制定出“学校体育设施对外开放管理办法”。全民健身工程（点）建设可将体育设施对外开放的学校纳入布局范围，以便于体育设施的维护、管理和更新，同时可做到体育资源共享；其次，在设计和建造新的体育场馆时，应充分考虑到体育场馆的多功能开发问题，多功能体育场馆应具备健身、竞赛、训练、文化娱乐、休闲、餐饮、社会活动等多种功能，应注意借鉴国内外体育场馆建设和多功能开发方面的一些经验，提高体育场馆的使用效率。

（三）提高体育场馆经营管理的水平及效益

提高场地设施的经营水平及效益是促使其功能发挥的关键。（1）首先管理者的观念要转变。要以不断“满足人民群众的体育需求”作为开展工作的根本导向，把场地设施建设作为满足群众健身需求的重要方式；（2）借用外力，改善经营条件。根据情况，体育场馆应主动改变独家经营的格局，积极地对外开展联合经营；（3）针对我国公共体育场馆普遍存在的内部管理效率低下现象，必须深化体育场馆内部改革；（4）要注意学习国外先进的经营理念，找准需求消费者与经营者之间的结合点，使体育场馆的多功能化收到良好的经济效益和社会效益；（5）设置配套服务项目设施。为适应人民群众日益增长的物质文化需求，改变体育场馆功能等的落后状况，以达到场馆自我造血、自我发展的效果，应允许原有公共体育场馆可利用不超过体育建筑总面积的25%，作为配套服务设施，适当设置餐饮、休闲、娱乐、体育用品展示等服务设施。

（四）加强体育场地设施法规制度的监管

《中华人民共和国体育法》第四十五条规定：“县级以上地方各级人民政府应当按照国家对城市公共体育设施用地定额指标的规定，将城市公共体育设施建设纳入城市建设规划和土地利用总体规划，合理布局，统一安排。城市在规划企业、学校、街道和居住区时，应当将体育设施纳入建设规划。”要严格贯彻、执行《体育法》，加强体育场地、设施建设的地方立法，进一步落实国家关于城市公共体育设施用地定额和学校体育场地设施规定。将居住小区的公共体育设施经费纳入城建综合配套费及教育附加费中；制定切实可行的管理规章制度，督促各类体育设施结合本地区具体情况向社会开放；政府要在土地使用费、固定资产调节税等方面给予适当减免，以此作为吸引社会对体育场地设施投入的条件。对经营型体育健身娱乐设施的增加，有关主管部门在考虑给予必要的税制扶持优惠政策的同时，还要加大监管力度，防止营利主义，净化环境；进一步建立和完善全民健身工程的配建、使用、管理、建后服务的政策法规建设。

立法机关要加强监督。要选择适当时机，由市、区人大组织《体育法》及相关法规、标准执行情况的专项检查，检查政府首长和政府有关部门履行职责的情况，督促社区体育场地设施建设规划和计划的落实。对城市重要街区的建设改造方案，对重要文体设施的建设项目举行听证会，广泛征求市民的意见，把文体设施的建设情况置于市民的监督之下。还可以组织人大代表进行专项视察，组织传播媒体进行专项调查，组织知名人士召开专题研讨会等，吸引社会各方面的重视，强化有关舆论氛围，提高全体市民参与的积极性。

（五）加强场地设施的安全管理

在社会体育指导和体育健身活动中，因场地设施和健身器材存在的不安全因素所引发的伤害事故时有发生，特别是大型群众体育活动中发生安全事故的危险性更大。为适应全民健身事业快速发展，确保室外健身器材产品的安全性和耐用性，2003 年，我国发布实施了 GB 19272 – 2003《健身器材 室外健身器材的安全通用要求》国家标准，为全民健身运动使用的室外器材提供了规范性文件。同年，国务院颁布的《公共文化体育设施条例》第三章第十九条规定：公共文化体育设施管理单位应当在醒目位置标明设施的使用方法和注意事项。第四章二十五条规定：公共文化体育设施管理单位应当建立、健全安全管理制度，依法配备安全保护设施、人员，保证公共文化体育设施的完好，确保公众安全。公共体育设施内设置的专业性强、技术要求高的体育项目，应当符合国家规定的安全服务技术要求。自 2007 年起，国家体育总局连续 5 年开展了对室外健身器材质量年度检查，发现器材在标识、设计、安装与维护等方面存在不同程度的问题，且由于器材质量问题导致伤害事故时有发生，可见，做好社会体育场地设施的安全责任重大。2009 年国务院颁布的《全民健身条例》第三十条规定：公园、绿地、广场等公共场所和居民住宅区的管理单位，应当对该公共场所和居民住宅区配置的全民健身器材明确管理和维护责任人。第三十三条规定：国家鼓励全民健身活动组织者和健身场所管理者依法投保有关责任保险。国家鼓励参加全民健身活动的公民依法投保意外伤害保险。综上所述，依据国家法规加强场地设施的安全管理，防范人身意外事故的发生成为一项极为重要的工作。

第三节　公共体育场馆管理

公共体育场馆是开展社会体育的载体和硬件。公共体育场馆向大众提供的产品主要是以服务的形式体现的，公共体育场馆服务是体育场馆经营管理的核心内容。公共体育场馆服务的可以通过举办大型体育比赛、大型文艺演出、集会及商业会展、体育培训、体育健身娱乐等活动来实现。公共体育场馆管理的基本方式包括合理规划公共体育场馆的规模及数量、合理开发公共体育场馆的功能和设计公共体育场馆开放时间等方面。

一、公共体育场馆的建设规划

（一）公共体育场馆建设用地标准

2003 年国务院第 12 次常务会议通过，自 2003 年 8 月 1 日起施行的《公共文化体育设施条例》规定：将全国公共文化体育设施的建设纳入国民经济和社会发展计划；县级以上地方人民政府应当将本行政区域内的公共文化体育设施的建设纳入当地国民经济和社会发展计划。公共体育设施的建设、维修、管理资金列入当地政府基本建设投资计划和财政预算，并明确新建、改建、扩建居民住宅区，应当按照国家有关规定规划和建设相应的文化体育设施。居民住宅区配套建设的文化体育设施，应当与居民住宅区的主体工程同时设计、同时施工、同时投入使用。任何单位或者个人不得擅自改变文化体育设施的建设项目和功能，不得缩小其建设规模和降低其用地指标。

城市公共体育场馆一般占地较大，除各种设施本身占地以外，还必须留足够的安全保护空间、集散空间、绿化空间与道路空间，根据《城市公共运动设施用地定额指标暂行规定》中所规定的指标，市级体育场馆用地面积不应小于表 5－1、表 5－2中规定。

表 5－1 市级体育设施用地面积

规模	100 万人口以上城市		50～100 万人口以上城市		20～50 万人口以上城市		100 万人口以上城市	
	规模/千座	用地面积/km²	规模/千座	用地面积/km²	规模/千座	用地面积/km²	规模/千座	用地面积/km²
体育场	30～50	86～122	20～30	75～97	15～20	69～84	10～15	50～63
体育馆	4～10	11～20	4～6	11～14	2～4	10～13	2～3	10～11
游泳馆	2～4	13～17	2～3	13～16	—	—	—	—
游泳池	—	—	—	—	—	12.5	—	—

引自中华人民共和国行业标准．体育建筑规范．JGJ31—2003.

各类体育场馆的建设用地，是根据不同运动项目的场地尺寸、辅助用房面积、观众席规模以及交通道路设置，绿化及环境设计等因素的，由于因素较多，很难提出一个固定的数字标准。表 5－2 为体育场馆面积参考。

表 5－2 体育场馆面积参考

类型	观众/数	场地面积/m²	便道		看台		疏散通道		占地面积/m²
			平均宽/m²	面积/m²	排数	面积/m²	宽度	面积/m²	
小型	5 000	14 871.18	4	1 893.5	6	2 251.5	6	3 119.7	25 557.7
中型	8 000	14 871.18	6	2 878.8	9	3 509.22	6	3 193	28 431.93
	10 000	14 871.18	6	2 878.8	11	4 378.7	6	3 365	29 480.03
	15 000	14 871.18	6	2 878.8	16	6 436.21	6	3 557.42	32 180.97
大型	20 000	14 871.18	8	3 888.68	21	8 830.98	6	3 724.17	36 540.53
	25 000	14 871.18	8	3 888.68	26	11 163.33	8	5 270.98	41 164.59
	40 000	14 871.18	10	4 923.5	38	17 478.78	10	7 342.9	52 593.98

（三）公共体育场馆设施选址要求

公共体育场馆是城市建筑的一个重要部分，也是城市规划布局的重要内容，公共体育场馆布局应当以城市总体规划为依据，注意近期与远期结合，与城市总体规划统一协调。

1. 使用要求

公共体育场馆是国家作为投资主体兴建的社会公共财产，或者说是一种公共产品，决定了它是为社会公众服务的，重点应突出社会效益，要向社会和公众开放，向社会提供公共服务。因此，公共体育设施应选在交通方便，位置适中的地方，方便人民群众参加体育活动，对城市某个地区体育活动的开展起到促进作用。

公共体育场馆应适合开展运动项目的特点和使用要求，满足运动项目的朝向、光线、风向、风速、安全和防护等要求。室外运动场地布置方向应为南北方向（根据为度和风向，可略有偏差）。

城市公共体育场馆要既可以为竞技体育提供比赛场所，又可以开展全民健身活动。

2. 环境要求

公共体育场馆的选址应尽量避免工业等“三废”的污染，选在环境良好和符合卫生条件的地段。根据体育项目本身源于自然的特点，因地制宜地充分利用自然条件设置体育设施，可以取得较大的效益。例如，滑雪、登山、水上运动、冰上运动、游泳等项目。

公共体育场馆的选址要充分注意市政设施是否完善，包括交通、商业、通讯系统等。在充分利用环境现状的同时，体育设施的建设也会促进市政设施的建设和完善。

3. 安全要求

必须考虑发生非常状态的疏散、隐蔽、迁移的方便与安全。因此公共体育设施在选址时要按照防火、防震、人防的有关规定，考虑留出必要的建筑间距，安全疏散通道和场地，设置人防设施。注意公共体育设施所处的工程地质情况，考察当地有无地下工程设施，是否属石灰溶洞地区，是否是滑坡地带等。

二、公共体育场馆的设计

（一）公共体育场馆设计遵循的原则

从长远看，我国举办国内外大型赛事的机会将越来越多，体育场馆的设计，也越来越表现出复杂性与多学科性，而其社会化、产业化的发展方向又显著区别于其他类型的民用建筑，这是一个迫切需要深入研究的课题。综合看来，要遵循以下原则。

1. 与城市总体规划密切结合

大型体育设施的建设是城市建设系统工程的一个子系统，它涉及到城市的市政设施、旅游业设施、商业娱乐设施等，对城市建设有较大影响，因此，必须从城市总体规划的高度审视大型体育设施的建设，重视与城市整体的关系，与城市经济发展计划、人口规模、分布密度、规划分区、地理特征相适应，起到优化城市功能布局、推进城市发展的积极作用。

2. 贯彻可持续发展的思想

大型体育设施作为一种特殊类型的公共建筑，其可持续发展问题应从两方面理解：首先是环境意义上的可持续发展，即通常谈及的节约能源和材料、保护环境、建造绿色建筑；其次是功能意义上的可持续发展：在共时性上，以空间的灵活性满足比赛、展览、集会等多种需要，附属用房实现多种经营；在历时性上，当前与长远使用结合，具备适应需求增长及使用功能变化的潜力。

3. 考虑经济效益问题

市场经济体制下，体育设施的建设、运营都要注重经济效益。发达国家的先进经验已经证实了产业化、社会化是兴办体育事业的成功之路。体育设施的规划设计应朝着多功能化方向发展，主要表现在比赛厅多功能设计、附属用房比重增大、体育设施功能多元化等方面。同时应该看到，大型体育设施的设计、施工、运营等各个环节都与经济效益紧密关联，只有系统研究每个环节及其之间的互动关系，才能使体育设施的建设走上良性循环之路。

4. 重视新技术、新结构、新材料的运用

新技术、新材料的出现将会推动建筑的更新与发展，古今中外的建筑发展史已经向我们清晰地展现了这一发展规律。目前我国大跨度建筑常用的屋盖多为空间钢网架结构，固然这种现状的存在有其技术、经济、社会基础，但若长久徘徊于此，体育建筑形象的创新很难有大的突破。膜结构的出现为大跨度建筑的创作开辟了新领域，其自重轻、透光性好、跨度大的特性为新建筑形式的出现提供了广阔的空间和新的视角，如何充分利用其自身优良特性，创造令人耳目一新的体育建筑形象是一个有待建筑师去开辟的广阔领域。

应该看到，随着研究的深入与扩展，设计者所要面临的问题还远不止于此，不同地区、不同城市，以至不同类型的体育场馆（如公共体育建筑与高校体育建筑，竞技性体育设施与群众性体育设施）在建设规模、资金投入、功能结构与服务对象等诸多方面存在着差异，应具体问题具体分析，以多样化、开放性的设计模式满足不同条件下的需要。

（二）公共体育场馆设计考虑的因素

1. 建筑系统

场馆的组成部分包括外部的顶棚，门窗，以及天窗等。内部的部分包括墙壁，隔板等间隔设备。水平的设备有地板，天花板，抽水系统，HVAC 系统，灭火系统，电力系统，交流系统，安全系统，以及一些设备，固定装置等。然而，值得注意的是如今的体育场馆，尤其是应用了高新技术的场馆，不仅仅只是一些墙壁组合。它们常常像人体一样复杂，如场馆中就有好几公里的电缆在场馆中的木材、钢铁、管道系统、玻璃以及其他成分中穿过。所有的这些设计与建筑挑战都需要在规划过程中经过仔细的分析和规划。例如，一个玻璃墙壁看起来可能很美观，但是当考虑到它的成本时，比起砖砌的墙来，它就不是那么理想了，毕竟砖砌的墙成本低而且不需要太多的维护。

2. 场馆的附属建筑

场馆的附属建筑有衣物间，教练室，训练室，练习场地，媒体室，洗澡间，储藏室和设备室等。在设计过程中需要考虑的另一个重要因素就是场馆的附属建筑。当一所体育馆建成时，那么它周围的附属建筑和场地也需要建设。在建设场馆过程中，如果预算允许的话，这些建议很有可能会被采纳。因为现在在这些空余地区建设场馆附属建筑的成本比日后建设的成本要低得多。精确判断场馆附属建筑价值的一个主要因素就是它的各个组成部分。例如，更衣室的面积多大？应该安装多少个衣架？应该设置多少个洗手间？在建设工程启动之前，每一个部分所需的成本都需要认真地考察清楚。

3. 更衣室

更衣室设于泳滩、足球场、健身中心、泳池、公众浴场、运动场等公共场所，方便更换运动服及事后沐浴、更衣，是一个供人们更换衣服的私人房间，它可以保障使用者在更衣时不会被第三者或异性（有时孩童除外）看到，以保个人隐私。更衣室也是大型活动（如足球比赛）供中场休息、游说、公关等的另类社交场合，所有的更衣室都不应设监视探头以及严禁外人摄影、拍照。更衣室内常附设有带锁的储物柜、衣帽间、洗手间等。以俱乐部为例，一般情况下更衣室的面积大小占据俱乐部总面积的比例约为10%～15%。更衣室空间分配的一般规律是区域间至少有5英尺的会员行走流间隙。厕所和水槽，储物柜和淋浴都要在不同的区域。会员应该不必经过衣物柜或是淋浴区就可直接进入更衣室使用浴室和洗面池。这保证了更衣室有更多的隐私性。更衣室应易于通过，最好不要用门，还应有足够的空间让外面的人们看不到更衣室内。

4. 其他场地

在设计办公室时，空间面积也很重要。因为没有人喜欢太小的办公室。一般办公室都设有玻璃窗，这样雇员可以通过玻璃窗来监督场馆内的情况。实际上，许多场馆都有一些独特的内部场地。由于一所公共体育场馆在同一时间会有许多人使用洗澡间，所以需要认真仔细地设计洗澡间。传统上女性比男性使用洗澡间的时间要长．因此，较大规模的场馆为女性设计的洗澡间要比男性多一些。公共体育场馆中还有许多典型的建筑服务于场馆，如家庭洗澡间，豪华包厢，露天看台，多媒体室等，在公共体育场馆规划中也应加以重视。

5. 布　局

在考虑完那些便利设施和场地之后，对于场馆内部的布局也要加以重视。由于那些附属地区多多少少会对场馆产生影响，因此在规划过程中需要把这些地区考虑在内，如电线、隔音板、休息台都需要被提前考虑在内。设计者应该尽量弄清可利用的场地，并且想方设法把这些地区有机地联系在一起。人们一般经常使用像休息室和正厅这样的普通场地，可以利用走廊把这些场地联系在一起。场馆中的其他地方也有类似的用途，如楼梯、电梯、洗手间、储藏室等。

三、公共体育场馆的服务

（一）公共体育场馆服务的含义

公共体育场馆向大众提供的产品主要是以服务的形式体现的，公共体育场馆服务是体育场馆经营管理的核心内容。所谓公共体育场馆服务是指公共体育场馆人员依托场馆满足大众健身娱乐等需求的过程。公共体育场馆服务的可以通过举办大型体育比赛、大型文艺演出、集会及商业会展、体育培训、体育健身娱乐等活动来实现。公共体育场馆所接待的群体不仅包括观看比赛、参与健身休闲活动的散客，同时，也包括举办大型商业活动的各类企业。因此，在基于顾客满意度提升场馆服务质量的同时，场馆服务方须考虑这两大顾客群体的不同需求，并根据不同服务内容的特点提高顾客群体对场馆服务产品的感知质量。

（二）公共体育场馆服务质量

公共体育场馆服务质量是由较多因素构成的综合概念，其中主要包括公共体育场馆设施、设备的质量；劳务质量；体育场馆整体质量。

1. 设施、设备的质量

设施是指为满足公共体育场馆经营需要而建造的建筑物及相关的系统，设备是指为公共体育场馆经营而购置的成套器材。设施与设备的质量具体表现在：（1）设施、设备的功能齐全，便于操作；（2）设施、设备具备可靠性，在特定条件下和时间范围内，能够正常运行而不发生故障；（3）设施、设备具备安全性，在使用中其对外界环境的影响和对人们的人身安全保证。设备应该装有防止发生事故的各种保护装置，如自动报警、自动断电、自动停止等装置，能够最大限度地保护人们的安全；（4）设施、设备的外观具备审美性，既包括公共体育场馆建筑设施的造型、款式、色彩等方面的美观，也包括体育设备在外观方面的美观。

2. 劳务质量

劳务是指以提供活劳动的形式满足人们需要的活动，是服务人员为人提供劳务时的行为表现。公共体育场馆经营提供的劳务质量主要包括服务个人的形象及素养，即他们的仪容、仪表、谈吐和礼节礼貌。服务员的服务技能和服务态度，包括他们提供劳务的能力和热忱度，热忱度是指服务过程中始终如一的热情、勤奋和微笑的程度；服务员的服务效率和应变能力，包括服务员在单位时间内所能提供的劳务数量和这些劳务的效果，以及当服务对象、时间、场合等条件发生变化时所能表现出来的随机应变能力。

3. 整体质量

公共体育场馆整体质量的构成因素很多，例如体育场馆的档次、体育场馆的规模、所处的环境、各部门之间协调配合的默契程度、体育项目的数量、除体育服务外所能提供的其他方面服务的数量和质量等等。体育场馆整体质量水平对体育服务的质量能够产生较大影响，是评价体育服务质量的较重要因素。

四、公共体育场馆管理的基本方式

（一）合理规划公共体育场馆的规模及数量

应根据当地经济社会发展水平、人口状况、环境条件和体育发展需要，合理规划公共体育场馆建设类型、规模和数量。鼓励通过体教结合等方式，共建共享体育场馆，充分利用大中学校体育场馆等社会资源，避免重复建设和资源闲置。严格控制大型综合性运动会新建体育场馆规模和数量。公共体育场馆建设要纳入城乡建设规划，逐步增加数量、不断提高质量。城市居民小区体育场地建设要与小区的总体规划相配套，与教育、文化、卫生等设施布局相协调，已建居民小区要充分利用空间修建小型、简易的群众健身活动场地，要结合城改造和小城镇建设，开辟体育公园、群众锻炼园地、儿童体育娱乐园等，鼓励单位、团体、个人办健身俱乐部、健美馆等。公共体育场馆规划设计应充分考虑后期运营需要，在节能环保的前提下，融入演艺、会展、商业、休闲等多功能设计，完善配套设施建设，夯实发展基础。可采用搭建临时看台、活动座椅等方式，节约建设成本，提高空间利用率。

（二）合理开发公共体育场馆的功能

要充分发挥公共体育场馆主体功能，积极引进国内外体育赛事，努力创办自主品牌赛事，开展群众喜闻乐见、丰富多彩的竞赛、表演、健身等活动。充分利用设施条件，积极提供和开展健身指导、体育培训、体育组织、体质监测等服务。在建设体育场馆的时候考虑体育设施的功能多样化和布局合理化，充分满足每个人民群众进行身体锻炼的需求，减少其赛后经营的难度。比如在举办大型赛事以后，公共体育场馆可以作为职业体育竞赛、大学竞赛活动（甚至可以作为大学体育设施建设）、国家级高水平运动集训、社区体育、大型集会、商贸展览、大型会议、文艺活动等活动的场所。有条件的场馆要努力拓宽服务领域，延伸配套服务，积极发展体育旅游、体育会展、体育休闲、文化演艺等业态，在不改变公共体育场馆性质的前提下，打造特色鲜明、功能多元的体育服务综合体和体育产业集群。

（三）合理设计公共体育场馆开放时间

认真贯彻落实国家有关体育场馆开放、服务、保障和安全监管等规定，进一步完善公共体育场馆基础安全设施建设，加强大型群众性活动安保服务管理，积极推进安保工作社会化进程，为社会提供安全优质的公共体育服务。鼓励公共体育场馆创新惠民举措，拓展服务项目，扩大公共服务范围，分时段免费或低收费向公众开放，提高使用率。场馆使用率的高低一定程度上取决于场馆的开放时间，我国公共体育场馆平均每天使用在8小时左右，这说明场馆的使用潜力还很大，同时提高场馆的利用率还在于如何吸引本地的健身爱好者到专用场馆进行健身锻炼，在发展全民健身的同时，还应积极申办一些大型运动会，另外也可尝试多举办商业性竞赛活动，吸引高水平运动队和世界知名运动员前来比赛。

（四）提高公共体育场馆经营管理的水平

积极进行运营管理体制改革和机制创新。引入和运用现代企业制度，有效推进人事、收入分配和社会保障制度改革。加强绩效考核，建立有利于激发活力、增强内生动力的激励约束机制，改进和提高公共体育场馆运营管理和服务水平。运用现代信息技术手段，整合资源，完善服务信息系统，探索推进健身消费一卡通，促进互联互通，提高场馆运营网络化服务和信息化管理水平。建立公共体育场馆服务标准和管理制度，实施标准化、规范化管理。通过加强培养和引进人才、开展从业人员职业技能鉴定等方式，建设专业化运营管理团队。鼓励场馆运营管理实体通过品牌输出、管理输出、资本输出等形式，逐步实现规模化、专业化、社会化运营。通过一定的制度安排，在保障场馆公益性的基础上，让民间具有一定经济实体的部门去运营，根据市场多样化的体育需求，引进一些俱乐部比赛、体育锻炼培训课程等收费项目实现公共体育场馆的经济效益，最终为场馆实现全民健身的社会效益提供强大的经济基础。

第六章　社区体育管理

社区体育是我国社会体育的重要组成部分。随着我国经济体制改革的逐步深入，“单位制度”日渐解体，传统意义上的“单位人”正向“社会人”“社区人”转变，作为以社区为活动区域的社区体育日益成为中国社会体育的重要形式。本章重点对社区体育管理的基本内容、组织管理体系、管理方式等内容进行了分析。

第一节　社区体育管理概述

社区体育是为满足社区成员的体育需求而开展的社会体育。发展社区体育无论是对社区成员个人还是社区管理者、乃至其他层面的管理主体均具有重要价值。社区体育管理是指通过一定方式整合资源，以促使社区体育目的实现的过程。社区体育管理的基本内容包括对资源、组织、活动等的管理。

一、社区体育概述

（一）社区体育的含义

一般认为，社区是指进行一定的社会活动、具有某种互动关系和共同文化维系力的人类群体及其活动区域。目前城市社区的范围，一般是指经过社区体制改革后作了规模调整的居民委员会辖区。社区体育是社会体育的重要组成部分，是社会体育在社区领域里的延伸。社区体育是在城市社区建设的基础上的，随着社区建设的深入开展、体育社会化程度的提高、人民生活水平的不断改善、健身意识的不断增强而逐步发展起来。

随着社区体育活动的开展，人们对社区体育概念的认识也在逐步加深。按照我国官方的解释，社区体育主要是在街道办事处的辖区内，以自然环境和体育设施为物质基础，以全体社区成员为主要对象，以满足社区成员的体育需求，增进社区成员的身心健康为主要目的，就地就近开展的区域性的群众体育（《关于加强城市社区体育工作的意见》，1997 年 4 月 2 日国家体委、国家教委、民政部、建设部、文化部发布）。本书认为，社区体育是为满足社区成员的体育需求而开展的社会体育。社区内开展的竞赛活动、社区内举办的各类少儿体育培训班、社区组织的体育旅游活动都是社区体育的组成部分。

（二）社区体育的特点

一般而言，社区体育具有如下特点。

1. 区域性

由于社区体育是以社区为区域范围且就地就近开展的区域性体育活动，因而区域性是社区体育的根本特征。无论是参与人员的构成、活动场地设施，还是管理、指导、经费筹措等都是在社区所属的区域范围内进行。社区内的广场、空地、绿化带、公园以及其他公共设施等都是社区体育活动可以充分利用的资源。

2. 多样性

首先，参与者多样性。参加社区体育活动的人们尽管年龄、性别、职业、生活习惯、兴趣爱好、受教育程度、经济收入和身体状况各不相同，甚至存在巨大的差异，但这并不影响他们进行健身锻炼，每个人都可以从中寻找到适合自己的位置和活动内容；其次，社区体育项目多样性。既有作为中华民族优秀文化遗产的多民族、民间的体育项目和健身养生方法，也有现代健美健身手段；既有正规的项目，又有非正规的项目。既有复杂的、也有简单的。大多数居民所选择的健身方式为太极拳、太极剑，木兰扇、导引养身功、健身球、秧歌、健美操、跳绳、踢毽子、游泳、快走、慢跑等；第三，组织形式多样型。既有行政部门组织的，又有社会团体组织的，还有社区居民自发组织的。

3. 娱乐性

社区体育作为一种大众文化，集娱乐、健身、竞技、审美、刺激等功能于一身，其内容和形式多样化、趣味化，参加锻炼所选的内容以养身性、健身性、娱乐性为主。人们参加体育活动的目的或为强身健体，或为美形、美姿、美态、美化动作，或仅仅是为了娱乐，追求心情舒畅、精神愉悦。

4. 自主性

由于民族、性别、职业、年龄、文化程度、生活习惯、兴趣、爱好、体质、健康、个人需求、业余时间以及所处的地位、社会环境等差异，社区体育运动主要表现为针对个人体质、健康、需求、心情、兴趣、爱好和特长等具体情况，选择合适的内容与形式，在允许的时间与环境下自主进行锻炼。

5. 余暇性

人们在自己可以自由支配的余暇时间里进行的健身活动。由于受人们上下班时间的约束，再加上参与者以老年人居多，在活动的时间上又体现出早、晚活动的特点。

（三）社区体育的目的

发展社区体育无论是对社区成员个人还是社区管理者、乃至其他层面的管理主体均具有重要价值。因此，社区体育的目的可以从不同的层面进行解释。对个人而言，从事社区体育活动能够达到多重目的，例如健身，促使体格健壮，体态优美，形成并保持各种良好的身体技能，增强体力。保持头脑清醒，思维敏捷，利于提高人们的学习、工作、生产效率和生活质量。还能有效地促进人们健心，调节与消除各种不良情绪，促进人际交往。增进彼此了解与友谊，使人们精神更美好，生活更快乐等等。对于不同的主题，发展社区体育均可取得相应的目的。概括起来，发展社区体育可以达到如下目的。

1. 培养和提高社区居民的认同感和归属感

社区归属感是社区成员对社区的认同、喜爱和依恋的心理感受。社区通过组织老年、青年、少年、残疾人等不同形式的体育活动，尤其是代表本社区外出比赛、演出，不仅会吸引社区不同成员的积极参与，可以增强社区居民间的交往、交流、共处，增进了解，形成团体、群体，有利于形成良好的人际关系，弥补和整合现代化带来的不利影响，从而增加人们对本社区的认同感和归属感。

2. 培养身心健康的社区居民

社区体育是居民喜闻乐见、休闲为主的社会活动，对居民的身心健康有较强的促进作用，是一种健康文化。体育活动中提倡平等、互助、公正等行为规范和高尚的文化品位，丰富健康的体育活动是人们文化生活的重要组成部分，是衡量人们生活质量的重要标志。另外，体育活动作为社会活动内容的一个部分，使生活方式发生变化，从而形成科学合理的生活习惯，并能提高生活质量。

3. 丰富社区居民文化生活，促进社区和谐发展

丰富多彩的社区体育文化活动，除了具有锻炼身体、陶冶情操、愉悦身心的作用外，还通过活动使社区群众创造性思维和独特性锻炼方法以及历史沉沉淀的优秀民间体育、传统艺术、风俗习惯得到发扬和继承。通过开展丰富多彩、群众喜闻乐见、多层次、多样化的体育活动，可以对提高市民素质、城镇文化程度和进行社区管理能发挥重要作用，并能最终促进社区各项事业、各种关系的和谐发展。

4. 促进社会主义精神文明建设

社区体育在社区精神文明建设中具有活跃文化生活、增进社会交往、协调人际关系、加强互相友爱、稳定社会秩序、合理利用资源、建立文明生活、促进文化建设、增强社区意识、服务社区成员和共同繁荣社区的作用。

此外，社区体育的社会功能已大大超过增强体质的范围，社区体育活动对现代社会的发展已越来越具有推动作用，发展社区体育已成为改革生活方式和提高生活质量的不可缺少的因素。社区体育活动还推动了居民“花钱买健康”的意识逐渐形成，促进体育产品生产厂尽快生产各种社区居民体育活动需要的体育器材等产品。因而，对繁荣体育市场，发展体育产业也具有积极的作用。

二、社区体育管理的含义

根据本书关于社会体育管理的定义，社区体育管理是指通过一定方式整合资源，以促使社区体育目的实现的过程。理解社区体育管理的含义，需注意以下几点。

（一）社区体育的发展离不开社区所提供的各种资源，社区内的体育资源主要包括各级各类管理者及指导者、经费、场地设施、社区成员、社区体育组织等，社区体育管理要使有限的社区体育资源实现尽可能大的利用效益。社区体育管理要求社区体育管理组织和管理者通过对社区体育活动的计划、组织与控制等职能，使社区体育活动高效、和谐有序地运行。

（二）社区体育管理的目标是实现发展社区体育的目的。社区体育是由社区成员通过互动关系和文化维系力联系起来的共同体，这种互动关系和文化维系力使社区成员相互联系，结成紧密、复杂的关系，这就决定了社区体育组织主体必须不断加强管理及服务能力，以满足社区居民的体育需求为抓手，最终实现发展社区体育的目的。

（三）社区体育管理主体多元。社区既有街道党工委和办事处，也有政府各职能部门在社区的体育机构和社区范围内的事业单位，如学校、机关、企业等。这些单位存在于社区范围内，拥有的体育资源较多，各有优势，它们与社区体育紧密相关。社区体育管理主体主导下，确定目标，进行人、财、物和时间等资源的合理配置，建立社区体育内部要素之间及社区体育外环境的各种联系，从而构成统领社区的整合要素，对社区体育的发展起着引导作用。

（四）社区体育管理者要通过有效方式激发社区居民的积极性。社区体育管理的目的是为了满足社区体育成员的需要，由于社区居民体育需求的多样性，要让政府或社区单位全部包下来是不可能的，一定要激发社区居民的自我组织、自我管理、自我服务意识。同时，社区体育成员也有义务参与到社区体育的建设和管理中来。

三、社区体育管理的目标与任务

（一）社区体育管理的目标

社区体育管理是为实现社区体育的目的而为的，由于社区体育的目的多元，因而社区体育管理的目标也是多元的。例如，通过管理达到增进居民体质健康提升、身心健康发展、活跃社区文化生活的目标等。

我国社区体育管理的目标主要是采用多种方式，发动、引导、组织社区成员开展经常性的体育健身活动，提供门类众多的体育服务，满足社区成员的体育需求，增强体质，提高身心健康水平和生活质量，建立文明、健康、科学的社区生活。

（二）社区体育管理的任务

1. 制定社区体育工作计划

社区体育的组织管理体系确立后，要根据社区的实际情况，制定社区体育的工作计划。制定社区体育的工作计划要进行广泛而深入地调查，全面了解社区体育的现状、需求、资源及影响社区体育发展的宏观环境因素，并对这些因素的未来发展进行预测，从而明确社区体育的发展目标以及为实现这些目标而采取的对策和措施。社区体育工作计划要与社区服务总体规划，市区体育发展规划相一致，要切合实际，注重可行性和科学性。

2. 建立社区体育组织

开展社区体育，需要建立一套较为完善的组织体系。在组织机构上，应建立市区人民政府有关部门、街道体育组织、居委体育组织和体育活动点 4 个层次的社区体育组织管理机构，由区政府牵头，以街道为主体，社区居委会为依托，体育活动站为基地，形成社区体育组织管理体系。

3. 开发社区体育资源

社区体育资源主要包括人力、财力和物力。社区体育管理机构应重点培养一批经过专门教育和培训，有一定组织能力和业务水平，热心为群众服务的社会体育指导员和社区体育骨干队伍；资金是开展社区体育的物质保证。除了政府的支持外，社区体育组织还应采取各种形式拓展社区体育资金的筹集途径，如辖区单位集资、赞助、缴纳会费或比赛报名费等，广泛动员社区各方面力量，解决社区体育的资金问题；体育场地设施是开展社区体育的重要条件。社区体育组织应与市、区体育部门和有关单位进行协调，充分利用辖区内的体育场馆设施，以保证社会体育锻炼和大型体育活动的开展。社区体育组织应有计划地建设社区的各种体育场地设施，如建立各种体育活动中心、辅导站等，同时要使用和管理好社区体育场地设施，使其发挥最大效能。

4. 组织社区体育活动

社区体育活动主要包括体育活动站组织的锻炼活动和经常性的竞赛两个部分。社区体育竞赛的组织与其他竞赛相比并无很大的区别，因此，社区体育活动的组织工作主要是加强体育活动站的管理。目前我国的社区体育活动站大部分属于自发产生的非正式组织，规模较小，便于参与，是组织和吸引社区居民参加体育活动的有效形式。但是由于自身性质、特点，体育活动站也存在一些问题并需要进一步加强管理，将其纳入到正式的社区体育组织体系中，以取得上级组织的指导帮助和支持。还要做好体育活动站中骨干分子的培训与管理，促使体育活动站健康发展。

5. 建立社区体育管理的规范

社区体育要求按照一定的规划、方式、程序来进行管理，在社区体育组织体系中，各级管理机构要按照制定的规划实施管理，避免在实际运作过程中出现随意性行为。为此，市、区政府等行政组织管理部门不但要制定各种体育管理基层组织的规章制度，还要开展经常性的检查督促工作。社区体育协会、社区居委会等体育组织要制定对活动性组织进行管理的规则。

四、社区体育管理的基本内容

（一）社区体育资源管理

社区体育的资源主要包括人力、财力和物力。人力资源包括社会体育干部、社会体育指导员、体育教师、志愿者等，要对他们的使用、培养、考核与评价等方面进行管理；资金是开展社区体育的物质保证。社区体育的资金管理主要包括资金筹措与使用管理；体育场地设施是开展社区体育的重要条件；社区体育场地设施管理主要包括使用、维护和保养等方面。

（二）社区体育组织管理

开展社区体育需要建立一套较为完整的组织机构，社区体育组织管理的内容主要包括健全社区体育的各类组织机构，明确组织的工作目标和工作职责。同时，还要做好社区体育活动的组织实施等工作。

（三）社区体育活动管理

体育活动是社区体育的出发点与归宿，是社区体育组织的直接目标。社区体育的一切功能都通过具体的社区体育活动实现。社区体育活动主要包括体育活动的策划、组织实施、评估等方面。

（四）社区体育服务管理

主要包括社区体育服务网络构建，社区体育服务体系构建与实施，社区体育服务质量监管，以及社区居民体育服务需求、满意度管理等方面。

（五）社区体育文化管理

社区体育文化是指包括文化、娱乐、群众性文体活动及全民健身活动等内容在内的大文化概念。社区体育文化管理的具体内容是对文化娱乐设施进行规划和建设，组织健全各类文体活动组织，帮助和指导这些组织开展社区体育文化娱乐活动和群众性文体活动，引导社区居民进行全民健身活动等。

第二节　社区体育管理体系

社区体育管理分为政府和管理系统。在政府专门管理系统中，社区体育在各级人民政府的统一领导下，具体工作由体育行政部门做为主管推动开展。政府非管理系统包括民政部门、文化部门、教育部门，以及辖区内的有关机关单位等。在社会管理系统，街道社区体协（也称街道文体协会）是目前主要的社区体育组织形式，它以街道辖区为区域范围，以基层政府派出机构——街道办事处为依托，由辖区各单位和下属各居（家）委会参与共同组成，采用理事会制度，机构附设在街道文教科、文化站或社区服务中心。

一、政府管理系统

（一）政府专门管理系统

社区体育在各级人民政府的统一领导下，具体工作由体育行政部门做为主管推动开展。《关于加强城市社区体育工作的意见》（（1997 年 4 月 2 日国家体委、国家教委、民政部、建设部、文化部发布））中指出，市、区人民政府要把发展社区体育作为贯彻《体育法》、实施《纲要》的一项具体措施，纳入城市社会发展的总体规划，努力为居民参加体育健身活动创造良好的社会环境和物质条件。市、区人民政府体育行政部门要认真贯彻执行党和国家的体育方针、政策，加强对社区体育的领导，依据《体育法》和《纲要》制订社区体育的发展规划和工作计划，逐步建立、健全以社区体育组织为主体的社会体育组织网络，制定开展社区体育的各项管理制度，加强社区体育理论研究，建立社区体育发展的指标体系。《全民健身计划（2011—2015 年）》要求，地方各级人民政府将城市社区体育工作作为社区建设的基本内容，统筹规划，加大投入，以城市街道和居住社区公共体育设施建设为重点，不断改善社区居民体育健身环境和条件，提供基本公共服务。

国家体育总局群体司组织建设处及各省、市、区体育局群体处（科）相关职能部门是社区体育管理的主管部门，其主要职责是按照国家的体育方针、政策支持和指导社区体育工作，制定社区体育的发展规划和工作计划以及各项管理制度。

作为各级人民政府及其派出机构，街道办事处是社区体育的领导和管理部门。按照《体育法》第四条“县级以上地方各级人民政府体育行政部门或者本级人民政府授权的机构主管本行政区域内的体育工作”的规定，区（市辖区、不设区的即为市，下同）人民政府可授权街道办事处主管辖区社会体育工作和组织实施辖区体育活动。形成以市、区体育行政部门和街道办事处的分级管理体制，以及条块结合的组织网络。街道办事处对辖区的社区体育具有领导、管理的职能，其职责包括：设置社区体育管理部门，配备体育干部；建立街道项目体协、人群体协等体育组织网络；选拔、培养体育指导员，提高体育指导水平；建立社区体育工作管理制度和工作档案；在体育部门的指导下，组织社区内居民经常开展体育健身活动和竞赛活动，满足居民的体育兴趣和需求。

（二）政府非专门管理系统

政府非管理系统包括民政部门、文化部门、教育部门，以及辖区内的有关机关单位等。

民政部门的主要职责是根据城市管理中心街道办事处的管理、协调、指导、服务等职能作用，将开展社区体育作为街道办事处的一项工作职责，将社区体育作为社区建设的组成部分，统筹规划和评估，在政策上给予扶持。

城市规划部门的主要职责是按照国家对城市公共体育设施用地定额指标的规定，将居民住宅区的公共体育设施建设纳入城市总体规划和详细规划中，合理布局，统一安排。

文化部门的主要职责是在建设和发展社区文化的工作中，重视社区体育的开展。大力宣传体育健身对增强体质、丰富文化生活、提高生活质量等方面的意义和作用。

教育部门的主要职责是鼓励和支持学校体育设施对社区居民开放，发挥学校体育教师、体育设施在开展社区体育活动中的积极作用。

社区内的机关单位也负有组织开展社区体育的责任，要在分解单位社会服务功能的同时，增强社区意识，支持、协助街道和居委会开展社区体育工作，鼓励单位职工积极参加社区的各类体育活动。

二、社会管理系统

街道社区体协（也称街道文体协会）是目前主要的社区体育组织形式，该组织形式在 20 世纪 80 年代中期出现。街道社区体协以街道辖区为区域范围，以基层政府派出机构——街道办事处为依托，由辖区各单位和下属各居（家）委会参与共同组成，采用理事会制度，机构附设在街道文教科、文化站或社区服务中心。它是一种街道辖区内的体育联合体。街道社区体协下设人群、项目体育协会、体育俱乐部、统一发到站、晨晚练活动站和居（家）委会体育小组、体育活动点等。街道社区体协的管理结构如图 6－1 所示。

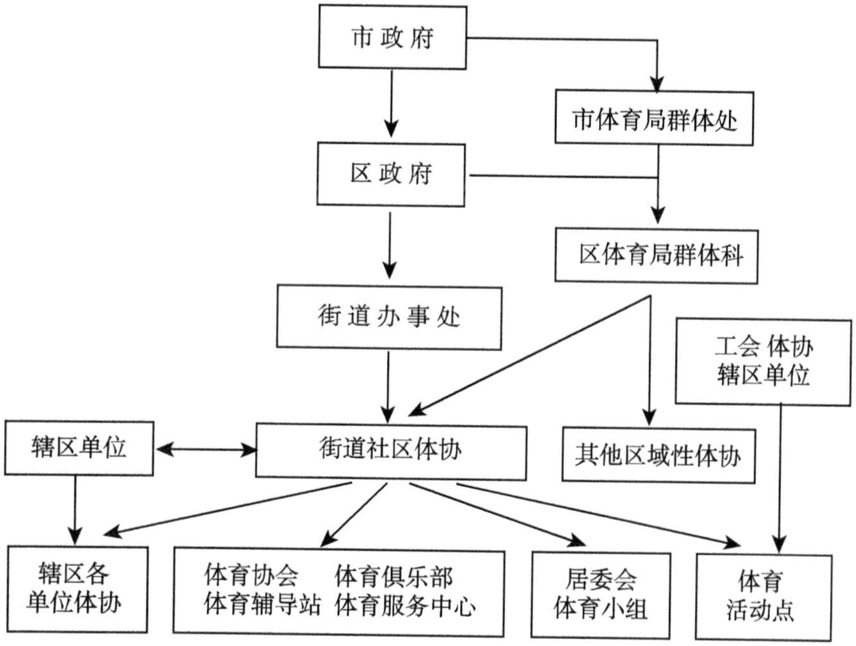

图 6－1　社区体育组织管理体系

（引自李建国、吕树庭、董新光主编《社会体育》，人民体育出版社，2004）

由图 6－1 可见，我国社区体育以街道社区体协为主，其他区域性体协为辅，组织结构基层化特点十分明显。街道社区体协以街道办事处为依托，以辖区单位和居（家）委会为参加单位，共同组成了街道社区体协。体育协会在我国县市级以上城市中广泛存在，一般是体育协会作为事业单位，人员配置和政府体育部门基本重合，但这种现象正在改变，体育协会正在逐步变成民间性的非营利性组织。社区体育俱乐部是在法定性社区内，由企事业单位、社会团体和其他社会力量以及公民个人所举办的，这类组织形式在我国目前比较少见。晨晚练点部分由街道社区体协管理，部分由市（区）工会、体协和辖区单位管理。辖区单位体协在接受本单位直接领导的同时，还接受街道社区体协的间接领导，这是现阶段社区体育与单位职工体育密不可分的具体表现。

居委会应在街道办事处的领导下，做好居住区晨晚练点等体育组织的建设和管理工作。应通过多种形式的宣传、教育活动，提高居民的体育意识和体育兴趣，组织居民开展日常性、经常性的体育健身活动。

第三节　社区体育管理的基本方式

社区体育管理的立足点是满足社区成员的体育需要，要坚持把社会效益放在首位，并以社会办为主。社区体育管理的基本途径包括处理好社区体育组织与行政机构的关系、充分发挥驻区企、事业单位的作用、充分发挥街道办事处与居委会的作用等。

一、社区体育管理的基本要求

（一）立足居民体育需要，一切从实际出发

社区体育的目的是满足社区成员的体育需要，这是社区体育管理的主要立足点。由于社区居民在经济状况、文化层次、地域环境、年龄结构、职业特点、人口素质等方面多有不同，其体育需要便体现出不同的特点。因此，开展社区体育一定要因地制宜，从本社区特点出发。应当优先开展那些群众喜闻乐见、要求迫切、方便适用的体育活动。在普及的基础上逐步决定社区体育活动的内容，要不断提高体育活

动的质量以满足不同居民的需要。

（二）坚持把社会效益放在首位

社区体育作为社区服务的内容，具有公益性与福利性。如社区体育场所和体育设施具有明显的公益性质，从而决定了这些场所和设施应在一定程度上无偿或低偿地为社区成员服务，也就是以免费或明显低于市场价的收费方式为广大社区成员服务。只有这样，才能使广大社区成员尤其是弱势群体的成员普遍参与社区体育活动，分享社区体育发展的成果。因此，开展社区体育必须以大多数居民参与体育为出发点，防止为了片面追求经济效益而牺牲社会效益，应始终坚持把社会效益放在第一位。

（三）以社会办为主

社区体育是一种群众性的互助活动，必须动员社会各界和居民群众的广泛参与，走社区体育社会办的道路，而不应仅靠政府行为来管理。社区体育资金的筹集也要以社会集资为主，政府资助为辅。只有真正调动起社区各方面的力量，辖区的企事业单位和社区居民广泛参与，社区体育才能日趋完善。

（四）注重科学性、实效性

开展社区体育必须坚持科学、实效的原则，要加强体育知识与健康知识的宣传，积极组织并科学指导群众参加有益健康的体育活动，切实达到增强群众体质，提高群众健康水平的效果。只有注重管理的科学性与实效性，社区体育才能够持久深入地开展下去。

（五）硬件建设与软件建设并重

硬件方面要从人、财、物资源综合利用角度构建社区体育资源保障系统，优化社区体育资源及提高资源的利用效率；软件方面要从制度建设和政策调控角度构建社区体育服务的制度政策保障系统，优化体育服务质量。

二、社区体育管理的基本途径

（一）处理好社区体育组织与行政机构的关系

目前我国社区体育组织以独立的民间性和半官半民性组织类型为主体，这类组织普遍存在着活动经费、场地、指导力量不足等方面的困难。因此，社区体育组织必须重视与当地政府行政机构的关系，依靠行政机构的支持及优惠政策，解决开展活动中遇到的自身难以解决的问题。可采用靠政府行政机构支持，聘请政府部门领导干部担任职务，与政府行政机构建立经常、稳定性联系等方式，形成与行政机构的良好关系。

（二）充分发挥驻区企、事业单位的作用

每一社区都有驻区的企、事业单位，他们在资金、设施和人力方面较社区更为雄厚，这是开展社区体育活动可借助的有利条件。社区体育组织应主动与驻区企、事业单位联系，做好宣传，得到他们的认同、理解和支持；吸纳企、事业职工参加社区体育活动；在活动中为企业进行广告宣传。另外，在开展社区体育工作中，也要重视发挥各级工会、共青团、妇联等组织的作用。

（三）积极发挥街道办事处与居委会的作用

基层人民政府应授权街道办事处主管辖区社会体育工作和组织实施辖区体育活动。街道办事处应成立以街道办事处行政领导挂帅、辖区内各有关单位参加的社区体育组织。应有部门管理体育工作，配备专兼职体育干部，在区人民政府体育行政部门的指导下开展工作。居委会这一层次辖区范围较小，人口数量相对较少，与社区居民联系最直接，所以是最适合于开展社区体育活动的一级组织。而目前我国社区体育组织以街道为基本层次的情况较为普遍，使得社区体育组织管理“力矩”较长，力度不够。改变这种局面，需将社区体育组织适当“下沉”，加强居委会一级社区体育组织的建设，充分利用居委会熟悉情况、联系直接、易于组织的优势，组织开展群众性体育活动。居委会应协助街道办事处做好居住区和楼群晨晚练指导站等体育组织的建设与管理工作。

（四）大力加强宣传与指导工作

要进一步加强对体育锻炼的意义、作用和功能的宣传教育，通过各种形式的宣传、报道和培训来传播科学的体育知识与技能，形成体育健身的舆论导向，提高社区居民的体育意识，激发大家参与体育的动机，培养体育健身的兴趣，树立花钱买健康、投资健康的新理念。同时要加强对城市社区全民健身活动开展科学指导。

（五）建立社区健身组织

社区全民健身活动的健康发展除了加强宣传、教育、引导人们培养体育意识，强化体育健康观念，科学地进行组织、管理和指导以外，还必须有较为完善的去健身组织给予强有力的支持和辅助。社区健身组织通过举办群众性的体育活动，将有相同兴趣、爱好和特长的社区居民集合在一起，有利于将分散的群众体育活动组织起来，使人们的体育锻炼更加科学、合理、有序，也有利于参与者之间相互交流锻炼的经验和心得体会，创造良好的体育锻炼的活动环境，养成锻炼身体的习惯，改善生活方式，提高生活质量；同时，有利于丰富人们的文化生活和社会交往，缩短人与人之间的距离，增进人们的感情交流，促进社会的和谐。

（六）通过多种途径筹集社区体育活动经费

组织开展社区体育的主要困难之一是活动经费不足，解决这一难题的思路是拓宽经费来源渠道。首先要增强自身造血功能，通过合法经营活动、有偿体育服务等手段获得活动经费；还可通过互利性活动，获得社区有关企、事业单位的赞助。此外，还可动员鼓励社区成员赞助，支持社区体育活动，同时积极争取政府行政部门给予一定的经费支持。

（七）以多种形式开展社区体育活动

社区体育以经常性健身活动为主体，坚持业余、自愿、小型多样，遵循因地、因时、因人制宜和科学文明的原则。在开展各种体育健身活动中，要讲究科学，注意安全，重在参与。实行传统健身养生法与现代健身方式相结合，个人锻炼与集体活动相结合，健身娱乐与医疗保健相结合，健身活动与节假日活动相结合，广泛开展形式多样的体育活动。

社区体育活动的参与主体是社区居民，其包括不同年龄、不同性别、不同健康状况、不同体育基础、不同体育锻炼需求、不同文化程度、不同职业、不同工作时间、不同经济状况的各种人群。为了能尽可能地满足各种人群的不同体育需求，在设计与组织社区居民健身活动时要力求以人为本，与时俱进，服务居民，统筹兼顾各种人群的需要。社区体育活动的内容和项目的选择要突出趣味性、健身性、休闲性和社交性。社区体育组织可通过晨晚锻炼点、辅导站来吸引居民参加体育活动。以楼群、家庭为单位组织社区体育竞赛，组成多种多样的运动队，参加社会上各种形式的比赛和表演活动。

（八）改善社区的体育场地设施

体育场地设施是人们从事体育锻炼的重要前提条件之一。随着全民健身活动的广泛开展，人们健康观念和健身意识的改变和提升，越来越多的人开始关注健康、投资健康，对体育健身的需求日益高涨。要本着以人为本、服务大众的理念，要逐步改善体育运动的条件，为大众提供参加体育锻炼必要的体育设施和体育服务。为此除了依靠政府和有关部门兴建与扩建体育场馆、增加体育健身器械以外，各个相关的职能部门还应积极主动地相互协调、联合起来，挖掘和开发现有体育场馆、健身器械的功能和利用率。同时要重视和加强对社区内的企事业、机关、学校等单位所拥有的体育场地、体育设施科学合理有序的开放、使用和开发，以缓解大众体育场地设施的严重不足，最大限度地为社区居民提供可利用的体育锻炼的场地和设施，尽可能地解决和满足社区居民就地就近参加体育锻炼活动的需求，从而加快推动社区全民健身活动的开展，使更多的社区居民能积极参加体育锻炼，改善和丰富他们的生活方式，增进身心健康，达到提高生活质量的目的。

（九）建立社区体育工作的有效机制

社区体育的有效机制的建立可以从四个层面展开：（1）建立引导机制，要制定可行的管理制度，引导不同特点的人群参加喜闻乐见的社区体育活动。要积极开展形式多样的竞赛活动，激发居民体育健身的积极性；（2）应研究制定“体育先进社区评审办法”，定期开展评比表彰“体育先进社区”的活动；（3）社区体育工作的义务性很强，为了调动社区体育工作者的积极性，必须建立相应的奖励机制；（4）同时要将社区体育工作列入街道居委会的发展规划及其工作职责，通过建立社区体育管理的约束机制，保证和促进管理者为社区体育发展进行有效服务。

（十）探索新型的社区体育组织管理网络

社区体育组织可以按“条、块、片、人”四个管理层次构架社区体育的组织管理网络。所谓“条”，即在政府的领导下，以体育行政部门牵头，会同有关单位，共同对社区体育进行规划和宏观管理。各市、县（市、区）政府、街道等部门负责对本地区社区体育的组织实施；所谓“块”，是在各级体育行政部门的指导下，以街道办事处为组织核心，吸纳辖区的机关、企业、部门、学校、居委会等，共同建立社区体育协会；所谓“人”，即抓好社会体育骨干人员的培养。社区体育组织管理网络的建立，在横向上突破了以往群众体育“以单位为主、以条为主”的管理体制，纵向上使社会体育深入到了基层，有利于形成“条块结合”“以块为主”的新型社会体育管理体制。

三、社区晨晚练点管理的基本方式

（一）晨晚练点的特点

社区晨晚练点（辅导站点）是指由公民自愿参加，在体育场馆、公园、社区街道、街心花园等公共场所设立的，以开展健身活动为目的的群众体育健身场所。它是目前我国社区体育中最普遍的一种组织形式，具有参加者以中老年、女性为主，活动内容以操、拳、功、舞为主，组成方式为自发性松散式，活动时间清晨为主，活动地点就近、就便等特点。

晨晚练点的自发性和松散性，使得它的组织化程度较低。其构成因素也比较简单，通常只要具备有共同体育兴趣的一群人，有1～2个愿意为参加者提供技术指导和服务的牵头人，有一块能满足练习需要的空地，再有一台具有播放功能的设备就可以组成一个活动点。长期以来，晨晚练点的管理归属不一，有的归企事业单位管理，有的归体育行政部门管理，也有的归工会和街道社区管理。社区体育兴起后，多数晨晚练点已归属街道社区管理，并将其作为社区体育的重要组织形式。

（二）晨晚练点管理的基本方式

1. 实行分级管理

区体育局对全区晨晚练点实行指导、监督，登记注册等管理工作。街道办事处、社区、村居具体负责对本辖区内晨晚练点的指导、监督和管理。各级管理部门应配合公安局、城市和执法局等有关部门在各自职责范围内，实施对全民健身晨晚练点的管理。

2. 制定晨晚练点管理规范

随着晨晚练点组织化程度的提高，规范活动点管理对于保证活动点健康顺利地发展十分必要。活动点管理办法要对活动点的注册登记，活动内容、收费标准、活动安全、活动点的卫生、活动点指导者的责任等提出要求或作出规定。要全面了解本社区晨晚练活动量的总量，各类活动点的数量和规模。只有在充分了解情况的基础上才能对晨晚练点进行规划和分类管理。街道社区每 1 ~ 2 年可以通过居（家）委会分片对晨练活动点进行注册登记。注册登记主要包括活动点名称、成立时间、负责人、活动内容、活动地点、活动时间、参加人数、会费标准和全体成员简况等。

3. 做好指导员的选拔培训工作

晨晚练点的指导员既是活动的组织者，又是活动点与街道社区的联络员，街道社区体协要做好活动点指导员的选拔培训工作，通过讲座、观摩、学习、交流，分期、分批地对各类项目活动点的指导员进行培训，提高他们的理论水平和技术水平。

4. 组织活动点之间的比赛交流

活动点之间的比赛和交流，可以通过竞争激发参加者参加体育锻炼的动机，增强兴趣，提高积极性，同时还可以通过比赛和交流达到加强社会交往，互相学习、共同提高的目的。比赛和交流将会给晨晚练点带来生机和动力。

5. 为活动点解决场地方面的困难

活动场地不足是目前晨晚练点面临的最大困难之一。活动点场地被挤占的现象时有发生，街道社区体协要帮助活动点抵制不合理的挤占行为，如确因城市规划需要使用活动点的场地，街道社区体协要为他们另辟活动场地提供支持和帮助。

6. 做好宣传发动工作

采取多种形式宣传、发动、组织居民积极参加晨晚练点，鼓励支持居民开设新的活动点，吸引更多居民参加体育健身活动。

三、综合性社区体育活动和竞赛管理的基本方式

（一）综合性社区体育活动和竞赛的特点

综合性社区体育活动和竞赛是指街道社区以上层次区域范围举行的参加人数多、设项较多的体育活动和竞赛。它具有以下特点。

1. 规模较大

通常街道社区运动会由本社区的居委会、学校、辖区单位参加，设有青少年、中年、老年等年龄组参加人数数百人以至上千人。区社区运动会则由各街道社区组队参加。

2. 设项较多

社区运动会的设项既可以设正规的奥运项目，如田径、篮球、排球、足球、乒乓球等；也可以设各社区自创的项目，如趣味运动会、秧歌队、健美操等。有比赛，也有表演，还有宣传活动。

3. 区域限制严格

如果是针对某个社区范围内的体育活动或比赛，则参加对象只限于这个区域，不能跨地区参加，各参加单位的参加者也只限于本区域，不得跨地域借人。

4. 组织工作较规范

综合性社区活动及竞赛一般规格较高，1～4 年举行 1 次，它既是对全社区体育水平的一次检阅，又是展示社区综合实力的一个窗口。因此，组织工作较为规范，通常有正规的开闭幕式和颁奖仪式，上级有关部门领导出席和来宾观摩等。

（二）综合性社区体育活动和竞赛的管理方式

1. 做好调查摸底

社区体育活动和竞赛是一项大众性的体育活动，涉及到人、场地、时间及经费等诸方面因素。因此，作为活动的主要组织者，必须进行协调工作，在调查研究的基础上，设计竞赛方案，提供给有关领导。需要调查了解的工作主要有：（1）了解参赛团体的群众和领导；（2）了解表演竞赛的场地与器材；（3）了解组织者与裁判

人员的素质与水平；（4）了解表演竞赛所需要的资金情况。

2. 成立筹备委员会

在调查摸底的基础上，就可以着手成立活动的筹备委员会。大中型综合性社区体育活动和竞赛应成立由主管社区体育工作的社区领导、文教干部、文体中心主任组成的筹备组（或筹备委员会），讨论制定组织方案，设置工作机构。整个活动由各工作机构根据组织方案实施。

3. 确定组织方案

组织方案是整个活动的依据，主要包括以下内容。

（1）活动及竞赛的名称和宗旨。主要根据社区体育运动的方针、任务和本次社区体育活动的性质和要求来确定。

（2）活动及竞赛的主办和承办单位。综合性社区体育活动和竞赛的举办有时是一家，有时是几家联合主办，这些在组织方案中都要明确。承办单位可以是多家，通常是主会场一个承办单位，其它各项活动再设不同的承办单位，这些也都要在组织方案中说明。

（3）活动及竞赛的内容与规模。根据活动宗旨确定活动的内容和每项内容的设项，以及各项内容的参加单位和参加人数。

（4）确定活动及竞赛举行时间、地点及日程安排。

（5）参加活动及竞赛的队数和人数。

（6）举办活动及竞赛的组织者、主持人和裁判员的人数及来源。

4. 成立组织工作机构

要根据活动及竞赛规模的大小、设项的多少成立相应的组织机构，即组委员。组委会通常由社区的领导和有关方面的代表组成。可以设主任、副主任和委员。日常工作由秘书长负责。组委会下设秘书组、竞赛组、集资组、宣传组等。同时各项活动或竞赛还要由承办单位牵头成立各分项组委员，负责各分项活动的组织领导工作。分项组委员下设组织、竞赛组、宣传组、场地器材组、保卫组等。

5. 经费预算

活动及竞赛的经费预算主要包括主会场的会场布置、宣传费用、车辆使用、招待费、印刷费、文具费、工作人员的补贴费和开闭幕式的费用，以及各分会场的各项费用。

6. 确定活动日程

要根据活动日期制定整个活动的日程总表，分项组委会再根据日程总表制定出各分项活动日程表，使整个活动的组织工作有序地进行。

7. 制订各分项的活动规律

分项组委会要依据大会的组织方案制订各项活动规程，其主要内容包括活动的目的任务、活动时间、项目设置、参加单位、参赛资格、活动和竞赛办法、录取名次和奖励等。

8. 严明纪律、奖励先进

为保证大中型社区体育活动的顺利进行，大会组委会要对各承办单位、参赛队、运动员、教练员、领队、裁判员提出纪律要求，对违反纪律的要给予处理。同时，为了鼓励有突出表现的代表团（队）、运动员、裁判员，承办单位和体育先进社区，可设置各类“体育道德风尚奖”“优秀承办奖”“优秀组织奖”和“体育活动先进社区”等奖项。做到奖罚分明。

9. 做好收集整理工作

做好活动及竞赛资料的收集与整理，并建立社区体育活动档案。

第七章 职工体育管理

职工体育是企业事业单位各项工作中不可或缺的重要工作之一。掌握与了解职工体育的特点、活动形式、地位和作用、管理组织、工作方式等内容，是搞好职工体育管理的基础。本章重点对职工体育管理的基本内容、组织管理体系及工作方式等内容进行了分析与探讨。

第一节 职工体育管理概述

职工体育是我国社会体育的组成部分。职工体育管理是指通过一定方式整合资源，以促使职工体育目的实现的过程。单位开展职工体育的目的主要是提高职工健康水平，调节情绪，增强对各种环境的适应能力和防止职业病。职工体育管理的基本内容包括职工体质健康、组织、活动等的管理。

一、职工体育概述

（一）职工体育的含义

职工体育概念是随着现代体育的普及和社会分工的深化而被明确提出来的，职工体育专指单位职工组织开展的社会体育，从参加对象上看，通常是国家机关、企事业单位的职工开展的群众性体育活动。职工体育通常以职工喜闻乐见的运动项目和适合职业岗位劳动特点的各种有益于健身和娱乐的锻炼项目为主。

我国职工体育是在1949年后发展起来的。在新中国建设之初，为“改善人民的健康状况、增强人民体质”，党中央号召，职工体育作为群众性的体育运动首先在厂矿、机关开展起来。1954年中华全国总工会设立体育部，具体领导开展职工体育活动。1958 年以后各地工会会同体委、人民武装部、共青团和妇女联合会等有关部门，在机关、厂矿、企业中开展了多种体育活动。在 1955 年，全国总工会就制订了《关于开展职工体育运动暂行办法纲要》，对开展职工体育运动的方针、任务、组织领导、工作方法、场地建设、经费来源等具体问题作出了明确的规定。2010 年，国家体育总局、中华全国总工会下发了《关于进一步加强职工体育工作的意见》（体群字［2010］88 号），对我国职工体育的组织领导、活动开展、保障条件等作了具体规定。党的十一届三中全会以后，明确了职工体育运动要为现代化服务。《全民健身计划》中重点强调各企事业单位要加强开展职工体育，要因地、因人、开展各种体育活动，引导职工健康、科学、文明健身。随着我国经济社会的不断发展，人民群众生活水平的日益提高，广大职工的体育健身意识得到明显增强，职工体育的发展有了进一步提高。

（二）职工体育的特点

1. 工余性

职工的主要职能是完成本职工作，因此，他们的体育活动主要利用工余间歇、双休日、节假日时间，就地就近组织开展体育活动。

2. 健身娱乐性

职工开展体育活动的目的主要以健身、休闲、娱乐性质的活动为主，锻炼者往往根据个人的兴趣爱好、职业特点、工作时间、健康状况等灵活安排。

3. 交往性

职工体育活动除以健身为目的以外，还在于通过体育活动促进相互交往，融洽情感，增强本单位职工之间、领导与群众之间的凝聚力。

4. 多样性

多样性表现在两个方面：其一是职工体育的活动形式多样，职工体育从以往的大型、集中、讲究规模的体育活动逐步趋于小型、多样、分散、自由、志愿的发展趋势；其二是职工体育的活动内容多样，不同年龄、兴趣、爱好、性别的职工可根据自身需要，选择不同内容的体育项目。

（三）职工体育的目的

1. 促进职工健康素质提升

健康是当前人们生活追求的主题，职工健康状况和体质的好坏，直接影响到其工作效率和质量。职工群众通过参加体育活动，科学地进行锻炼，对提高他们的健康水平和改善生活质量有着积极的作用。职工参加体育活动可娱乐身心，可增强体质和对环境的适应能力，对疾病的抵抗能力，进而改善职工精神面貌，提升个人整体素质。

2. 促进职工合法权益的实现

为广大职工提供更多更好的体育公共服务，让职工更多地分享经济发展、社会进步和体育发展的成果、享受体育带来的健康和快乐，既是广大职工应得的社会回报，又是维护职工合法权利，特别是维护职工体育文化权益的具体体现。

3. 促进单位文化建设的有效途径

职工体育活动有利于提高企业知名度和职工的自豪感，从而提高企业的凝聚力，在社会上树立良好的企业形象。现阶段我国职工体育的开展往往带有与组织文化建设相一致的特点，并逐渐融入组织文化建设之中。一方面，作为企事业单位文化有机构成因素的职工体育的发展必定要受到企业文化的制约，同时它又从多方面丰富和充实了企业文化的内容；另一方面，组织文化建设把职工体育提高到一个新高度，为职工体育的发展提供了新的动力。

4. 促进社会主义精神文明建设

大力开展职工体育活动，是加强社会主义精神文明的建设的一个重要方面。首先，职工体育活动能激励广大职工更加热爱增强凝聚力和整体意识。体现在工作上，则能使职工们敬业爱岗，热爱祖国；其次，职工体育活动可以加强职工的道德建设。体育活动增强了职工的体质，体质是思想道德素质基础。同时，体育活动需要有严谨的规则、特别是竞赛活动，双方队员必须服从裁判，遵守体育道德和规范才能将活动继续下去，这有利于加强职工队伍的道德建设。

5. 促进经济社会及体育事业的发展

人是推动社会发展的核心资源，职工则是生产力发展过程中最积极、最活跃的因素。职工体育活动是提高职工身体、思想素质与劳动生产力的积极手段，是体现单位文化内涵的有效载体，也是建设社会主义物质文明和精神文明的重要内容。大力发展职工体育，不断提高广大职工的体育意识和健康水平，对建立一支体魄强健、充满活力的高素质职工队伍，促进我国经济社会发展具有重要的现实意义和深远的历史意义。职工体育是我国体育事业的重要组成部分，切实加强职工体育工作，对努力推动我国由体育大国向体育强国迈进具有重要意义。

二、职工体育管理的含义

职工体育管理是指通过一定方式整合资源，以促使职工体育目的实现的过程。单位开展职工体育的目的主要是提高职工健康水平，调节情绪，增强对各种环境的适应能力和防止职业病。当前，在社区体育尚未能有效替代企事业单位职工体育的现状下，职工体育仍是我国社会体育的组成部分，职工体育管理不但影响着职工体育的发展，而且发挥着不可忽视的作用。

职工体育是国家机关和企事业单位利用职工的职业组织性来开展体育活动，职工体育组织者的组织者包括国家机关、事业单位、国有企业、乡镇企业、国营农场、私有企业、外资和合资企业等。我国职工体育的工作方针是“以经济建设为中心，为社会主义物质文明和精神文明建设服务，为职工群众服务，面向基层、面向生产、面向广大职工”，它精练概括了职工体育工作的基本要求，可以概括为“一个中心、两个服务、三个面向”的工作指导方针。同时，这也是我国职工体育管理遵循的指导方针。

《国家体育总局、中华全国总工会关于进一步加强职工体育工作的意见》（体群字［2010］88号）指出，机关、企事业单位应当按照《全民健身条例》的要求，成立相应领导机构，加强对本单位职工体育工作的组织与领导，把职工体育工作列入本单位的工作规划，保障和监督职工体育工作规划的落实，协调和解决工作中存在的实际问题。

三、职工体育管理的基本原则

（一）实际性原则

实际性原则要求“因人、因时、因地制宜”地开展职工体育工作，即在形式、内容和方法上要灵活机动，不拘泥于传统做法，不囿于条条框框。项目正规或非正规均可，场地不一定非要求合乎规格不可，规则也可随参加者水平高低作适当修改。因人制宜，是指根据不同年龄、职业及其习惯、爱好，开展与其相适应的活动；因时制宜，是指在体育活动的时间上的灵活性。早饭前、晚饭后和节假日的时间都可充分安排利用；因地制宜，是指除利用正规场地外，利用一切可能利用的空地和就近的自然地理条件来开展活动。

（二）业余自愿性原则

职工体育活动应坚持在业余开展，而不与生产争时间、争人员，8 小时以外的健身将成为社会的共识，成为现代职工体育工作必须遵循的原则。自愿原则是用宣传的方法提高职工对体育运动的认识，启发其对体育的兴趣和自觉行为，应力戒强迫命令和硬性组织，否则易引起逆反心理和抵触情绪。

（三）小型化原则

由于职工体育活动的业余化和活动内容的多样化，以前那种集中的、较大型的活动，越来越难以组织。由此出现的职工体育小型、分散、经常化的趋势，令许多职工群众自发的活动形式大量涌现。职工日常的体育活动规模不宜过大，小型则在人力、物力、时间上都简单省事得多，且应遵循就近就便的原则。形式和内容上力求多样化，主要是为了适应群众的不同兴趣和爱好，以便更广泛地调动职工群众参加体育活动的积极性。

（四）基层性原则

近年来，企、事业的管理体制改革以后，多实行经营承包制，这就使企、事业中的基层单位扩大了自主权。开展本单位职工体育活动所需的时间、人员调动、资金投入、场地使用都由基层单位自主决定，这就大大方便了职工体育活动的开展。职工体育活动重点放在基层的优越性，最主要的是可以解决与生产的矛盾问题。这可使职工体育真正做到服从生产，服务于生产，也有利于更多的职工参与体育活动。侧重基层可使全企业上层的工会、体协摆脱掉不少繁琐的行政事务工作，有时间多做宏观调控和深入基层调查研究，以及在业务上对基层的帮助、指导工作。

四、职工体育管理的基本内容

（一）职工体质健康管理

依据《中国成年人体质测定标准施行办法》的规定，要积极开展职工体质测定工作，在医务部门的配合下，建立职工体质档案，以科学指导健身。

（二）职工体育组织管理

职工体育组织管理包括对各级各类群众体育政府组织，专门负责开展职工体育的社会团体的组织机构设置、人员安排、资源调配等的管理。

（三）职工体育活动管理

主要包括宣传、竞赛、科研及对外交流等活动的管理。要利用一切传播媒介扩大体育科普宣传，介绍体育锻炼的作用和方法，表彰职工体育先进单位，吸引更多的职工进行体育锻炼；职工体育竞赛管理对职工体育的开展具有导向和控制的功能，管理的基本内容包括：职工体育竞赛计划管理、职工体育竞赛的过程管理等；要对职工体育、身体锻炼、娱乐体育方面的科学研究及其成果推广进行管理，对体育科学刊物的管理，还包括对职工体育科研机构和人员的管理；职工体育对外交往管理包括和国际群体组织（如国际体育联合会）、各国职工体育组织之间的交往及民间交往等。

（四）职工体育场地设施及设备管理

开展职工体育的基本场地设施及设备的管理包括职工体育场地设施的规划、建设、经营开发和利用等；体育设备包括器材和服装的规划、购置等。职工体育场地设施是开展职工体育运动的基本物质条件，它不仅是职工进行体育锻炼的基地，而且也是活跃职工文化生活，进行社会主义精神文明建设的场所。因此，搞好职工体育场地设施的建设和加强对现有设施的管理，是职工体育组织部门一项十分重要的工作。

（五）职工体育经费管理

加强职工体育的经费管理，积极地开发，正确地分配，合理地使用职工体育经费，对于加快职工体育事业的发展，提高职工体育经费的使用效果具有极其重要的意义。职工体育经费管理的基本内容包括经费的筹集、分配和使用。职工体育经费管理的目标是为了提高资金的使用效果，即用最少的经费，取得最大的效果。

（六）职工体育评价管理

职工体育工作评价是检查和衡量职工体育发展水平的重要工作，包括体育人口的统计，职工体质的调查，疾病状况的调查、体质测定、体育物质条件的统计等等。

第二节　职工体育管理体系

我国职工体育管理主要涉及体育局、体总、单项体协、行业体协、其他部委、工会、共青团及妇联等系统。根据这些系统的性质，我国职工体育管理可分为政府管理部门和社会管理部门两大类。

一、政府管理体系

（一）政府专门管理系统

职工体育在各级人民政府的统一领导下，具体工作由体育行政部门做为主管推动开展。职工体育管理的政府专门管理系统是对职工体育实行全面管理的专门机构的统称，由国家、省、自治区、直辖市、地（市）、县各级体育局构成。作为国务院的体育行政主管部门，国家体育总局统一领导、协调、监督全国体育事业。各级体育局主管本区域职工体育工作。国家体育总局群体司及各地体育局群体部门负责对单位体育的方针、政策、制度、规划的制定。根据《国家体育总局、中华全国总工会关于进一步加强职工体育工作的意见》（体群字［2010］88号），各级体育行政部门要发挥政府职能部门的主导作用，按照国务院《全民健身条例》的要求，将职工体育工作纳入本地全民健身总体规划当中，科学规划，全面统筹。

职工体育属于社会体育的组成部分，政府管理部门需要运用宏观调控手段，在面向全民的基础上，加强对单位体育工作的指导、配合、协调，充分发挥各级工会对单位体育的组织领导作用，体现单位体育管理以工会为主的特点。职工体育的开展计划，必须纳入体育管理部门工作整体计划之中，以使体育管理部门从宏观上进行调控。在对职工体育的组织实施上，体育管理部门也要主动发挥领导和具体指导职能。

（二）政府非专门管理系统

职工体育管理的政府非专门管理系统由相关部门设立的主管职工体育的机构构成。除国家体育总局外，国务院其他部委分别主管各自单位系统的职工体育工作。

二、社会管理体系

（一）社会专门管理系统

职工体育社会专门管理系统包括中华全国体育总会所属的行业体协和中华全国总工会及各级地方工会。

中华全国总工会系统作为我国职工体育的领导机构，各省市、县工会宣传教育文化体育部具体负责开展职工体育活动，地方工会以工人文化宫为主阵地、产业工会以工人俱乐部为主阵地，在行业体协和其他体育管理系统的协助下以单位为落脚点开展职工体育活动。

1955 年 10 月以前，中华全国总工会管理职工体育工作的机构是全国总工会下设宣传部。1955 年 10 月建立了全国总工会体育部。1982 年 7 月，体育部与宣传部、教育部合并，改称为全国总工会宣教部，宣教部下设体育处。1992 年 9 月，为适应职工体育发展的需要，并使组织机构名称与工作内容相一致，改称全国总工会宣传教育文化体育部，下设体育处。根据《国家体育总局、中华全国总工会关于进一步加强职工体育工作的意见》（体群字［2010］88 号），各级工会组织要充分发挥在组织开展职工体育工作中的重要作用，根据本地区、本单位职工体育工作实际，成立专门机构，配备必要的专职体育干部。

为进一步推动职工体育的发展，2004 年 3 月 18 日正式成立了中国职工文化体育协会（下设职工体育委员会主管体育工作）。该协会是经民政部批准成立、由中华全国总工会主管的国家一级社团。该协会的成立，将工作目标确定为加强与党和国家有关文化体育部门的联系与沟通，大力推动社会各界关心支持职工文化体育工作，组织开展全国性的职工文化体育竞赛、交流、展演、展示活动，推动职工文化体育事业发展，指导基层单位和职工群众开展丰富多彩的文化体育活动。

各省、自治区、直辖市总工会管理职工体育的机构个别为体育部，绝大多数为宣传部。行业体协在所属部委领导下，作为中华全国体育总会的团体会员，负责本系统的体育工作。它们既属于群众团体，又是开展本系统职工体育工作的职能部门。行业体协由各类单位按系统组成，自成体系。行业体协具有雄厚的经济实力，较完善的组织机构、较好的体育设施、经验丰富的体育干部队伍及较为完整的教育体系，通过行业体协组织领导本行业的体育工作，易于管理、协调，便于开展活动。因此，它是推动整个单位体育工作不可忽视的力量。

职工体育协会是指在民政部门注册，由地方总工会主管的群众性体育组织和非营利性的社团法人组织。目前各厂矿、企业、事业、机关等基层单位普遍建立了从属工会领导的基层职工体育协会，具体负责本单位的职工体育工作。也有少数单位是在基层工会委员会中建立职工体育工作委员会或体育部，也有的建立文化体育工作委员会或文体部。

基层社会体育组织一般是在体协领导下或指导下建立起来的，通常有基层体育协会、老年人体育协会、伤残人体育协会及各单项体育协会等。基层体协是群众自愿组成的业余社会体育团体，是中华全国体育总会的基层组织，具体负责本单位的职工体育工作。有少数单位是在基层工会委员会中建立职工体育工作委员会或体育部，也有的建立文化体育工作委员会或文体部。基层体协根据工作需要，设专人或一定机构分工负责日常工作，工会有一名主席或副主席分管体育工作。在车间、科、室设体协分会或体育委员，负责开展本部门的体育工作。

随着我国市场经济体制改革的逐步深入，职工体育组织近些年出现了许多新的创造和发展，一些省区建立了职工体育协会、联合会和基金会，一些城市建立了片区联合的地区体协、街道体协、有的厂矿建立宿舍区的幢区体协，还出现了各种体育宣传部，这些组织的特点是：横向联系，结合经济，促进提高，推动普及。其中街道体育协会和体育宣传部使职工体育活动与城市居民的社会的群众性体育活动在组织上联系起来，与整个城市的精神文明建设联系起来，既有利于使厂矿机关职工的体育得到更广泛的支持，又有利于推动整个城市社会体育活动的开展。

（二）社会非专门管理系统

职工体育社会非专门管理系统是指共青团、妇联等群众组织系统。我国全民健身计划的实施，为工会、体协与共青团、妇联等群众组织共同开展职工体育创造了良好的时机和条件。因此，工会、体协在开展活动时，应主动寻求共青团和妇联组织的配合和帮助。

第三节　职工体育管理的基本方式

当前，我国职工日益呈现出参与体育的主体意识不断增强，职工体育管理手段多元化，职工体育活动内容与形式多样化等特征，为此，在开展职工体育时，必须尽量做到争取单位领导对职工体育的重视和支持，组织丰富多彩的体育活动和竞赛，大力加强职工体育组织建设等举措。

一、职工体育管理注意的问题

（一）职工参与体育的主体意识不断增强

计划经济时期，职工的工作、生活、教育、就医，以及子女人托上学、就业安置等都是企业来负责安排。职工依附于企业，形成较强的单位意识。随着企业经营机制的转换、单位后勤工作的社会化，企业职工一切依附单位的观念意识受到严重的冲击，由此带来职工自身的主体意识的增强和独立性的加强。职工参与体育的主体意识、参与意识日益增强，精神需求日益增长，他们迫切需要通过体育活动来获得精神上、心理上的享受，通过体育活动来表现自我。

（二）职工体育管理手段多元化

我国职工体育原有的体育组织多依托企业行政系统的力量进行组织和控制，职工体育的管理手段多体现出指令性特征，即体育活动多依托企业行政系统的力量进行组织和控制，如企业运动会、广播操、达标活动等。社会主义市场经济条件下，单位办社会的效用逐渐降低，使得过去仅靠单位提供的体育福利开始转由其他方式（如社区体育公益事业）来提供。另外，由于企业完善经营管理机制，如实行优化组合、定编、定岗、定员，使部分利用工作时间开展体育活动的可能性大大降低，职工体育向 8 小时以外转移，使企业依靠行政手段组织体育活动的效用也大为减弱。这使得原有的管理手段受到了挑战，过去那种在计划经济基础上形成的行政管理手段显然已不再奏效。新形势下，营造良好锻炼氛围、改善锻炼环境等多种手段成为职工体育管理的重要举措。

（三）职工体育活动内容与形式多样化

原有职工体育模式的主要活动内容多从体质出发，以常规的集体性的广播操、竞技项目比赛和运动会为主。近几年来，职工对这些内容的兴趣下降，体育活动沿着健身、调心、益群等多种维度展开，并与其他文化形式结合，出现多样化的趋势，呈现出功、拳、操、舞、趣味项目等各种类别争奇斗妍的局面。活动内容的多样化，打破了职工体育行之已久的活动常规。在活动形式上，不再拘泥于单位的组织形式，职工自发以及参加各种社会组织举办活动的形式日益增多。

（四）职工体育组织体系网络化

当前我国职工体育的开展逐渐打破由各企事业、行业独家经营和“条条块块”封闭分割的格局，开始朝横向方向发展，并陆续出现了与其他企业、事业单位联合，或与社区体育交叉的新的网络化组织体系的趋势，并出现了较为稳定的职工体育组织形式，如以职工体育俱乐部为基础的社会体育组织，厂矿企业建立基层职工体育组织等。

（五）职工体育经费来源多元化

随着职工体育活动的广泛开展，体育经费来源正在向着多渠道拓展，并逐步形成单位行政拨款与财团集资、群众个人出资、社会募捐的多元化集资趋势。

二、我国职工体育管理的基本途径

（一）争取单位领导对职工体育的重视和支持

企、事业单位领导对职工体育的认识水平和态度，直接影响本单位职工体育的开展。只有领导充分认识和理解职工体育的功能、作用，认识到开展体育活动与单位主业之间的相互联系，才能对职工体育给予各方面的支持。许多职工体育先进单位的共同经验之一，就是领导重视体育，并能率先垂范，亲自参加体育活动。为此，职工体育管理部门应当经常主动地向领导宣传、汇报和请示体育工作，积极争取领导对职工体育工作的重视与支持。

（二）组织丰富多彩的体育活动和竞赛

要推广普及有利于广大职工积极参与的体育健身项目，组织开展形式多样的职工体育健身交流、展示和竞赛活动。要广泛开展符合职工身体状况和职业特点、喜闻乐见的健身活动和体育竞赛。开展职工体育活动要突出特色、趣味性和健身性，可结合节假日开展体育活动。要大力提倡广大职工在工余、双休日、节假日参加社区组织的各种体育活动。有条件的机关、厂矿、企事业单位，应向所在社区的居民开放体育设施，为居民参加体育活动创造条件。

（三）大力加强职工体育组织建设

我国基层职工体育的管理普遍是由从属于工会的体育协会等组织负责，为此，应始终加强对职工体育组织建设的力度。职工大部分生活都在单位内进行，工作区和生活区距离较近，职工对组织的依赖性也很高，以俱乐部的形式开展职工体育活动既方便职工在工作和生活之外进行锻炼，利于开展职工体育，又可丰富他们的业余文化生活。职工体协可在俱乐部之外起宣传、指导的作用。而对于小的单位、机关、企业，可以与蓬勃发展的社区体育相结合来发展职工体育，亦可与社会办的健身俱乐部协同开展。

（四）积极为开展职工体育工作创造条件

各类机关和企事业单位应当把职工体育活动经费纳入本单位的年度财政预算，

为开展本单位职工体育活动提供经费支持。各级体育行政部门每年应按照一定的比例从本级体育彩票公益金中拨出资金，用于组织开展本地区职工体育工作。各级工会和职工体育协会要多渠道、多形式筹措资金，积极争取财政经费和社会支持，发展职工体育事业，实现职工体育经费和资源的多元化。各类机关和企事业单位要积极为本单位职工参加体育健身活动创造条件，鼓励有条件的单位采取建设、开放、开办、合办等多种途径，新建职工体育活动设施。要加大现有体育场地设施的开放力度，将自己所掌握的场地器材，为群众提供方便，提高运动场所和运动器材的使用率。有条件的机关和企事业单位应当按照《全民健身条例》的要求，定期开展职工体育锻炼达标活动和体质测试工作，并把职工体质测试结果作为制定本单位职工体育工作计划的依据，努力提高开展职工体育工作的科学化水平。

（五）妥善处理好不同利益主体间的关系

正确处理好主业与职工体育的关系。职工体育与企业生产是一个辩证的统一体，既有一致性，也存在着矛盾性。在两者发生矛盾时，要坚持生产第一原则，正确处理好体育活动和企业生产的关系，将体育活动融入企业生产建设和企业文化建设中。职工体育作为企业经济发展中的一个组成部分，不能脱离企业的中心任务而独自运行。在坚持职工体育常抓不懈的同时，还要根据生产任务或工作任务的轻重缓急，适当调整和安排体育活动。本职工作与体育活动从本质上不是对立的，但从时间分配上若协调不好就会出现矛盾，所以开展职工体育工作时一定要处理好两者的关系。

正确处理经济效益与职工体育的关系。搞职工体育活动是要花钱的，一些单位的领导认为花钱搞体育不值得，还有的单位因经济效益不好，认为没有活动经费就搞不了体育。事实上，无论经济效益如何，职工体育都应坚持开展。因为职工体育虽不能直接创造经济效益，但可以激发职工的积极性、创造性，提高职工的健康水平，间接地提高劳动生产率。这对于无论是经济效益较好的单位，还是经济效益不好的单位，都显得尤为重要。

处理好工时制度与职工体育的关系。我国现在实行每周 5 天、每天 8 小时的工时制，这种时间因素是开展职工体育活动所必须考虑的。只有处理好工时制度与职工体育的关系，才能兼顾和协调好生产与体育的关系，利用双休、节假日或班前、工间，适宜地安排小型、多样的体育活动，如广播操、工间操、乒乓球、羽毛球等。

（六）营造有利于职工体育发展的社会环境

职工的体育行为受职工体育意识、体育价值观的影响，要使广大职工自觉积极地参加体育活动，应从他们的体育意识上下功夫。各级管理部门要加强职工体育的政策指导和宣传鼓励，可采用板报、广播、电视、报纸、讲演、体育竞赛等方式大力宣传体育的作用，宣传体育锻炼积极分子的典型事迹，宣传科学锻炼的知识和方法等。通过宣传，营造出浓厚的体育氛围，鼓励、激励职工积极参与体育活动。要支持和鼓励广大职工对职工体育改革与发展中重大理论问题和实际问题进行大胆探索，提出对策建议。通过举办多种层次职工体育学术会议，提供学术和经验交流的平台，提高职工体育科学化水平。

第八章　农村体育管理

农村体育是我国体育事业的一个重要组成部分。我国农村体育管理的主要目标是普及群众性的体育活动，不断提高广大农民的身体素质和科学健身知识，为丰富农民的业余文化生活和推进农村两个文明建设发挥作用。本章重点对农村体育管理的基本内容、管理体系及管理方式等内容进行了介绍。

第一节　农村体育管理概述

开展农村文化体育活动，丰富农村精神文化生活，是党和政府高度关注的重大命题，是全面建成小康社会的重要内容。农村体育具有多重目的。农村体育管理是指通过一定方式整合资源，以促使农村体育目的实现的过程。农村体育管理的基本内容包括活动、组织、场地设施管理等内容。

一、农村体育概述

（一）农村体育的含义

农村体育是在农村地理范围内，以农村人口为参与主体所开展的体育。农村体育涉及特定的地域范围，它是在一定地域（农村）开展的体育。农村体育是我国体育事业的重要组成部分，它不仅是新农村建设的重点，也是农村工作中不可缺少的重要组成部分。我国是一个农业大国，广泛开展农村体育活动对于增强广大农民体质、提高农民的健康水平、丰富农村业余文化生活有着重要作用。改革开放以来，迅速兴起的农村文化中心、文化站、青年之家把体育活动作为重要内容，农村体育正朝着阵地化、经常化、多样化方向发展。

开展农村文化体育活动，丰富农村精神文化生活，是党和政府高度关注的重大命题，是全面建成小康社会的重要内容。党的十六届五中全会提出了建设社会主义新农村的重大历史任务。2006 年《中共中央国务院关于推进社会主义新农村建设的若干意见》明确指出，要繁荣农村文化事业，加强农村公共文化设施建设，构建农村公共文化服务体系，推动实施农民体育健身工程，积极开展多种形式的群众喜闻乐见、寓教于乐的文体活动。随后，国家体育总局及时颁布了《关于实施农民体育健身工程的意见》，加大扶持力度，推动农村体育场地设施建设成为一种政府使命。国务院发布的《全民健身计划（2011—2015 年）》要求，地方各级人民政府将发展农村体育纳入当地全面建设小康社会和社会主义新农村建设规划，逐步建成城乡一体化的全民健身公共服务体系，增强农村基层体育公共服务能力。党的十八大报告再次强调，让人民享有健康丰富的精神文化生活，是全面建成小康社会的重要内容，要加大对农村和欠发达地区文化建设的帮扶力度，广泛开展全民健身运动，促进群众体育和竞技体育全面发展。

（二）农村体育的特点

由于农民在生产方式、生活环境和生活习惯等方面与城市居民存在较大的差别。因此，我国农村体育表现出如下特点。

1. 锻炼时间具有随意性和季节性

一般而言，农村体育的组织性相对较弱且农民体育活动的开展易受生产活动、体育意识及观念、健身条件等的限制，因而农村体育的随意性较强。农村体育由于受生产活动的影响较大，因而具有明显的季节性特点。在农忙季节的体育活动较少，或者至多是结合劳动和休息时间进行。只有在农闲季节或隆重节日，体育活动才具有广泛的社会性，也促使自发性体育活动延续和发展起来。

2. 活动形式灵活多样

在活动和组织形式上具有极大的灵活性。既可以个人为单位，亦可以群体为单位；既可由社会集团组织，亦可由参与者自由组织。就其身体锻炼的形式而言，更是丰富多采，因人而异，因时因地制宜，没有统一的模式。同时，受经济及生活条件的制约，农民在选择体育锻炼时，大多选择经济实用且对锻炼场地条件等无特殊要求的项目，如拳、功、操等项目。

3. 体育活动内容丰富

中国的农民体育具有悠久的历史。在一些地方和少数民族地区中，很早就有了武术、摔跤、马术、划龙舟等民间体育活动。我国农民体育活动的内容十分丰富，所以在参加体育锻炼的过程中，广大农民可以根据自己的具体情况随意选择自己所喜欢的活动内容。农村开展的体育活动内容多带有浓厚的乡土气息，有明显的文化继承的特点，如五月端午南方农村中开展的龙舟竞渡，北方农村正月闹社火、舞龙、舞狮、踩高跷、扭秧歌等文化内涵深厚。

4. 体育活动的传统性较强

在中华民族的历史潮长河中，经过洗刷、筛选、提炼，许多优秀体育项目一直流传到今天，具有鲜明的传统性，如新年的龙灯狮舞、端阳的龙舟竞渡、重阳的登山活动。有许多项目，被深深地打上地方烙印，南北东西各不相同，南方的农村喜赛龙舟，北方农村喜赛马。至于农村少数民族绚丽多彩的体育项目则更为突出，世界上像我国有几百种少数民族体育项目的国家十分少见，如叼羊、抢长炮、荡千秋、珍珠球、木球、射箭、摔跤等项目。

5. 体育开展的基础条件相对落后

由于我国农村经济基础比较薄弱、发展不平衡，不少地区的体育场地、器材仍非常匮乏，农民参加体育活动既无人组织，又无处可去，致使文化体育等健康文明的生活方式没有进入到农民的生活中去。另外，我国广大农村的体育观念相对而言比较落后，把劳动与体育等同，认为劳动能代替体育的观念依然占据大部分农民的头脑。要使大多数农民能自觉地、科学地、有组织地开展健身活动，是摆在每一位体育工作者面前一项十分艰巨的任务。

（三）农村体育的目的

1. 提高农民的健康水平

在我国广大农村，农民的健康水平普遍偏低，几次大规模的中国成人体质测定结果均表明，农民的身体形态、素质、机能等大部分指标低于科技人员、行政管理人员、工人等人群，部分地区的农民仍是癌症、心血管疾病和各种传染病的高发人群。受落后观念的影响，“劳动就能代替体育”的观点相当普遍。开展科学的体育活动，则能使文化、体育等健康文明的生活方式进入农民的生活中去，利于提高农民的身体素质和生理机能。

2. 促进农村物质文明建设

体育的竞争意识、进取精神、群体意识都可内化为农民的一种精神品质，进而影响到其生活、工作及生产方式。如有些农村地区通过举办传统体育项目比赛，在比赛过程中，农民不仅参加了体育比赛又交流了农业种植技术和致富技术，进而推动了农村经济的全面发展。而经济的发展给农村体育的开展又注入了新的活力，有利于推动农村体育场馆建设、体育比赛活动和组织建设等，使农民的身心素质得到锻炼，从而提高劳动效率，促进生产力的发展。可见，农村体育可极大促进农村物质文明的建设。

3. 促进农村精神文明建设

随着社会主义现代化建设全面开展，我国农民观念虽然有了较大的转变和进步。但由于历史的原因，农民的生活水平还处于较低水平，农村普遍的文化水平、文明程度与城市相比还存在很大的差距，许多陈规陋习、封建思想还存在。而开展农村体育，对于改善农村干群关系，废除陋规恶习，激发人们的上进意识和竞争意识都具有独特的作用。通过开展健康的农村体育文化活动，可以丰富农民的业余文化生活，使农民在精神上有新的追求，迷信落后的生活习俗不再延续。通过参加体育比赛以及观看体育比赛以激发农民爱国家、爱集体、爱家乡的热情，强健农民的体魄、娱乐农民的身心、陶冶农民的情操，培养他们团结合作、拼搏进取的精神。因此，开展农村体育对农村精神文明建设是十分必要的。

4. 培养体育后备人才

我国有 9 亿多农民，开展农村体育运动是实现全民健身计划和奥运争光计划的基本保证。我国有 80% 的学生在农村，他们中很多人具有体育运动天赋。中国的农民向来具有吃苦耐劳的优良传统，这些农民的子女从小就受到家庭的熏陶，养成了适合从事体育运动特点的性格，又因为农村地域特点以及农村经济发展的关系，农村学生的家长也较为支持学生参加体育训练。另外，农村的劳动实践中有很多同体育运动项目有关联，如沿海地区的游泳、划船。据不完全统计，我国有 70% 优秀运动员来自农村。因此，农村体育对我国体育后备人才的培养具有现实意义。

5. 促进民间传统体育项目的发展

我国地域广阔，民族众多，各地风俗人情迥异，具有十分丰富的民间传统体育项目，且历史悠久。由于经济相对落后、观念陈旧及社会体育活动开展不够普及等原因，制约了民间体育项目的进一步发展，很多民间体育项目失传。开展体育活动能促进农村经济发展、转变观念，使农民对体育有新的认识，从而丰富社会体育活动的内容，也使得民间传统体育项目获得发展的新机遇。

（四）农村体育活动的组织形式

农村体育活动的组织形式主要有 3 种。

1. 个人和家庭体育

个人和家庭体育是近年来国内外都得到提倡的一种活动形式。这种活动形式不仅能够有效的利用每一个农村家庭的余暇时间，而且更能促进家庭成员之间的互相了解，保持家庭的和睦与康乐。

2. 村级锻炼小组的体育活动

这类活动一般多见于我国富裕乡镇的村落，它多是按照一定的计划安排活动，并能得到体育专业人员的指导，锻炼效果较好。另外一方面，村级锻炼小组活动的进行，还可以有组织地丰富农民的余暇文化生活，并能有效地促进社会的稳定。

3. 乡镇体育指导站的活动

随着我国农村体育的深入开展，在农村经济发达地区的体育先进乡镇中，参加体育锻炼的人数逐年增多，参加的活动内容和项目越来越丰富，并建立了一批体育活动与健身场地，有的还建立了与乡镇文化中心相并列的体育中心。在现有的乡镇体育指导站中，大致有以下三种管理模式：（1）在乡镇政府的直接领导下，从组织上、管理上、经济上完全脱离了乡、镇文化站的独立的事业机构和经济实体；（2）在管理上、经济上已完全独立，有专职的干部和管理人员，但在组织上，乡镇政府仍委托文化站统一领，通常由文化站长兼任体育指导站站长，配一名副站长专管；（3）在乡、镇文化站内有专职体育干部和管理人员，行使体育指导站的一切职能，在文化站的统一领导管理下工作。

二、农村体育管理的含义

农村体育管理是指通过一定方式整合资源，以促使农村体育目的实现的过程。

不同管理主体通过对农村体育的有效管理，可以实现以下目标，贯彻国家有关体育和农村工作的法规及方针政策，发展体育事业，增进农民的身心健康，培养有理想、有道德、有文化、守纪律的新型农民，建设社会主义新农村；紧紧围绕发展经济、建设小康的目标，全面落实全民健身计划，大力倡导和推广适合农村特点、科学、文明、健康的健身方式，提高农民的生活质量；健全业余训练体系，发现和培养优秀体育后备人才；加强农村体育场地设施建设和管理，改善和提高群众体育健身的物质条件；发展体育产业，培育和发展体育市场。促进农村经济和社会的协调发展，为农业和农村工作服务。由于农村体育管理主体的层次、系统均有所不同，因而在实现上述管理目标的程度及侧重点上有所区分。

农村体育的组织主体主要包括县级体育组织、乡镇体育组织和村体育组织。县级体育组织主要包括县政府主管体育的部门及体育社会团体，主要职责是对本县范围内的社会体育进行规划和协调。乡镇体育组织是一个中介组织，主要负责乡镇范围内的农民体育工作。村体育组织是农村体育最基层单位，它直接联系广大农民，组织开展体育活动。

三、农村体育管理的基本内容

（一）农村体育活动开展

农村体育活动管理主要包括各类活动的组织开展，宣传推广、监管以及评估等内容。

（二）农村体育组织管理

农村体育组织管理主要相关组织的机构设置、权限划分、运营机制等内容。

（三）农村体育场地设施建设

在当前农村体育资源非常匮乏的情况下，合理开发利用农村体育场地设施对推动农村体育具有十分重要的意义。农村体育场地设施管理主要包括的场地设施的建设规划、组织实施、维护、使用、开放及运营等内容。

（四）农村体育骨干培养

农村体育骨干包括社会体育指导员和组织、指导群众开展体育活动的体育教师、教练员、裁判员及其他志愿者等。对农村体育骨干的管理主要包括体育骨干的选拔、培养、使用等内容。

（五）农村体育经费管理

农村体育经费是农村体育管理部门开展体育活动的财力资源。农村体育经费的管理主要包括对经费的筹措、分配、调拨和使用管理。

第二节 农村体育管理体系

我国农村体育管理涉及各级体育行政部门、体总、单项体协、行业体协、其他部委、工会、共青团及妇联等系统。根据这些系统的性质，我国农村体育管理可分为政府管理和社会管理体系两大类。

一、政府管理体系

（一）专门管理系统

农村体育在各级人民政府的统一领导下，具体工作由体育行政部门做为主管推动开展。我国《宪法》第89条第七款规定：国务院行使“领导和管理教育、科学、文化、卫生、体育和计划生育工作”的职权。中央和地方各级体育部门都相应地设立下属的司、处、科，领导和管理体育健身活动。《国家体委关于深化改革加快发展县级体育事业的意见》（国务院办公厅1996年11月25日转发）规定：县级人民政府负责领导、协调、监督和管理体育工作。农村体育是县级体育工作的重点。要把发展农村体育放在突出的位置。积极开展多种形式的农材体育活动，提高农民身体素质，为发展农村经济服务，为促进农村精神文明建设服务。国务院发布的《全民健身计划（2011－2015年）》强调，地方各级人民政府将发展农村体育纳入当地全面建设小康社会和社会主义新农村建设规划，统筹城乡全民健身事业发展，促进城乡体育资源和公共体育服务均衡配置，逐步建成城乡一体化的全民健身公共服务体系，增强农村基层体育公共服务能力。

国家体育总局2002年发布的《农村体育工作暂行规定》（体群字〔2002〕53号，以下简称《规定》）第一章总则第二条规定：各级人民政府体育、农业部门应当根据各自职责，做好农村体育的管理和组织工作；第一章总则第五条规定：农村体育应当纳入当地国民经济和社会发展整体规划，纳入社会主义精神文明建设和小康建设内容。各级体育主管部门应当明确农村体育在体育事业中的基础地位，加强政策支持和技术推广，加大资金技入，扶持体育场地设施建设。对在发展农村体育事业中做出突出贡献的组织和个人给予表彰和奖励。

《规定》第二章组织管理第八条指出：县级体育主管部门应当加强本行政区域农村体育工作，建立与当地农村体育发展相适应的工作机构，配备工作人员，会同有关部门共同推进农村体育事业的发展。从行政系统来看，县一级政府体育主管部门，在农村体育管理中起到了重要的作用。我国县级体育主管部门（体委）具有政府管理职能，部分体委辖有业余体校、体育指导中心、体育场、馆等事业单位和实体。县体委依法对全县体育事业、体育产业发展进行监督、管理等。但在20世纪90年代中期进行的政府机构改革中，部分县级体委被撤销合并，这在一定程度上削弱了农村体育的组织管理力量。在我国县级体育机构改革中，出现了保留、合并和变更为事业单位等多种形式，有的仍称为县体委，有的改称为文体委（局）、教体委（局）、体育局、文化体育卫生局、社会发展局、文教体委、文教体卫委、文教体卫广播委等，名称有40多种。

《规定》第二章组织管理第十条指出：乡镇、居委会应当加强对体育工作的领导，应当为群众参加体育活动创造必要的条件，支持和扶助群众性体育活动的开展。村民委员会、居民委员会和基层文化体育组织应当组织开展群众性体育活动。我国县级体育主管部门一般设有群体股，并有专人负责社会体育工作。

乡镇一级体育的管理部门是文体站，村级没有设立体育管理的专门机构，一般由村干部兼职管理。我国农村体育工作的基层管理单位是村委会、居委会。

（二）非专门管理系统

政府非专门管理系统是指在政府其他一些部门，如农业、教育、卫生、民政等也设有相关农村体育管理部门，负责本系统的农村体育工作。

二、社会管理体系

（一）专门管理系统

农村体育的社会管理部门主要包括管理农村体育工作的各级社会体育指导中心、体育总会，以及各级农民体育协会、民间体育组织等。

《规定》第二章组织管理第九条规定：有条件的县可以建立社会体育指导中心，乡镇、居委会可以建立体育指导站。县、乡镇、材和居民小区适时建立和发展体育健身点。社会体育指导中心、体育指导站、体育健身点应根据当地条件安排场地设施，制定工作计划，结合其他文化体育工作配备专兼职工作人员，安排一定的活动经费。县级体育主管部门和乡镇、居委会应当加强对社会体育指导中心、体育指导站和体育健身点的管理，为其开展工作创造条件。

《规定》第二章组织管理第十一条规定：县应当根据条件和工作需要，建立体育总会，对农民体育进行组织和指导。县、乡镇、居委会应当积极建立农民体育协会、老年人体育协会、单项体育协会等体育社会团体。体育社会团体应当加强自身建设，依照法律、法规和章程开展工作。

中国农民体育协会是组织指导全国农民体育运动的群众性团体，成立于 1986 年 9 月。宗旨是贯彻执行国家的体育法律法规，宣传党和政府有关体育工作的方针、政策，广泛团结农民体育积极分子和农村体育工作者，推动农民体育运动的发展，为促进广大农村的社会主义物质文明和精神文明建设服务。2002 年 10 月 11 日《中国农民体育协会章程》（经 2002 年 10 月 11 日第四届全国会员代表大会表决通过）规定：中国农民体育协会是组织与指导全国农民体育运动的非经营性行业协会，是中华全国体育总会的团体会员。在农业部、国家体育总局的领导和指导下进行工作。各省的农民体育协会是中国农民体育协会的团体会员。

农村乡镇体育协会主要包括老年体育协会和单项体育协会。小城镇的经常性体育活动一般由体育协会、晨晚练点及体育俱乐部负责，非经常性体育活动一般由体育行政组织负责。非经常性体育活动主要包括不定期开展的各种大中小型运动会、各种比赛、各种表演、技术培训等，经常性体育活动主要包括日常开展的晨练、晚练、广播操、健身操、跑步、散步、球类、武术和太极拳等。

农民体育民间组织是人民群众自发成立起来为了实现某种共同的体育目标的一类农民体育组织。主要包括基层体育指导站、体育健身点等。这类组织的基本职责是：根据规程筹募活动经费、发展会员、增加农村体育人口；为会员提供活动场地、器材和技术指导等；组织某些相关活动的比赛或集会等；积极发展与其它相关活动协会之间的联系等。

（二）非专门管理系统

农村体育的社会管理部门主要包括管理农村体育工作的各级工会、共青团、妇联等。政府非专门体育管理系统和农村体育社会管理系统对农村体育的辅助管理职能只停留在县区一级，到了乡镇就较少有设立相应的机构。

第三节　农村体育管理的基本方式

从小城镇的发展速度态势看，要优先发展富裕和体育基础较好的乡镇，并且要以乡镇为重点。要大力推动农村体育活动的开展，建立健全基层农村体育组织。农村体育管理的基本途径包括充分发挥政府主导作用，争取有关部门的重视。广泛调动各种力量开展农村体育。加强组织建设，不断提高农村体育的组织化水平等。

一、农村体育管理的基本要求

（一）把乡镇作为农村体育的主阵地

乡镇是构成农村社会的基础，只有乡镇的全面发展和进步，农村才能真正进入现代化。党的十六大以来，在对农村的发展策略上提出了“要逐步提高城镇化水平，坚持大中小城市和小城镇协调发展，走中国特色的城镇化道路。发展小城镇要以现有的县城和有条件的建制镇为基础，科学规划，合理布局，同发展乡镇企业和农村服务业结合起来”的发展策略。从小城镇的发展速度态势看，农村体育实现中心镇的可能性很大。因此，要优先发展富裕和体育基础较好的乡镇，并且要以乡镇为重点。

（二）大力推动农村体育活动的开展

在开展农村体育活动时，必须坚持多元化的发展模式，贯彻区别对待原则，考虑不同地区的自然地理环境差异，民族文化差异，社会经济环境差异，以及群体的年龄、性别、健康状况、兴趣、动机等差异，因人、因时、因地制宜组织实施。要根据农村的生产、生活特点，在农闲、节假日组织大型或中型的活动，以唤起人们的注意，形成一种良好的社会气氛，推动人们对体育的参与。在平时组织一些常规、小型、多样、分散的日常体育健身、娱乐活动，以使体育真正能成为人们生活的重要组成部分。

（三）建立健全基层农村体育组织

要充分发挥农民体育协会、农民体育俱乐部、体育辅导站等基层体育组织的作用。特别是要以乡镇文化站为中心，充分发挥其阵地作用，以农村体育积极分子为骨干力量，推动农村体育的发展。当前及今后一段时期，加强对农村体育组织的建立始终是农村体育工作的重点，西部地区及经济和文化落后的偏远农村更是要将其作为重中之重。

（四）提供基本保障条件

农村体育活动的开展，不但需要农民个体要有良好的体育意识、愿望以及必要的闲暇时间和精力，而且还需要一定的支持保障系统。县级单位应建立体育技术辅导中心，作为县体育局下设的事业机构；要配备专、兼职工作人员，负责对学校、厂矿、机关、农村等基层单位进行体育技术辅导；要加强体育宣传，普及体育知识，培训技术骨干，开展体育咨询，乡镇还要建立体育辅导站等；要依靠社会力量等多种渠道筹集经费。应充分挖掘潜在能量，广泛寻求乡镇企业、个体户、务工返乡人员等的帮助，扩大经费来源。对于投资办体育的社会团体和个人，应给予一些优惠政策和利益回报，以吸引更多的组织和个人来投资。

二、农村体育管理的基本途径

（一）充分发挥政府主导作用，争取有关部门的重视

各级人民政府体育、农业部门应当根据各自职责，贯彻国家有关体育和农村工作的法规及方针政策，做好农村体育的管理和组织工作。各级体育主管部门应当明确农村体育在体育事业中的基础地位，各县级体育领导机构都要从政治的高度、战略的高度认识农村体育工作的重要性。乡镇政府应把体育事业纳入乡镇经济和发展总体规划，经常研究体育工作，成立体育工作领导小组、农民体育协会以及老年人体协等，由乡镇主要负责同志参与领导；建立体育站（或体育办）等机构，配备体育专干，关心、支持、督促他们的工作。

（二）广泛调动各种力量开展农村体育

动员和发挥各行业、各系统和基层政权，工会、共青团、妇联和其他社会团体，各企业事业单位以及个人单独创办或与体育部门采用合资、合作等多种方式联合兴办各种形式的基层农村体育组织。以多种形式办体育努力促进城乡体育社会化，大力倡导社会团体和个人修建体育场所，自办小型竞赛和业余训练，设立健身辅导站等等。加强与文化部门的协作，积极拓展乡镇综合文化站的服务功能，高度重视综合文化站的体育功能，切实加强建设和管理，整合资源，提高综合利用率，发挥其平台与阵地作用；乡镇企业作为推动农村经济发展的动力和催化剂，在农村体育的建设过程中所起的作用至关重要，应该对其加以引导。

（三）加强组织建设，不断提高农村体育的组织化水平

开展农村体育活动，必须首先建立健全农村体育组织网络，充分发挥各级农民体育协会、农民体育俱乐部、体育辅导站等基层体育组织的作用，整合各方面资源，有效发挥其桥梁和纽带作用。县应当根据条件和工作需要，建立体育总会，对农民体育进行组织和指导。县、乡镇、居委会应当积极建立农民体育协会、老年人体育协会、单项体育协会等体育社会团体。体育社会团体应当加强自身建设，依照法律、法规和章程开展工作。有条件的县可以建立社会体育指导中心，乡镇、居委会可以

建立体育指导站。县、乡镇、村和居民小区适时建立和发展体育健身点。社会体育指导中心、体育指导站、体育健身点应根据当地条件安排场地设施，制定工作计划，结合其他文化体育工作配备专兼职工作人员，安排一定的活动经费。县级体育主管部门和乡镇、居委会应当加强对社会体育指导中心、体育指导站和体育健身点的管理，为其开展工作创造条件。特别是要以乡镇文化站为中心，发挥其阵地作用，以农村体育积极分子（复员退伍军人；高、初中毕业回乡青年）为骨干力量，推动农村体育发展。

（四）创造和提供群众健身的场地设施

农村应在全面推进小康县、小康乡镇、小康村的建设中，搞好体育场地设施建设。农村体育场地设施建设应当按照国家有关公共体育场地设施用地定额指标的规定，纳入当地国民经济和社会发展规划及城镇建设规划和土地利用总体规划，合理布局，统筹安排。县级体育主管部门应当配合有关部门搞好各类体育设施建设规划。县城应当建设比较完善的体育场地设施。区位条件优越、基础建设好、已经形成一定规模的小城镇应当按照国家发展小城镇的部署，率先搞好体育场地设施建设，在农村体育场地设施建设中发挥引导、示范、带动作用。

县、乡镇、居委会应当坚持多样、实用、就近、方便的原则，在群众居住区建设体育设施。有条件的县、乡镇可建综合性群众健身活动中心，不断提高农村体育场地设施的建设规模和水平。县级体育主管部门应当会同有关部门共同发展公园体育和广场体育，加强对公园体育、广场体育的建设、指导和管理。县、乡镇、居委会应当鼓励企业事业组织、社会团体和个人投资建设体育设施。

县、乡镇、居委会应当加强对公共体育设施的管理和维护，保障功能完好，使用安全。农村公共体育设施应当向社会开放，方便群众开展体育活动，提高使用率和服务质量。应当对学生、老年人、残疾人实行优惠办法。机关、企业、事业组织的体育设施应当创造条件向社会开放。

任何组织和个人不得侵占、破坏公共体育设施。因特殊情况需要临时占用体育设施的，必须经县级体育主管部门和建设规划部门批准，并及时归还；按照规划需要改变体育场地用途的，应当按照法律规定，首先选择适当地点，在不减少原有体育场地面积和不降低原有体育场地标准的前提下，新建体育场地后，方能改变原体育场地用途，非法侵占、破坏公共体育设施的组织和个人，应当依法承担法律责任。

（五）积极筹措，合理利用农村体育经费

农村体育事业经费和体育基本建设资金应当列入县级财政预算和基本建设投资计划，并随着经济发展，逐步增加对体育事业的技人。乡镇、居委会应当随着经济的发展适当投入体育事业经费和体育基本建设资金，发展体育事业。县、乡镇、居委会应当鼓励企业、事业组织、社会团体和个人以投资、捐赠和赞助等形式支持发展体育事业。

在国家财政困难，对农村体育投资不足的情况下，可以采取稳定体彩公益金支出、向社会集资、吸引企业赞助、个人捐赠以及经营创收等方式筹集资金。体育彩票公益金的使用，有力地推动了我国体育事业，特别是社会体育事业的发展，体育部门在认真贯彻执行有关体育彩票公益金的使用办法及规定的同时，应稳定对农村体育事业的投资力度；农村体育的管理部门或机构先提出集资项目、集资金额、集资方式和使用计划，并报经所属区、县及乡镇人民政府审批后，面向社会筹集农村体育发展经费的一种集资形式。社会集资应坚持投资自愿、平等、互利、风险共担的原则，集资的对象广泛，不分国内还是国外、农村还是城市、集体还是个人，集资的内容包括资金、物资、设备、技术等；充分调动乡镇企业及村办企业投资农村体育的积极性，并充分发挥其模范带头作用，对推动农村体育事业的繁荣与发展具有重要的现实意义。为此，要完善农村体育的投资体系，并制定相应的政策法规，对企业的赞助行为给予相应的补偿和利益回报；各级体育部门和机构应抓住时机，并通过制定相应的政策法规，面向社会积极吸纳个人捐赠，这对减轻国家财政负担、拓宽农村体育经费来源渠道，都具有重要的意义。

（六）组织开展农村体育活动

农村体育活动应当坚持与生产劳动、文化活动相结合，坚持业余、自愿、小型、多样和因人、因时、因地制宜、科学文明的原则，利用传统节日和农闲季节，开展群众喜闻乐见、丰富多彩的体育活动。农村体育竞赛和表演活动应当突出经常性、普遍性、民族性、多样性、趣味性和科学性。任何组织和个人都应当依法开展体育活动，严禁在体育活动中从事赌博、封建迷信和一切违法活动。

应充分发挥各级农民体协、乡镇体育指导站等基层体育组织及乡镇文化站、村民委员会的作用，大力开展“亿万农民健身活动”农村体育健身活动应坚持“因人、因地、因时制宜和业余、自愿、小型，多样、文明、节俭”的原则，要与广大群众喜闻乐见的、健康的体育文化娱乐活动相结合，与民族特色传统体育活动相结合，与农闲季节、农村集市、传统节假日相结合，与农村的精神文明建设相结合。我国的节日较多，除传统节日外，各地还有许多地方性和临时性节日，可充分利用这一机会组织安排有特色的各种体育娱乐活动。

应重视率先富裕起来和体育基础较好的乡镇、村的农村体育活动，乡镇体育竞赛活动要注意小型、多样、趣味，方便群众参加。有条件的县可结合当地实际举办县级体育运动会和中小学生运动会。有条件的乡镇也可举办一定规模的单项竞赛和综合性运动会，逐步形成制度，形成当地的体育文化特色，以推动群众体育活动的广泛开展。在组织农民参加体育活动时，要侧重于趣味性、健身性、休闲性、社交性。同时还要注意选择地方特色浓郁、民间传统突出的项目，以适应农民的需求特点。

乡镇、居委会应当加强对体育工作的领导，应当为群众参加体育活动创造必要的条件，支持和扶助群众性体育活动的开展。村民委员会、居民委员会和基层文化体育组织应当组织开展群众性体育活动。

（七）发展农村体育骨干力量的示范引导作用

要重视体育干部队伍建设，定期组织基层体育干部的学习和培训。注意帮助他们解决一些实际困难和问题，注意改善基层体育工作的条件，落实有关待遇和政策。要加强对县级体育工作的领导，经常深入基层进行调查研究，总结基层工作经验，制定法规政策，指导基层体育工作。

要加强社会体育指导员队伍的建设，组织各种业务培训，并会同当地工商、物价、税务等行政管理部门共同加强对社会体育指导员开展经营性体育活动的管理。社会体育指导员可按照有关规定积极开展体育技能传授、健身指导、组织管理以及体育表演、体育咨询等有偿或无偿服务，可按照相应技术等级收取报酬。

体育教师、教练员是保证开展青少年体育工作的骨干力量。学校应当按照国家有关规定，配备合格的体育教师，达不到配备标准的必须配备兼职体育教师、业余体校应按有关规定配备合格的教练员、对体育教师、教练员要定期培训，以提高他们的业务水平。要关心体育教师、教练员的切身利益、按照国家有关规定做好其专业技术职务评聘工作，其工资待遇按照国家有关规定执行。

（八）加强农村体育的宣传工作

各级体育行政部门应针对农村大力宣传全民健身知识，指导开展全民健身活动。同时，新闻媒体应当加强对农村全民健身活动的宣传，推广科学、文明、健康的全民健身项目和方法，普及全民健身知识。各级体育部门应充分利用利用电视、网络、广播、报纸、杂志等宣传媒体及多种形式，加大宣传力度，通过开展不同层次，不同形式的宣传、咨询活动，来不断增强农村居民的体育健身意识。

（九）开展农村体育工作的检查评估

对于开展农村群众体育娱乐和健身活动好的乡、村、组、家庭和个人，给予充分肯定，并以他们的切身体会教育和带动更多的人加入锻炼身体的行列。

“争创体育先进县”活动是1985年经国务院批准，在广大农村开展的每两年一次的评选活动，农村体育管理部门要组织“全国体育先进县”的评选，农村参加评选活动，可以使体育工作者有明确的努力方向和奋斗目标，进一步调动和激发他们做农村体育工作的积极性。同时，还要对基层农村体育的开展情况进行检查和评估，发现存在的问题，并做到及时解决，促使农村体育的发展。

第九章　商业型健身俱乐部管理

商业型健身俱乐部的资源包括教练员、服务人员、营销人员、场地设施、财务、信息、关系等。为了发挥各种资源的最佳绩效，管理者不仅需要采用合理计划、组织、控制等管理的一般职能式管理方式，还需要通过建立各种规章制度、制定各种措施方案、采用各种营销手段等促使俱乐部存续目的的实现。本章主要介绍商业型俱乐部管理的基本理念、投资与市场营销等内容。

第一节　商业型健身俱乐部管理概述

商业型（也称经营型）健身俱乐部是指为满足大众健身、休闲、娱乐等需求，以商业型健身场地设施为活动场所，依靠市场机制运转的体育经济组织。其经营的目的在于营利。商业型健身俱乐部管理是指通过一定方式整合资源，以促使商业型健身俱乐部目的实现的过程。商业型健身俱乐部管理的基本内容包括投资规划、营销、组织等方面。商业型健身俱乐部管理的基本方式包括做好俱乐部的客户关系管理，对俱乐部服务质量进行有效控制，对俱乐部服务人员做好使用和开发等方面。

一、商业型健身俱乐部概述

（一）商业型健身俱乐部的含义

健身俱乐部起源欧美。在当今欧美等发达的西方国家，健身已经不再是追求时尚，更重要的是获得健康，它已逐渐成为人们生活中的一部分，成为生活必需品。随着我国广大人民群众健康意识的渐渐提升，人们对提高生活质量的需求日益旺盛，对健康的身体，完美的体形也日益重视，健身运动已被越来越多的人所接受。20 世纪80年代初，我国一些城市开始出现经营型健身房。进入90年代以来，我国居民用于体育消费的支出在收入中所占比例不断上升。人们对自身健康的追求越来越强烈，“花钱买健康”作为一种时尚观念正被越来越多的人所接受。在经济社会大环境和体育产业化的双重作用下，体育消费市场迅速扩大。健身俱乐部首先在经济发达的大城市出现，后向中等城市扩展，现在正向中小城市蔓延，形成一股强劲的浪潮。近年来，国际著名体育健身俱乐部连锁机构和管理顾问公司开始进入中国，他们在带来国际上最先进的俱乐部管理观念和模式的同时，也使国内的大众体育消费产业竞争更加激烈。

在我国，按健身俱乐部经营的性质，可分为公益型和商业型两种。公益型健身俱乐部是指各种为满足广大人民群众的健身要求，以开展群众体育活动，增进身体健康为主要目的的体育社会组织。其经营的目的在于为提供健康服务产品，如国家体育总局于2000年推出的利用体育彩票公益金兴建的青少年体育俱乐部及社区体育俱乐部等；商业型（也称经营型）健身俱乐部是指为满足大众健身、休闲、娱乐等需求，以商业型健身场地设施为活动场所，依靠市场机制运转的体育经济组织。其经营的目的在于营利。

商业型健身俱乐部包括健康城、健美中心、保龄球馆、旱冰场、高尔夫球场、网球馆等组织形式。既有综合性的，也有单项的，均以开展群众体育活动为主。商业体育俱乐部面向市场，根据各种不同层次、水平和爱好的人的体育需要，提供相应的服务，与消费者进行等价交换。这类俱乐部大都场地和设备比较先进、完备，活动时间较长，活动内容比较丰富，有专人进行指导，服务水平较高，收费也比较适中，一般工薪阶层大都承受得起，因而备受欢迎。一些高级的商业型体育俱乐部除了健身服务外，还开展娱乐、餐饮、旅游、度假等综合服务。这类俱乐部开展的运动项目，主要是高尔夫球、网球、桌球等比较高雅的项目，同时大都配备游泳池、力量训练房、保龄球馆等一般综合性体育设施。在辅助设施方面，有的还配有花园、钓鱼池、美容厅、按摩室、舞厅、钢琴厅、酒吧、咖啡厅、高档会客厅和豪华客房等，成为上层人士运动、游乐、社交和洽谈生意的理想场所。

改革开放的政策和经济的高速发展为兴办各种类型的健身俱乐部奠定了雄厚的物质基础，适宜的体育政策为健身俱乐部的发展提供了政策上的根本保障。自20世纪90年代末以来，我国体育健身产业蓬勃发展，健身俱乐部的数量和规模都有大幅度提高，发展体育健身俱乐部既是群众体育需求不断增长的要求，也是我国在体育改革中不断推进体育社会化和产业化取得的成果。因此，采取有利措施，积极扶持健身俱乐部的发展，发挥健身俱乐部在社会体育中的作用是我国体育改革的一项重要内容，是满足我国广大人民群众体育需求的重要内容。

（二）商业型健身俱乐部的特点

1. 以营利并获利作为俱乐部生存发展的根本目的

商业型健身俱乐部作为名副其实的商业领域企业，要以提供较高质量的体育服务为手段来营利并获得利润，企业也会因此获得生存发展的基础。

2. 以有效营销作为俱乐部生存发展的基本条件

大型综合商业俱乐部往往集游泳池、球类馆、力量练习馆、健美体操馆、娱乐中心、桑拿浴、恢复中心甚至酒吧、饭店于一体，来到这里健身的人士可以随心所欲地尽情开展体育、文娱、餐饮等消闲活动，满足人们多方面的需要。高级商业型健身俱乐部与一般商业型健身俱乐部大体相同，所不同的只是高级商业型体育俱乐部的服务对象大都为社会名流和绅士富豪，因而这些俱乐部的环境更加优美，设施更加豪华、先进，服务更加周到。市场营销理念已成为商家普遍遵循的基本理念，如何在满足上述消费者需求基础上实现俱乐部生存发展则要靠有效的营销手段来实现。

3. 以提供体育服务作为俱乐部的核心产品

商业型体育健身俱乐部提供的健身服务产品不具有实物形态，没有物质产品的体积、长度、重量等。无论是健身教练，还是健身俱乐部工作人员，提供的都是一种“活劳动”。尽管体育健身服务产品不具有实物形态，但它仍具有消费性，通过体育健身俱乐部的健身消费，可以满足消费者的需求。通过科学健身，带来身体形态的明显变化。增进健康，增加美感，给消费者带来心理的满足；另外，体育健身服务产品的生产与消费是在同一时间、同一地点进行的。健身者在健身教练的带领下一起进行健美操练习，或者利用健身俱乐部的各种健身器材，进行肌肉的刺激与形体的塑造，既是健身俱乐部提供健身服务的生产过程，也是消费者接受健身服务的消费过程。

4. 以较长时间营业作为满足顾客的主要方式

商业型健身俱乐部一般都从清晨到深夜全天开放，周末和节假日也不例外。每个顾客都可自由选择最适合的时间。例如在国外一般情况是早上5～6时半，晚上是以上班族为主，6时半～8时半老年人居多，白天则是孩子们的天下。顾客大都买年票或月票，也有临时买票来此活动一下的。一般是只要有票，各馆都通行无阻。有时组织特殊内容的讲习班，则需另行缴费。

二、商业型健身俱乐部管理的含义

商业型健身俱乐部管理是指通过一定方式整合资源，以促使商业型健身俱乐部目的实现的过程。理解这一定义，需要注意以下几点。

（一）俱乐部的管理主体多元，最基本的管理主体是俱乐部的投资和经营管理者，此时，发展俱乐部的根本目的是在满足人们健身需求的基础上实现利润的最大化。除此外，俱乐部还与体育行政主管部门、工商行政管理部门，以及产业协会等多部门的工作有关，在这种情况下俱乐部在满足人们健身需求同时，也推动和促进了居民健康素质的提高、第三产业的发展以及丰富精神文明建设等多重效果。不同管理主体对俱乐部管理的目的就是为了促使俱乐部上述目的实现的过程。

（二）俱乐部管理者的经营管理水平的高低直接关系到俱乐部的效益。俱乐部经营管理的重要任务就是吸引会员并留住会员，而影响这一过程的基本因素包括健身房选址是否准确，收费是否合理，环境是否舒适，设施是否齐全，服务是否到位，经营品种是否具有诱惑力，健身指导是否专业，俱乐部推销和宣传手段是否到位等诸多方面。

（三）俱乐部所需资源包括教练员、服务人员、营销人员、场地设施、财务、信息、关系等。为了实现俱乐部的目的，管理者必须充分发挥各种资源的最佳绩效，不仅需要采用合理计划、组织、控制等管理的方式，还需要通过建立各种规章制度、制定各种措施方案、采用各种营销手段等促使俱乐部存续目的的实现。

三、商业型健身俱乐部管理的基本内容

（一）俱乐部的投资

俱乐部的投资是俱乐部后续发展的基本前提。健身俱乐部的经营过程就是吸引

会员并留住会员的过程，而影响这一过程的基本因素包括健身房选址是否准确，收费是否合理，环境是否舒适，设施是否齐全，经营品种是否具有诱惑力，健身指导是否专业服务是否周到、俱乐部推销和宣传手段是否到位等方面，这就需要对俱乐部发展做出合理的投资规划。具体内容详见本章第二节。

（二）俱乐部营销管理

商业型健身俱乐部的生存发展与其科学、合理的市场营销密不可分。商业型健身俱乐部的市场营销是指俱乐部通过一定手段满足消费者需求的过程。借鉴市场营销学的服务营销理念，健身商业型俱乐部的市场营销可以从产品（Produot）、定价（Prioa）、渠道（Plane 促销（Promotion）、人员（People）、有形展示（Physical evidenoe）和过程（Process）等方面进行考虑。具体内容详见本章第三节。

（三）俱乐部组织管理

主要是对组织结构的设置进行管理。俱乐部组织结构对提高服务质量，提升竞争力有重要作用。合理的组织结构、明确的职责分工有利于部门间联系与沟通、互动与支援、分工与合作，朝向共同的目标而努力。商业型健身俱乐部的组织结构受多因素的影响，各健身俱乐部有所不同。小型健身俱乐部一般组织架构简单，主要由管理层及运营部（销售部）组成。工作人员由教练员、场地维护管理人员、销售人员组成。而作为有一定规模的高级商业型健身俱乐部组织一般要有以下组织部门而作为有一定规模的高级商业型健身俱乐部组织一般有以下组织部门（图 9－1）。

高级商业型健身俱乐部一般都设董事会和理事会。董事会由资方代表组成，是最高领导机构，决定俱乐部的经营大计。理事会为最高管理机构，设理事长一名，副理事长若干名，常务理事和理事若干名。理事长由董事会任命，副理事长经董事会推荐由理事会聘任。理事会成员协助理事长管理俱乐部的各项业务。理事会为顺利完成俱乐部的各项经营工作，可设立若干专业委员会，并吸收一些专家、名流担任理事、委员和委员会负责人。健身俱乐部的业务部主要负责对外联络，包括发展会员、制定规划等；事务部主要负责内部运营管理，如吧台管理、柜台管理、会员管理、人事管理等；运动部主要负责主要负责健身项目及提供相关健身服务；医疗部主要负责会员的医疗咨询服务。

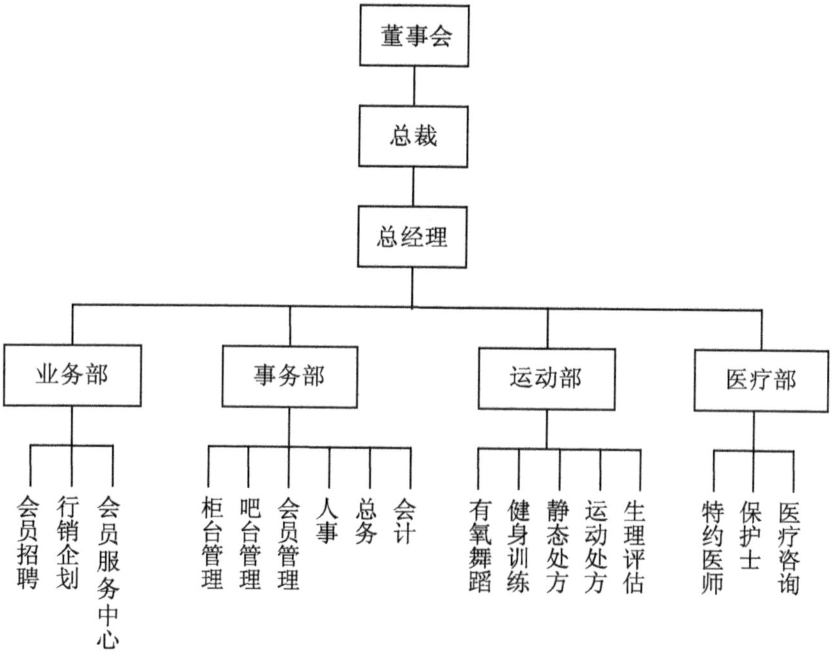

图 9－1　某高级商业型健身俱乐部的组织结构

俱乐部组织管理的基本内容还包括对俱乐部组织运作方面的管理，主要涉及俱乐部组织协调与沟通、组织动力、组织文化、组织变革和组织绩效管理等。

（四）俱乐部人力资源管理

规模较大的健身俱乐部的人力资源大体可以分为四类：管理人员、教练、场地设施维护人员和服务人员。作为一个企业，健身俱乐部同样要有基本的人事构架和工作分工，如财务、市场、销售、教学、服务，各个岗位的人都要经过专业的培训。

1. 管理人员

管理人员主要指健身俱乐部的总投资人以及各连锁点的行政管理者。俱乐部的经营理念是俱乐部 企业经营管理的指导方向，是其在市场竞争中实现经济效益和社会效益最大化的行动指南，因此俱乐部企业必须主动适应环境等因素的变化，主动更新经营理念。经营理念引入健身俱乐部产业是中国健身业步入市场经济轨道的重要标志之一，20 世纪 90 年代后期，我国健身俱乐部行业的经营理念、经营目标和经营行为有了明显转变，健身俱乐部根据产业环境与条件的变化，结合自身情况，树立以市场为主导、以客户为中心、以人为本、以质量、服务为宗旨的市场营销理念正在形成。

2. 健身教练

目前人们已经不满足于简单的、直观的、分散的室外健身，他们需要有组织的、有专业教练指导的健身，渴望得到更多的健身知识、健身指导，健身教练的需求量随之增多。一支健全完善的教练员队伍是俱乐部高速发展的基础。为了更好地发挥教练员在俱乐部的作用，调动其执教的主动性，更好的为会员服务，使俱乐部朝着健康有序的方向发展，在教练员队伍的建设上应适应市场不断发展的需要，尽快调整好教练员队伍结构并加大培训力度，成为俱乐部面临的重要问题之一。

近年健身行业内需要大量具有专业素质和服务意识的教练，因此，健身教练必须具备专业素质和服务意识。健身教练的专业素质包括专项技能和相关知识。专项技能主要是获得资格证书和各种技能培训。专项知识包括体育保健学、运动生理学、运动医学、人力资源管理、心理学、测量学、教育学、营养学等知识。目前教练员认证制度已经基本完善，所以，在聘用教练员的时候要有标准和尺度，根据俱乐部的定位选择合适的教练人员。专业教练越来越多的健身房开始注重技术指导环节薄弱的问题。拥有各类国际级别私人教练的健身房，也成为各大健身房招徕顾客的资本之一。目前国内的教练培训主要针对专业方面，在服务意识方面略有欠缺。高素质的教练不仅要具有专业资格，良好的服务意识也是赢得顾客的重要砝码。

3. 场地设施维护人员

一个好的健身场所离不开科学的健身计划和运动指导，人们希望到这里来不仅要得到锻炼，还要体会到一种身心放松的感觉。俱乐部的环境与服务条件使它把健身和休闲的功能集中在一起，使锻炼者和经营者之间的距离拉得很近。场地设施维护人员需要进行上岗培训，负责场地的卫生管理和器材的技术维护工作。这些维护人员要以敬业精神和责任心作为前提，他们虽然不同于管理者会做出重要的决策，但他们的工作是健身俱乐部正常运行是基础。

4. 服务人员

服务人员将给予消费者对俱乐部的第一印象。服务人员的水准建立于消费者对俱乐部的期望与标准基础上，服务人员良好的仪容能使消费者感到光临更有价值。服务人员的礼节规范包括：主动提供服务，以表现我们对其热心的照顾；对会员的要求应耐心且有礼貌地办好；不要离开你所服务的会员太远，免得会员有任何需要时没有人去服务；随时保持自然、亲切的笑容，表达我们对会员的欢迎和感谢。服务人员须随时注意自己的身体语言及得体的对答，如“您好”“欢迎光临”“谢谢光临”“我能效劳吗”“谢谢”“谢谢您”“不客气”“对不起，请稍等”“是的，马上来”“请”“请问”“请吩咐”“请稍候”“请用茶”“请慢用”“请慢走”“请慢慢品尝，多指教”等。

（五）俱乐部场地设施与健身器材管理

大型体育健身俱乐部往往需要对健身场馆进行豪华的室内外装修，一些超大型体育健身俱乐部还配有多种辅助服务设施，如停车场、游戏厅、也大大增加了经营成本。通过兴建多样的服务设施树立品牌形象来增加健身者的舒适度。健身设施管理混乱无疑会给俱乐部的形象打折，例如健身器械的档次不低，但哑铃片，杠铃片，小哑铃等小配件散落一地，健身者走来走去十分危险，同时也给训练带来许多不便，有人会说收拾了也会被拿乱的，等大家练完之后再去收拾。作为教练员或服务生应随时随手将哑铃片等放在规定的位置，并要求会员也养成这样的习惯，以便利人利己。另外哑铃组的摆放一定要按磅数递增，不可东一只西一只。杠铃通常在无人来之前不放配重，有人练过之后及时将配重拆下以便他人使用，杠铃片的拆置要整齐有序，重视美观和方便。

俱乐部的物品和装饰时常会出现许多小问题，这些小问题虽不会影响使用或给俱乐部带来安全隐患，但会影响美观，会给会员带来不舒服的感觉，（例如及时更换已损坏的灯泡）这样小事往往被忽视，但会员却记忆深刻，管理者应格外注意。

（六）俱乐部会员管理

由于商业体育俱乐部的从业人员的所有服务都是在销售“服务”，让会员满意是商业体育俱乐部的营业宗旨。俱乐部要主动、积极的与客户联系，充分了解会员的意见、反映并介绍自办的各种活动，邀请会员参与，加强会员与俱乐部之间的互动。俱乐部依据自身的定位，积极主动地策划各种活动，引导会员参与，并通过活动制造各种消费，创造利润，使会员产生适用感、实用感、尊贵感。同时由于入会费是商业俱乐部的重要经济来源之一，良好的会员售后服务及会员服务工作则是俱乐部长期招募会员的最佳方案。俱乐部针对不同年龄、不同层次的会员的需求，策划出相宜的活动，吸引会员及其家人参与，来凝聚会员与俱乐部之间的感情。

目前体育健身俱乐部主要提供的消费方式分为会员制消费、各种培训课程和普通的日费消费。会员制是健身俱乐部提供的一种主要服务方式，它是通过引导健身消费者进行长期的健身消费，而为俱乐部的发展提供保证的一种普遍的营销方式。成熟的会员制同样标识着一个健身俱乐部的档次和信誉，因此，推行会员制需要有一套完善的会员管理制度。健身俱乐部的会员分荣誉会员、个人会员和团体会员三种。荣誉会员是指对俱乐部做出重大贡献的会员，这类会员往往须经理事会推荐，董事会批准，除享有荣誉称号外，在会费方面还可享受一定优惠直至全免。团体会员是指以单位名义参加的会员，会员证本单位的人均可使用。个人和团体会员的会员证有的俱乐部不分等级，有的俱乐部分金卡、银卡、铜卡三个等级，每个等级的收费标准和权利不等。会员的会费分入会费、年会费和保证金三种。入会费是入会时的注册费，一次缴纳，退会时不退款。年会费每年缴纳一次。保证金是会员在俱乐部内的信誉担保，无利息，会员如拖欠俱乐部费用时可从保证金中扣除，退会时可退还给会员。在实行等级制的俱乐部，上述三种费用均分别按三个等级的标准收取。金卡最高，银卡和铜卡递减。团体会员的这三种费用，一般均高出个人会员费用的1倍。

会员卡是会员在使用商业俱乐部各项设施或要求商业俱乐部提供各种服务时，用作识别身份、登录或结算消费的。持有俱乐部会员卡的消费者可前往俱乐部及所属设施消费。会员在接受俱乐部所提供的服务后，应出示会员卡。当会员卡遗失时，原持有者应于一定期限内向俱乐部提出申请补发，并支付补发费用。

（七）俱乐部服务管理

服务质量是衡量俱乐部服务对消费者服务期望满足程度的，即俱乐部所提供的服务是否符合消费者的期望。俱乐部服务质量体现在会员发展、入会、现场感受、售后服务等方方面面，绝不能仅仅停留在会员的现场体验上，主要包括服务设施的保养维护、服务时间与迅速性、服务人员的态度、服务环境等诸多方面。商业俱乐部在进行服务质量的管理时，一般以会员的需求、依据会员的满意度调查开发的新服务、对员工的激励方式、衡量系统需求对员工的影响等为衡量原则。为了提高俱乐部的服务质量，满足不同会员的消费需求，赢得会员的信心，必须加强俱乐部服务人员的训练与专业技能，提高对服务人员的监督，授权一线工作人员更大的处理权与判断范围，以技术、教育及质量为导向挑选服务人员，要塑造员工荣誉感与质量感，掌握服务人员接洽业务的服务质量与绩效。

（八）俱乐部财务管理

俱乐部在制定财务计划时，应当注意会员招聘的支出、会员招聘的奖励费用、会员的随机消费机会、俱乐部管理成本等方面。俱乐部的财务管理主要包括制定收支计划、资金周转计划、资金调度计划等 3 项重要财务管理计划。其中最为重要的是收支计划，它分为收入计划和支出计划两个方面。收入计划主要是以销售计划设定目标销售额，预测何时可有多少收入，包括销售收入的预测、销售收入以外的其他收入的预测。支出计划主要是采购贷款的支出计划、人事费用的支出计划、促销费用的支出计划、其他销售费用及一般管理费用的支出计划等。俱乐部的管理人员只有有效地掌握了财务计划，从数字上客观地了解俱乐部的实际运作状态，才能进行卓有成效的财务管理。

四、商业型健身俱乐部管理的基本方式

（一）做好俱乐部的客户关系管理

1. 要对俱乐部的客户类型进行清醒地认知。俱乐部的客户即俱乐部会员。一定数量的俱乐部会员是俱乐部生存发展的基本保证。按照客户与俱乐部合作程度来划分，可把俱乐部客户分成潜在客户、预期客户、忠诚客户和流失客户等。潜在客户是指具有健身需求并具备购买动机和购买能力的个人或组织，究竟是否购买或购买哪一家俱乐部的服务尚不明确，需要俱乐部花大力气争取。预期客户俗称“准客户”，是指俱乐部经过调查研究确定的有明确的健身服务需求意向，但尚未开始合作的个人或组织。忠诚客户是指对俱乐部有高度信任，并与俱乐部建立了长期、稳定合作关系的现实客户。流失客户是指曾经是俱乐部的现实客户，但由于对服务不满，现在不再购买健身服务的客户。

2. 要针对不同类型的客户进行有效的沟通管理。由于每个客户的性格、习惯、

爱好都不一样，采取的沟通方式也应有所区别。针对潜在客户，花大力气争取。一旦成为俱乐部的现实客户，还需要持久的客户沟通与服务。会员流失，往往缘于健身俱乐部在健身效果、服务方面不能让会员满意或出现其他管理上的疏漏使会员产生不快，有时会员会从表情或言谈举止上表露出来。当会员出现要流失的兆头时，俱乐部就必须快速做出反应，加强与会员的沟通、交流，耐心倾听会员的意见与要求，修复会员的良好感觉。针对流失客户，要积极与他们联系，让他们感受到关心，给他们反映问题的机会，缓解他们的不满，了解问题出在哪里，以便及时改进，防止其他客户流失。要积极进行客户满意度调查，做好客户回访，正确处理客户投诉。

3. 要建立完善的客户关系管理信息系统，建立客户关系数据库。要运用数据库技术，全面收集关于现有客户、潜在客户或目标客户的综合数据资料，追踪和掌握现有客户、潜在客户和目标客户的清况、需求和偏好，并且进行深入的统计、分析和数据挖掘，从而使俱乐部的工作更有针对性。

（二）对俱乐部服务质量进行有效控制

健身俱乐部不仅仅是产品销售的场所，更重要的是做好服务。健身俱乐部只有提供优质服务，才能不断吸引会员的加入。俱乐部在日常经营活动中，不断创新服务形式，丰富服务内涵，扩大服务范围，建立以人为本、以会员需求为导向的服务理念，保证以质优安全的产品，周到细致的服务，让会员满意。细节化的服务是让会员进店后享受全面而愉快的运动体验，这就要求每一个细节都尽量做到妥帖周到，例如：递毛巾、体测、首次运动的每一个动作等，都尽可能让会员感觉满意，甚至是超越预期。

要建立标准化的服务。例如从店外接待—引领入位—前台咨询—健身服务安排—服务中—服务后再次前台咨询—送宾—3天内售后跟踪整个流程中，语言动作规范，服务标准明确，明确到引领走客人的哪个位置，倒水姿势及角度，水杯中水的容量，以及标准化语言等，所有员工都按着这个服务标准去服务，客人享受到的才是一个规范的优质的服务。

应充分识别会员的需求特征，为会员提供差异化服务是健身俱乐部提供独特价值的前提，会员的需求特征既包括一些“公共特征”，如追求效果，方便快捷，还包括“个性特征”，如服务的个性化，也就是为会员提供专业化、亲情化服务，体现“差异化”服务价值。健身俱乐部应该掌握时尚趋势，引进最新课程，定期搞活动来吸引会员前来消费。只有特色服务、特色产品以及特色活动三者结合，才能留住会员的心。

（三）对俱乐部服务人员做好使用和开发

健身俱乐部是由不同类型的服务人员组成。在俱乐部提供健身服务产品的过程中，服务人员是一个不可或缺的因素。一个高素质的员工能够弥补由于物质条件的不足带给消费者的遗憾。例如，一名优秀的俱乐部的教练员既是服务项目的传授者和宣传媒介，又是体验氛围的营造者。因此，对员工的管理，尤其是对一线服务人员的管理相当重要。大多数的健身俱乐部管理者并没有对员工的成绩给予足够认可。在对员工成绩的认可过程中，还需要注意到认可的时效性。如果用得太多，价值将会减少，如果只在某些特殊场合和少有的成就时使用，价值就会增加。例如，当某一位员工在为会员服务的过程中，得到了会员的认可和赞扬，这时候如果俱乐部管理者及时地在大家面前祝贺这位员工，对员工的激励作用会上升几个等级。俱乐部在员工管理的过程中，关键在于健身俱乐部管理者需要树立起和员工共同成长的观念，而不是仅仅将员工看成为自己工作的人。

对俱乐部而言，把服务人员视为消费者（对内客户）是一种很好的内部管理方法，当管理人员把手下的服务人员视为自己的客户时，就会去了解并且满足他们的需求，从而使员工很好地完成服务工作。健身俱乐部员工也应该不断地提高个人的素质并加强专业知识的学习。例如，会籍顾问更应该注意自己的仪容仪表、言谈举止，做一个更加专业、更让会员信服的出色会籍顾问。

（四）对俱乐部产品进行有效营销

俱乐部产品就是俱乐部所提供的各种服务，而提供服务的最终目的是吸引消费者，可见，俱乐部服务是否为客户所接受，并对客户形成强大的吸引力发展为忠诚客户，就要使用有效的营销手段。要做到这一目标，（1）要深入了解消费者。传统的营销不注重对消费者的了解和俱乐部销售产品特点的理解，着重进行的是产品的宣传和推销。只有对消费者足够理解的基础上，才有可能将俱乐部的产品推销出去；（2）要强烈吸引消费者。俱乐部提供的服务要有吸引性，必须根据客户的需求同时结合俱乐部的资源整合，为客户提供独特的、可选择的超值服务。比如提供售前、售中、售后服务、信息、美感、情感、学习、交流、交友等方面的个性化服务；(3) 要充分满足消费者，不断超越消费者的预期。当今所有俱乐部所提供的全部服务，消费者几乎都能轻易地想象得到，俱乐部经常会面临这样一种尴尬：一方面花费了不少精力和物力，并且花费不少时间进行专门的服务设计和培训，但消费者就是不买账或者说对此淡然。其原因在于，俱乐部为消费者提供的服务，都是在一种固定的模式之内的。为了打破这种局面，只有超越客户预期才是最好的服务。超越了客户的预期，才能深深打动消费者的心。事实证明，将消费者的感情当做杠杆，可以超越消费者对俱乐部服务的预期，使顾客在内心产生强烈的依附感。

第二节　商业型健身俱乐部的投资

商业型健身俱乐部的投资要注意初期投资数额较大，交易完成的周期较长，投入资本回收较慢，营销对象有明显的地域性等问题。一般而言，商业型健身俱乐部的投资规划包括以下方面：环境分析、消费者分析、竞争对手分析和自身资源条件分析。创建商业型健身俱乐部的过程应视为一个投资项目的运作，须按照投资程序进行事先可行性分析、论证、评估和投资决策。即使是对中、小型会员制的健身俱乐部，也需要进行事先的市场调研和企划，投资者需要编制简单的项目可行性报告。

一、商业型健身俱乐部投资注意的基本问题

（一）初期投资数额较大

健身俱乐部的消费属于一种非生活必需品消费，在我国大多数地方还属于高档次的奢侈性消费。体育健身俱乐部初期投资的固定成本与经营成本相比，所占比例较大。俱乐部的投资主要集中在健身器材的购置，健身场所室内装修与室外装修，洗浴、桑那、美容、停车、休息室等配套服务设施的建设，另外如音响、空调的设置及通风设施的建设，都需要一定的初期资金投入。

（二）交易完成的周期较长

体育健身市场的买卖双方的关系，一方是个人，另一方是健身俱乐部，基本消费单位是个人，而非家庭成员的共有消费。体育健身消费不可能一次消费就达到所期望的健身效果，健身效果的出现必须通过长期的、有规律的对肌体的刺激才能获得，体育健身俱乐部普遍采用会员制消费的付费方式，交易形式基本上是一种一次性付费，然后通过长时间享用，换取所支付货币应得的效用。

（三）投入资本回收较慢

体育健身俱乐部的固定资本投入以健身器材的购置、健身场馆的建设与租赁、健身场馆的内外装修，辅助设施的兴建、健身教练与工作人员工资的发放等形式出现。在经营过程中不象一般实物产品，随着产品销售的完成能迅速完成初期投入资本的部分回收，而是一种一次性投资、滚动受益的方式。随着健身者对器材设施的使用，固定成本折旧等，慢慢完成投入资本价值的转移与实现。

（四）营销对象有明显的地域性

由于参与体育健身俱乐部健身经常性的特点，健身者出于时间节省的考虑，往往就近选择合适的健身俱乐部，减少路途时间的花费。因此，体育健身俱乐部健身消费对象基本限定在以体育健身俱乐部为中心向四周辐射的有限区域。地理位置的差异所造成的交通便利与否，周边居民消费水平的高低，直接影响着体育健身俱乐部的档次的高低、规模的大小以及市场容量的多少。

（五）价格稳定程度相对高

一般而言，俱乐部可以根据经济形势、居民收入和竞争对手的变化对产品的价格进行适当调整。但健身俱乐部的消费价格一经制定一般要维持较长时间，这是由体育健身俱乐部健身消费的一次付费多次消费的形式决定的。价格的稳定对稳定老客户大有益处。频繁降价容易使老客户产生受欺骗的感觉，从而降低对体育健身俱乐部的信任度和忠诚度，造成固定客户的流失。所以，商业型健身俱乐部不需要对价格进行频繁调整和变更。

二、商业型健身俱乐部投资规划的基本内容

（一）环境分析

商业型健身俱乐部的创建及经营思路要充分考虑周围的环境。一般而言，健身俱乐部的环境因素包括社会经济发展水平、余暇时间、生活方式、体育意识等。

随着世界范围内休闲时代的来临，社会服务系统日趋完善，家庭劳动自动化程度不断提高，以及家庭结构的变化，人们的余暇时间正逐渐增多，这会直接影响到健身俱乐部的发展。健身体育的发展与人们的生活水平和生活方式也有直接的联系。有研究表明，当恩格尔系数达到65%时，开始出现娱乐消遣性消费，当恩格尔系数达到50%以下时，这类消费呈稳定的持续增长。闲暇生活方式是指人们在闲暇时间内的活动内容和活动类型。从人类社会发展史来看，随着生产力的不断提高，人们由于社会生产的时间越来越少，闲暇时间越来越多，闲暇生活方式也将越来越丰富多彩。可以说，闲暇生活方式是社会发展程度的重要标志，人们热衷的闲暇生活方式是健身体育存在和发展的外环境。因此，闲暇生活方式也就成了健身俱乐部发展的一个重要因素。现代社会快节奏、高效率的生产生活方式给劳动者带来身心上的高度紧张与疲劳，因而追求身心健康及个性的协调发展，将成为未来社会人们的共同目标和社会时尚。

（二）消费者分析

商业型健身俱乐部的发展是以消费者的认同为前提的。俱乐部要真正达到体验经济层次上的“按需定制”，使会员真正参与到俱乐部无形产品的生产中来。在这种体验经济中，生产者与消费者是互动的，消费者也是生产者。这样，在俱乐部与会员之间才能形成一个良好的、互动的、和睦友好的伙伴关系，会员才会长期成为本俱乐部的忠诚消费者。

分析消费者，必须具体地考虑3方面。

1. 购买、消费群分析

要分析最大的购买者是谁？潜力最大的顾客群是谁？竞争者主力顾客是谁？本俱乐部的市场应如何区分？如目前由于传统文化观念的影响，到健身房健美的人群

以20～45岁的年龄段为主，其中又以女士为多，明显呈中青年化的趋势。据此，就要进一步规划俱乐部的经营思路。

2. 消费者入会动机分析

要考虑消费入会的真正动机是什么？消费者参加本俱乐部的目的是什么？本俱乐部队入会者的吸引力是什么？如在20世纪国外商界人士洽谈生意基本上遵循这样一种趋势：50年代在办公室，60年代在饭馆，70年代在家里，80年代特别是90年代则在高级商业体育俱乐部里。约上洽谈对象到这里先是打打球、游游泳，活动一番，建立些感情，然后冲个澡，在餐厅、酒吧或豪华包间里坐下来，舒舒服服地慢慢洽谈生意，这已成了一种时髦。

3. 消费者参加其他俱乐部尚未获得满足的需求

要考虑消费者的满足程度如何？消费者参加会员俱乐部之后遭遇的问题是什么？本俱乐部针对上述问题改善后的市场基础是什么？

（三）竞争对手分析

在分析俱乐部的竞争对手时，应首先确定本俱乐部的直接与间接竞争对手是谁？然后要了解竞争对手的有关内容，主要包括如下。

1. 运行绩效。包括竞争对手的现有市场规模；成长率；获利能力。
2. 经营目标与分析。
3. 市场营销的战略。
4. 企业文化。
5. 对未来趋势的策略及发展方向。
6. 成本结构。
7. 竞争优势。
8. 弱点。
9. 技术与新产品创新能力。
10. 财务状况、调度能力与财务资源。
11. 服务质量、管理品质。
12. 员工忠诚度。
13. 会员行销推广绩效。

14. 会员的反应与认知。
15. 管理层面的优点、缺点。
16. 会员价格：入会费、保证金、年费、入会缴款方式。
17. 会员权益：主要权益、附加价值、延伸商机。
18. 服务设施、项目：服务机制、服务规模、收费与价格。

（四）自身资源条件分析

健身俱乐部的自身资源条件对其经营效益会产生直接影响。俱乐部的自身资源条件企业内部人才、经营能力、资产总额、组织架构、俱乐部档次、场地规模、器材设备、配套服务设施等方面。据国内有关人士对健身俱乐部的调查研究发现，目前，规模大的俱乐部其经营效益相对较好，原因在于俱乐部资金雄厚，档次高，场地设施以及后勤服务配套设施齐全，服务质量好，能够吸引更多的消费者前往健身。规模小的健身俱乐部的经营效益也普遍尚可，这是由于俱乐部投入的与产出之间达到一定平衡，因此经营状况有赢利。而规模中等的俱乐部，处于前两者之间，在夹缝中求生存。其资金的投入要高于规模小的俱乐部，而相关的配套设施，服务质量又不及规模大的健身俱乐部，在经营中的回报较少，从而导致投入与产出不平衡，影响俱乐部的经营状况。

三、商业型健身俱乐部的投资规划的步骤

（一）市场调研和预测

进行相关市场调查、促销方式比较、细分市场分析；进行细分市场容量、会员制目标市场容量和潜能预测。

（二）确定场地

对实体型会员制要确定经常性（永久性）活动、经营、管理场所；对非实体型会员制也要确立办公地点，有租借活动场所的意向、协议合同书。

（三）选择经营商品或服务范围

开业前应对会员制服务项目作出大体规划；开业前应对会员使用硬件、设施规

划进行考察、选购。

（四）财务收支测算

俱乐部确定收入项目、服务收费标准、开支项目；测算俱乐部盈利水平；测算俱乐部盈亏平衡的会员规模。

（五）投资保障

设计俱乐部的资产负债合理结构；寻求贷款、融资渠道和合作伙伴；要有初始启动投资保障，不宜全靠像房地产“卖楼花”那样，以“卖会花”预售会员证去筹资兴办。

（六）评价政策风险

会员制健身俱乐部是否须注册、经营范围是否须核准、成立是否须事先登记、会员招募计划和广告是否合法都需前期考虑；会员制运行过程中的政策风险也应估计；预测政府的法律、法规监管措施变化。

第三节　商业型健身俱乐部的市场营销

商业型健身俱乐部营销是指企业通过组建俱乐部吸收会员参加，并提供适合会员需要的服务，培养企业的忠诚顾客，以此获得经营利益的营销方式。俱乐部可以借鉴市场营销学专家 Booms 和 Bitner 的服务营销理念，他们将服务营销组合由四个要素修改和扩充成 7 个要素，即产品（Produot）、定价（Prioa）、渠道（Plane）、促销（Promotion）、人员（People）、有形展示（Physical Evidenoe）和过程（Prooess），即所谓的“7P”理论。

一、产品营销

（一）商业型健身俱乐部产品的特征

商业型健身俱乐部的产品以提供无形的服务产品为主。健身俱乐部的服务就是俱乐部为满足健身者或会员及宾客的需求而提供的无形或有形的活动和利益。健身者在俱乐部进行消费时，他们主要关注的是，一是健身房的品牌形象；二是健身房的环境及器械；三是销售人员的承诺；四是对未来运动效果的预想。因此，健身俱乐部有了规模，更要有服务，服务将决定俱乐部的成功与否。因此，最关键的是满足或超过目标客户的对俱乐部的服务质量的期望。他们预期的服务质量是由过去的感受、口头传闻和服务公司的广告宣传所形成的，在此基础上接受服务后，把感知的的服务和预期的服务进行比较，如果达不到预期，客户便失去对这家俱乐部的兴趣，如果达到或超过了，他就会再次光顾。

消费者购买体育服务的过程实质上是感知服务的过程，其伸缩性很强，与有形产品有着很大区别。这可以从服务产品的设计、市场生命周期、服务新产品的开发以及服务产品的品牌四个方面来进一步理解。

1. 服务产品的设计

良好的服务始于优良的产品设计首先，主体服务应有一定的特色能吸引消费者，或是与竞争对手相比具有相对优势。在主体服务确定之后，辅助服务是主体服务的补充和完善。一般情况下，经营过程中主体服务的内容不轻易改变，辅助服务可以根据经营的具体情况，在不同时期灵活地增减、变动。在把方便最大限度地让给消费者的原则下，设计出最优的服务程序和作业方法，便于管理人员和消费者对服务工作进行检查、评定，有利于保持服务质量的稳定。

2. 市场生命周期

体育俱乐部的服务产品具有和有形产品相似的市场生命周期，同样要经历一个从成长到衰退的过程，所以，要想在激烈的市场竞争中获得成功就必须不断地开发新产品，以适应不断变化的市场需求。

3. 服务新产品的开发

体育俱乐部的服务新产品开发同有形产品一样，要遵循科学的开发程序，一般包括几个步骤：构思、筛选、概念发展与测试、商业分析、开发试制、市场试销和正式上市。

4. 服务品牌

服务品牌的含义是留给消费者区别于其他经营单位的瞬间印象。品牌含义有展示服务品牌、服务概念、质量和价值的作用。在体育俱乐部服务营销中，品牌是形成服务特色、取得竞争优势的重要手段。体育俱乐部可通过多种潜在媒介，如商标、广告、员工服装等，把品牌展现给现实或潜在的消费者。需要注意的是，体育服务质量和服务价值更直接影响到消费者对现有品牌的认识，因此，必须加强体育服务质量以提高预期的品牌形象。

（二）商业型健身俱乐部产品营销的要求

为此，健身俱乐部必须不断加强员工服务质量的管理。在健身俱乐部的服务产品营销策略中需特别注意以下两点：

1. 树立市场品牌意识，使会员具有忠实的体验意识

一个好的市场品牌不仅能够大大降低市场推广费用，而且能有效地吸引消费者。健身俱乐部通过突出自身服务产品的专有特性，把组织形象、产品形象，甚至个人形象展现出来，从而使自身形象在消费者的心目中与其他同类组织、同类产品、同类服务有所区别。市场品牌是商业运作的艺术体现和里程碑。一个好的市场品牌体现着质量保障，体现着为消费者带去的利益和服务，体现着提供者向接受者作出的承诺。

2. 向会员送去具有个性化的产品，使会员在个人感觉层面上创造体验

个性化产品主要是指俱乐部提供的各种无形服务产品，如教练所教的各种健身运动，服务员的语言、举止、态度，销售人员的承诺等等。会员购买健身卡后并不会像购物一般得到实质性的东西，这与一般消费者购物的行为有很大的差异。加入俱乐部后，消费者只得到了一个进入健身房的“通行证”，只是代表了消费者拥有了使用健身房的权利及健身房所提供的服务。服务不属于实体产品，购买前无法感觉或听到。因此俱乐部在消费者购买健身卡之前，要提供使用的机会（如教练的技术、服务态度，健身房的环境与器材等），否则消费者无法实际去感觉或体验所购买的无形产品服务。并且在购买后，俱乐部应根据会员不同的目的、个性特点，进行个性化的教学和服务，会员才会感到“宾至如归”，才会真正体验到服务的价值。

二、价格营销

（一）影响健身俱乐部定价策略的因素

服务价格的构成包括服务成本、客户感知价值和竞争者价格。成本是体育服务产品价值的基础部分，它决定着产品价格的最低限，如果价格低于成本，便无利可图；客户感知价值是消费者对产品价值的认识，决定着产品价格的上限；市场竞争状况调节着价格在上限和下限之间不断波动，并最终确定产品的市场价格。

影响体育健身俱乐部健身服务产品具体价格构成的因素，可以分为宏观影响因素和微观影响因素。宏观影响因素包括国家经济政策、国家体育法规和国际市场价格。微观影响因素主要包括市场需求、经营成本、市场竞争状况、消费者心理等因素。

1. 市场需求

需求是有弹性的，不同市场需求弹性变化很大，直接影响到服务定价的稳定性。某些档次较高俱乐部采用永久会员制所针对的顾客群属于中高收入阶层，人日规模不大，消费时更加注重品味、档次和服务质量，只要满意，只要认为物有所值甚至物超所值，他们愿意也能够支付高价甚至溢价。因此，会员消费的需求弹性不大。而针对较低收入的大多数人来讲，月卡价格的变化对需求的影响要大的多，属于弹性需求。

2. 经营成本

健身俱乐部的经营成本必须在顾客销售收入中支出，它由固定成本、营销成本、流通成本三部分构成，其中固定成本主要由固定资产折旧、管理费用等几部分组成。流动成本是随着消费人数变化而变化的费用开支，包括现场服务开支、教练费用和洗浴费用等。在非会员制健身俱乐部中，月卡价格必须根据总成本来考虑，而会员制健身俱乐部会籍价格的决定主要根据固定投资额和期望收回投资的时间，月费价格则根据除固定资产投资后的其它成本总和来计算。

3. 市场竞争状况

市场竞争最主要的形式是价格竞争，价格竞争主要表现为供给与需求之间的价格竞争，同时还体现在供给方即健身俱乐部经营者之间的竞争。健身俱乐部为了争夺市场资源，到一定时期会竞相削价，这是供给方内部的相互竞争所致。供给方之所以相互竞争，是因为资源有限、市场有限、机会有限。市场经济下的参与者都是平等的，要获取有限的资源、市场、机会，就得参与竞争，证明自己比别人更优。竞争是整个健身俱乐部市场优化。优化选择使社会在健身俱乐部和消费者之间形成一个价格尺度。在市场经济条件下，价格竞争是市场经济下最基本的竞争形式。其他所有竞争形式，包括品牌竞争、质量竞争、服务竞争、品种竞争以及技术竞争等，都是价格竞争的延伸。

在市场经济下其他所有形式的竞争力，都可以换算为价格。市场经济的最大特点就是，把交易过程中的一切条件都换算为单一的货币单位。用通俗的话说，就是"拿钱说话""拿价格说话"。这种尺度的单一性是人类文明进步的重要标志。在这个"拿价格说话"的过程中，竞争胜利者是一些良好经营、准确把握市场的健身俱乐部。

4. 消费者心理

由于我国体育健身俱乐部发育尚不成熟，多数消费者对健身俱乐部市场信息掌握不多，对价格的感知模糊，消费者心理对健身俱乐部价格决定的影响不同凡响。健身俱乐部在制定价格时应充分考虑消费者不同的心理需要。从总体上讲，体育健身俱乐部健身消费是一种感性消费，满足的是一种精神需要，这种消费形式甚至可以认为是一种感动消费。人们对体育健身服务产品的需求量，与价格呈反方向的变动关系。但由于某些心理倾向的作用，这一关系常常被打破而出现反常购买行为。

（二）商业型健身俱乐部的定价策略

1. 健身俱乐部定价策略的类型

在营销组合中，价格是唯一能产生收入的因素，其他因素表现为成本。价格应能够反映俱乐部的形象定位。通常俱乐部服务产品或服务的促销定价有以下几种：牺牲品定价、特别事件定价、代金券回扣、现金折扣、数量折扣、心理定价、季节折扣等。一旦确定了基本定价目标，并观察了解了需求、成本、竞争对手的成本和价格以及其他相关因素，俱乐部还可采取下列方法进行服务定价：成本导向定价。包括成本加成定价和计时定价；竞争导向定价。根据市场领先者的价格定价；亏损引导定价。通过大幅度打折来确立市场地位，或提供交叉销售其他服务的机会；价值导向定价。依据顾客对服务需求和价值的感知低价、优质和物有所值定价，强调服务定位和顾客从服务中获得的利益；关系定价。依据对顾客一生中未来潜在利润趋势的考虑定价，其基础是服务质量和顾客满意。

根据以上定价方法，不同的体育俱乐部可分别采用不同的定价模式。比如永久会员制管理模式，其硬件设施投入较大，进入市场时间较短，如采用竞争导向定价将可能使自身经营陷入被动，特别当发生价格战时更是如此。俱乐部可以根据不同时期市场和顾客需要灵活采用一种或几种价格组合。开业初期采用亏损引导定价策略，大幅度打折在短时间内吸引大量顾客购买会籍，树立形象，确立独特的市场地位。俱乐部内商品和食品销售采取成本加成定价，收费项目采用计时定价。而服务则采用价值导向定价方式，通过合理定价来满足顾客对优质服务和物有所值服务的需求。

2. 不同层次体育健身俱乐部定价策略分析

（1）大型体育健身俱乐部应当采用高价策略。大型超大型体育健身俱乐部的消费者的需求弹性较小，价格的轻微变动不会给消费需求带来多大变化。而有实际需要和消费能力的消费者，在较高的价格下也不会影响其选择高档次的健身俱乐部。高规格的健身器材、高档次、豪华的室内室外装修，富于现代气息的高品质的音响效果，甚至高价格都可以迎合高层次消费者的奢华需求和心理欲望，能够向社会显示自己的声望，使该层次的消费者在高档次的健身会所进行消费，获得更多心理上的满足。

采用高价主要是针对高收入阶层，前提是高价格不会对会员的参与产生抑制作用，并且加上看齐效应的影响，也会吸引一部分中等收入消费者的加入。从而扩大市场占有率；其次，服务质量与健身效果如果能和高价相符，就能树立起名牌形象，为连锁经营打下良好的基础；再次，高档健身俱乐部在进入市场初期，将价格定得很高，也便于日后降价，并且还会提高健身俱乐部的商誉。

高档次体育健身俱乐部也不应忽视中等收入、甚至低收入消费者。对于中低档消费者，可以采用减少服务种类的方法将价格降低，以满足该层次消费者的需求。例如，北京中体倍力健身俱乐部的消费对象，是大学毕业 5 年以后，25 ~ 45 岁左右，平均月收入 8 000 元以上的白领。主要人群中 75% 以上是这个年龄段、这个收入水平。中体倍力健身俱乐部也吸收了一部分中低收入消费者，这部分消费者，只使用健身器械，以及跟随健身操教练进行健身操练习。健身俱乐部高档次的洗浴、休息室和台球厅的免费使用等附加服务，不对这部分消费者开放。

但是，随着健身俱乐部的发展，当高层次消费水平的消费者逐渐增多的时候，由于受场地、器械的限制，不可能满足更多的消费者同时参与健身的时候，为了获得最大利润，就得减少中低消费水平消费者的人数。同时为了中低收入水平消费者不致流失，在经营允许的范围内，通过扩大连锁店数量来解决这个矛盾，是很好的途径。但往往高档次的体育健身俱乐部由于对中低档消费市场不够熟悉，缺乏经营中低档健身会所的经验，甚至对经营中低档健身会所利润不够高的现实不满，不愿意在经营高档会所的同时，投资经营中低档体育健身俱乐部。

（2）中档体育健身俱乐部适宜采用中价策略。中价策略也叫满意定价策略，健身俱乐部将价格定在高价与低价之间，兼顾健身俱乐部与消费者的利益。中档体育健身俱乐部在我国的市场存量较高，所占比重较大。由于资金投入相对高档健身俱乐部小，硬件设施难以与高档健身俱乐部相比，中档健身俱乐部如果盲目采取高价格，就会遭到消费者的拒绝。而采取低价，会使利润降低，资金回收周期延长，增加企业经营的风险。所以，中档健身俱乐部适合采取中价策略，而向中低收入消费者。以高档健身俱乐部价格作为参照，做一定幅度的降低。在不降低服务质量与经营收入的前提下，通过连锁经营，以平价赢得消费者，赢得市场。健身俱乐部应根据自身实际，把握面向消费者群体的消费心理，分析竞争对手的实力，在不同时期灵活采用组合定价策略，以便在市场竞争中占据主动。

三、地点营销

选择场地大有学问。这个环节如果出现错误，可能直接断送俱乐部的发展。在美国，人们都知道“location - location - location”的原则，也就是说地点的选择对于一个俱乐部的日后经营至关重要。健身房最好选址在人流最大，但交通并不拥挤的地方，楼层不宜过高，停车方便且有通透的视线。这似乎是公认的常理，然而把握起来很容易随价格的天平而摆动。目前在我国北方的一些城市中健身房常见的选址大多是商业区某高层的顶层、原有体育场馆区内的附属建筑、居民区内等。尽管场地情况较理想值多有欠缺，但决策人看中的是低代价，这样做的确节约了成本、降低了风险，却总使健身房显得有点儿不体面，如果广告宣传力度跟不上，日后发展的可能性很小。与之相反，不问价格地追求场地并不可取。

俱乐部的服务地点或者说是物质环境俱乐部提供的特色服务吸引会员非此地而不来。一个好的健身场所离不开科学的健身计划和运动指导，人们希望到这里来不仅要得到锻炼，还要体会到一种身心放松的感觉，俱乐部的环境与服务条件使它把健身和休闲的功能集中在一起，温暖舒适有点像家的感觉很容易使客人和经营者之间的距离拉得很近。例如，北京浩沙健与美健身俱乐部位于京鼎大厦的四层，营业面积1300平方米，不仅运动设施先进齐备，而且服务措施也一应俱全，水吧、更衣室、淋浴、美容室的条件一流，可与一些星级饭店的健身房相媲美。它的优越条件和整洁的环境，使它在开业的几个月时间里吸引了许多健身爱好者的目光。他们还请来多位在健美操界和大众中颇有名气的健美操教练员参与教学，整个教学过程和布局都做了科学划分，俱乐部在对学员的个人资料进行分析的基础上，使有氧健美操、形体训练课、哑铃操、跆拳道等课时合理搭配，安排具有不同教学风格的教练供学员选择。

四、促销策略

促销是指企业向消费者传递商品信息和企业信息，刺激和诱导消费者购买的过程。促销的最基本任务是传递信息、赢得信任、诱导需求、促进消费。因此，体育服务促销是一项系统工程。促销的根本目的是聚集人气，吸引客流，提高销售额。传统的促销组合包括广告、人员推销、销售促进和公共关系4种组合要索。健身俱乐部常见的促销方式有会员卡促销、打折优惠、广告宣传、组织竞赛或其他活动等。

国内健身俱乐部的会员卡按时间一般分为年卡、半年卡、季卡及月卡等；按人数分为集体办卡、情侣卡、家庭卡等；按次数有100次卡、200次卡等。会籍会员打折优惠项目可享受体育场网球俱乐部打球的“8折”优惠，羽毛球场打羽毛球的“8.5折”优惠，享受游泳场15次套票的“7折”优惠，享受体育馆内优育用品商场购物的“8.8折“优惠，享受光泰保龄球馆消费的“8折”优惠，享受俱乐部运动护理、推拿、足浴及水吧等乙类服务项目的“8折”优惠。还可通过开展竞赛活动及户外活动为会员建立交流平台。

广告宣传是现代企业最常用的促销手段之一，是运用各种手段向消费者和各类机构提供各种商品、服务与信息、传播企业形象扩大知名度和提高销售额的一种方法。广告能引发顾客的注意、兴趣，激发顾客购买的欲望，最终导致顾客购买行为。目前健身俱乐部常用使用的广告宣传媒体有：电视、报纸、杂志、展会、户外媒体、广播、互联网等。一般认为，这些媒体存有各自的优缺点。

电视：宣传效益较好，受众人群广泛，但费用昂贵，时间太短。

报纸：宣传受众人群广泛，但专业报纸太少，费用高，时效短。

杂志：宣传会起到直接客户效益，费用较高但受众局限，只有购买杂志的人才能看到。

展会：宣传会起到知名度的提高，费用较高但带来的客户有限，客户只局限在参展的人士内。

户外媒体：户外灯箱、牌匾宣传会起到一定范围内的影响，费用中高，带来的客户只限于周边人群。

广播：宣传只会局限在收听广播的人群之中，时间太短。

互联网：宣传会直接带来的目标客户和潜在客户，具有持久性。

健身俱乐部在做媒体广告宣传促销之前应该详细分析目前会员和长期潜在的会员对网络、电视、杂志等的认知程度，然后针对自已俱乐部选择最有效的媒体，并以满足会员的需要作为促销工作的出发点。

五、人员营销

没有满意的员工，就没有满意的顾客，服务是要靠员工去完成的，员工的工作情绪会直接或间接地影响到服务质量，“员工是企业最大的财富和资源”。对于俱乐部而言，一支训练有素、服务优质的团队必然会对会员产生巨大的吸引力。在这样的前提下，使会员被客户接受的途径必须借助于营销。因此，人员营销是俱乐部的服务人员提供的服务能够为客户所接受，并取得客户高度认同与欣赏的过程。俱乐部的人员营销不是单方面的简单推广，而是基于双方认同的过程。

俱乐部的会籍销售人员、客服人员、有氧教练和私人教练是非常重要的，客户往往在于他们的直接接触过程中，体验到俱乐部的服务。一个高素质的员工能够弥补由于物质条件的不足带给消费者的遗憾。例如一名优秀的俱乐部教练既是服务项目的传授者和宣传媒介，又是体验氛围的营造者。因此，体育服务营销中对员工的管理，尤其是对一线服务人员的管理相当重要，俱乐部要足够重视本部门人力资源的建设。

为使俱乐部服务能够为客户感知并接受，就必须在满足客户需求的基础上运用恰当的手段进行设计。为做到这一点，俱乐部任何人员都要想方设法，在本工作岗位上为客户提供优质服务，并力图形成自己的特色，最终让客户所认同、留恋，成为吸引客户成为忠诚客户的有效途径。

六、有形展示营销

有形展示是指可以传达服务特色及优点的有形组成部分。在产品营销中，有形展示基本上就是产品本身，但对于俱乐部服务营销而言，不仅包括将环境视为支持及反映服务产品质量的产品，还要将有形展示的内容由环境扩展至同生产服务和包装服务有关的设施。例如，活动场地是消费者享受健身服务的直接场所，在布局上要科学、健康、舒适、自然；背景音乐体现时尚的特色，给人以耳目一新、活力四射的感觉，同时又能够领悟其中的意境；各类器械在结构、颜色等外观设计美观，能吸引消费者，提高他们参与运动的兴致。

有形展示作为俱乐部俱乐部实现其产品有形化、具体化的一种手段，在服务营销过程中占有重要地位，应善于利用组成服务的有形元索，突出服务的特色，使无形无质的服务变得相对有形和具体化，让消费者在购买服务前，能把握并判断服务的特征及享受服务后所获得的利益。因此，加强对有形展示的管理，努力借助这些有形的元索来改善服务质量，树立独特的服务形象，对健身俱乐部开展市场营销活动具有重要意义。

七、服务过程营销

服务过程是指一个产品或服务交付给顾客的程序、任务、日程、结构、活动和日常工作。服务过程是服务营销组合中的一个主要因素，消费者通常把它感知为服务本身的一个部分。因此，服务过程的管理和控制，对服务营销的成功起着十分重要的作用。

俱乐部服务过程的规范化直接影响到服务的效果，以俱乐部健身人员的服务标准为例，员工要做到如下几点：（1）熟练掌握健身房工作内容、工作程序；（2）熟悉各种健身器材设备的性能、作用和使用方法；（3）能够指导顾客使用健身器材和设备；（4）精神饱满，态度热情，服务周到；（5）对常客、回头客和健身房的学员或会员能称呼姓名或职衔。又如，以俱乐部接待服务的标准为例，接待人员要做到以下几点：（1）顾客来到健身房，迎接、问候主动热情；（2）准确登记顾客姓名、有效证件或健美俱乐部会员号码及到达时间；（3）及时为顾客提供更衣柜号码、钥匙、毛巾等用品；（4）顾客使用健身器材设备时，保证随时提供服务；（5）耐心、细致地解答顾客的问题；（6）对不够熟悉健身器材设备的顾客，能够详细讲解器材设备的名称、基本性能、使用效果、使用方法，并为顾客提供示范服务，指导和帮助顾客进行健美锻炼活动；（7）顾客离开健身房，及时收回器材和用品；告别顾客时，主动、热情欢迎再次光临。

参考文献

[1] 孙克宜，秦椿林. 试论体育管理体制与中国体育管理体制改革 [J]. 北京体育大学学报，1995，18 (1)：6－13.

[2] 中国群众体育现状调查组. 中国群众体育现状调查与研究 [M]. 北京：北京体育大学出版社，1998.

[3] 卢元镇. 体育的社会文化审视 [M]. 北京：北京体育大学出版社，1998.

[4] 孙汉超，秦椿林. 体育管理学 [M]. 北京：人民体育出版社，1999.

[5] 国家职业分类大典和职业资格工作委员会. 《中华人民共和国职业分类大典》[M]. 北京：中国劳动社会保障出版社，1999.

[6] 伍绍祖. 中华人民共和国体育史（1949～1998）综合卷 [M]. 北京：中国书籍出版社，1999.

[7] 田雨普. 20 世纪末我国群众体育的发展趋势与对策 [J]. 哈尔滨体育学院学报，1999 (3)：1－8.

[8] 穆大海，徐强，姚雪冰. 社区体育是现代社会文明的标志 [J]. 体育学刊，1999 (2)：111－113.

[9] 韩丹. 概述我国体育运行机制和管理体制的演化 [J]. 哈尔滨体育学院学报，1999 (1)：5－8.

[10] 陈融. 建国以来认识和处理群众体育与竞技体育关系的历史启示——价值追求与代价意识 [J]. 体育文史，1999 (3)：11－15.

[11] 谢亚龙. 群众体育与竞技体育究竟孰重孰轻 [J]. 体育文史，1999 (2)：7－11.

[12] 张发强. 中国社会体育现状调查结果报告 [J]. 体育科学，1999，19 (1)：4－7.

[13] 李成勋. 2020 年的中国：对未来经济技术社会文化生态环境的展望

[M]. 北京：人民出版社，1999.

[14] 国家体育总局政策法规司，中国体育发展战略研究会. 全国体育发展战略研讨会论文汇编（1998）[Z]，1999.

[15] 刘忠，王芬，郑基松. 市场经济与体育 [M]. 北京：北京体育大学出版社，2000.

[16] 鲍明晓. 体育产业——新的经济增长点 [M]. 北京：人民体育出版社，2000.

[17] 国家体育总局体育经济司. 体育事业统计年鉴 [R]. 2000.

[18] 卢元镇，世纪之交体育运动发展的回顾与展望 [J]. 体育科学，2000，20(3)：1-7.

[19] 全国人大常委会法工委国家法行政法室，中国青少年发展基金会.《中华人民共和国公益事业捐助法》学习辅导读本 [Z]. 北京：中国民主法制出版社，2000.

[20] 国务院发展研究中心发展战略课题组. 21世纪的中国经济 [M]. 北京：人民出版社，2001.

[21] 国家体育总局群众体育司. 全民健身计划第一期工程回顾与展望 [R]，2001.

[22] 李宗浩，曲天敏. 体育管理学 体育经济学 [M]. 桂林：广西师范大学出版社，2001.

[23] 国家体育总局政策法规司. 体育产业现状趋势与对策 [M]. 北京：人民体育出版社，2001.

[24] 王忠武. 当代中国社会发展方法论 [M]. 济南：山东人民出版社，2001.

[25] 赵立，杨铁黎. 社区体育的理论与实践 [M]. 北京体育大学出版社，2001.

[26] 1999～2001中国科学院可持续发展战略研究组. 中国可持续发展战略报告 [M]. 北京：科学出版社，1999-2001.

[27] 劳动和社会保障部.《社会体育指导员国家职业标准》（试行）[B]. 北京：人民体育出版社，2001.

[28] 陈祝平. 服务市场营销 [M]. 大连：东北财经大学出版社，2001.

[29] 徐镔. 社会主义市场条件下的体育经费筹措分配与使用（之一）（之二）、（之三）、（之四）[N]. 中国体育报，2001 年.

[30] 秦椿林，张瑞林. 体育管理学 [M]. 北京：高等教育出版社，2002.

[31] 李相如，展更豪，林洁，等. 我国社会体育指导员的现状调查与研究 [J]. 体育科学，2002，22（4）：27－30.

[32] 尚东. 体育事业管理百科（第三卷）[M]. 长春：吉林音像出版社，2003.

[33] 樊炳有. 社区体育论 [M]. 北京：北京体育大学出版社，2003.

[34] 董新光. 全民健身大视野 [M]. 北京：北京体育大学出版社，2003.

[35] 任海，王庆伟，等. 国外大众体育 [M]. 北京：北京体育大学出版社，2003.

[36] 秦椿林，王凯珍，肖林鹏. 体育健身活动的组织与管理 [M]. 北京：北京体育大学出版社，2003.

[37] 郑杭生. 社会学概论新修 [M]. 北京：中国人民大学出版社，2003.

[38] 张锦年，谭建湘，王晔. 社会体育管理学 [M]. 天津：天津社会科学出版社，2003.

[39] 曹岩. 体育与健身俱乐部的运作特色 [J]. 体育文化导刊，2003（1）：15－16.

[40] 张雪飞. 我国经营性体育健身俱乐部价格现状与定价策略的初步研究 [D]. 曲阜：曲阜师范大学，2003.

[41] 李建国，吕树庭，董新光. 社会体育 [M]. 北京：人民体育出版社，2004.

[42] 刘兵. 新编体育管理学教程 [M]. 上海：复旦大学出版社，2004.

[43] 李建国，吕树庭，董新光. 社会体育. 北京：人民体育出版社，2004.

[44] 钟天朗. 体育经济学概论 [M]. 上海：复旦大学出版社，2004

[45] 中华人民共和国体育法 [Z]. 北京：法律出版社，2004.

[46] 李建国，吕树庭，董新光. 社会体育 [M]. 北京：人民体育出版社，2004.

[47] 李晓. 服务营销 [M]. 武汉：武汉大学出版社，2004.

[48] 国家体育总局职业技能鉴定指导中心. 社会体育指导员职业培训教材

（中高级）［M］．北京：高等教育出版社，2005.

［49］中国群众体育调查课题组．中国群众体育现状调查与研究［M］．北京：北京体育大学出版社，2005.

［50］秦椿林．体育项目管理．北京：高等教育出版社，2005.

［50］杨文轩，杨霆．体育概论［M］．北京：高等教育出版社，2005.

［51］许德昌，王谊．服务营销管理［M］．成都：西南财经大学出版社，2006.

［52］钟天朗．体育经营管理——理论与实务［M］．上海：复旦大学出版社，2006.

［53］杨远波．体育场馆将引导论［M］．成都：西南财经大学出版社，2006.

［54］骆秉全，孙文．多元化筹集农村体育经费问题研究［J］．体育科学，2007（4）：31－38.

［55］李相如．全民健身研究新视点［M］．北京：北京体育大学出版社，2008.

［56］罗普磷．社会体育管理学教程［M］．北京：人民体育出版社，2008.

［57］肖林鹏．体育资源概论［M］．北京：人民体育出版社，2009.

［58］陆小聪．现代体育社会学［M］．上海：上海大学出版社，2009.

［59］肖林鹏．现代体育管理［M］．北京：北京体育大学出版社，2005.

［60］肖林鹏．现代体育管理（第二版）［M］．北京：北京体育大学出版社，2009.

［61］卢元镇．体育社会学（第三版）．北京：高等教育出版社，2010.

［62］肖林鹏．体育管理学［M］．北京：北京师范大学出版社，2011.

［63］刘青．体育场馆的经营与管理［M］．北京：人民体育出版社，2012.

［64］傅浩坚，杨锡让．社会体育指导［M］．北京：高等教育出版社，2012.

［65］张国华，陈雪红，彭春江．社会体育活动方案设计与组织［M］．北京：北京师范大学出版社，2012.

［66］杨文轩，陈琦．体育概论（第二版）［M］．北京：高等教育出版社，2013.

［67］肖林鹏．社会与管理［M］．北京：北京体育大学出版社，2005.